U0725400

中国城市发展创新模式系列丛书

新时代要素融合创新与中心经济发展

官渡区推进昆明市建设区域性国际中心城市的十大思维

杨年春　徐刚毅
徐伟锋　王晓芳　著

中国建筑工业出版社

图书在版编目（CIP）数据

新时代要素融合创新与中心经济发展　官渡区推进昆明市建设区域性国际中心城市的十大思维 / 杨年春等著 . — 北京：中国建筑工业出版社，2018.9

（中国城市发展创新模式系列丛书）

ISBN 978-7-112-22652-8

Ⅰ.①新…　Ⅱ.①杨…　Ⅲ.①经济中心-经济发展模式-研究-中国　Ⅳ.①F120.3

中国版本图书馆 CIP 数据核字（2018）第 203915 号

责任编辑：宋　凯　张智芊
责任校对：王雪竹

中国城市发展创新模式系列丛书

新时代要素融合创新与中心经济发展
官渡区推进昆明市建设区域性国际中心城市的十大思维

杨年春　徐刚毅　徐伟锋　王晓芳　著

*

中国建筑工业出版社出版、发行（北京海淀三里河路9号）
各地新华书店、建筑书店经销
北京建筑工业印刷厂制版
北京富生印刷厂印刷

*

开本：787×1092毫米　1/16　印张：23　字数：338千字
2018年10月第一版　2018年10月第一次印刷
定价：**60.00**元
ISBN 978-7-112-22652-8
（32751）

版权所有　翻印必究
如有印装质量问题，可寄本社退换
（邮政编码 100037）

《新时代要素融合创新与中心经济发展》

编委会

编委会主任：和丽川　杨天举

编委会副主任：杨年春　徐刚毅　徐伟锋　王晓芳

编委会成员：

泛华集团：杨文学　王　乾　吴　曼　冯颖洁　陈新建
　　　　　钟　晔　胡晓添　王全录　高长春

官渡区政府：王　忠　毕绍刚　赵　昆　赵智宏　胡　刚
　　　　　　唐跃东

编撰组成员：徐刚毅　徐伟锋　王晓芳　杨文学　王　乾
　　　　　　吴　曼　冯颖洁

课题组成员：杨年春　徐刚毅　徐伟锋　王晓芳　杨文学
　　　　　　王　乾　陈新建　钟　晔　胡晓添　王全录
　　　　　　高长春

序 一

　　"彩云之南"是国人心中神往的美丽仙境，昆明是仙境中妖娆的"明珠"，这里独特的资源禀赋、人文生态、城市风貌、现代服务业发展成果曾一度光耀神州。随着中国城市及新型城镇化的推进，毗邻的广西和贵州先后通过承载国家战略红利，被注入强劲发展动力，云南在这种区域格局的发展变化趋势中，既面临着巨大的挑战，同时也面临着重大的历史机遇。

　　习近平总书记在视察云南时指出：希望云南主动服务和融入国家发展战略，闯出一条跨越式发展的路子来，努力成为民族团结进步示范区、生态文明建设排头兵、面向南亚东南亚辐射中心，谱写好中国梦的云南篇章；要在推动产业优化升级上下功夫，在提高创新能力上下功夫，在加快基础设施建设上下功夫，在深化改革开放上下功夫，扎扎实实走出一条创新驱动发展的路子来；要坚持城乡统筹发展，坚持新型工业化、信息化、城镇化、农业现代化同步推进。

　　总书记的讲话从战略的高度对云南的发展提出了明确的要求并指明了方向，官渡区作为昆明中心城区的一部分，衔接着主城区与呈贡新区、主城区与滇中新区，处于"两核""一极"三者之间的交会点，也是我国内陆与南亚东南亚经济贸易、对外联系和近30亿人口大市场的铁路、公路的交通枢纽，具有联结内外、承上启下的作用，区位优势非常明显。官渡区内有越南、缅甸、老挝驻昆总领馆，是昆明市国际交往的重要窗口。以新螺蛳湾国际商贸城、新老国际会展中心、巫家坝城市副中心、滇池会展片区为核心的城市功能片区不仅具有坚实的传统产业基础，也是总部经济、电子商务、会展和结算经济及文化旅游等新兴产业的重要载体。官渡区文化生态资源丰富，围绕滇池岸线、生态湿地、历史文化遗迹和民俗文化资源以及现有存量产业，发展独具特色的文化创意设计、会展贸易和结算经济、文化生态旅游、健康养生等高端现代生产性服务业和生活性服务业具有良好的资源比较优势。官渡区的人均可支配收入一直在昆明保持前列，具有较强的经济发展基础和动力。所有这些都为官渡区站在新时代高起点讲好"云南故事"提供了必要的条件。

带着承载昆明市乃至云南省战略的历史使命，作为昆明市县域经济发展排头兵的官渡，已经到了要向"高品质产城融合新型城市"转型的关键阶段。如何把官渡的发展放到新时代发展的大背景下重新审视，如何制定发展战略使其有效融入"一带一路"并支撑昆明成为面向南亚东南亚区域性国际中心城市，如何借力"互联网＋"和新经济构建现代服务业体系实现新旧动能转换，如何在中心城区可开发空间越来越少的情况下探索"城市双修"并实现产业集群和空间增长极的有效复合优化，如何通过开发性金融和结构化金融以及金融体制机制创新及其金融工具的创新组合应用形成自身造血机能，所有这些问题都是官渡区委、区政府一直思考并寻找破题的关键问题。

在探索新的发展路径的过程中，我们遇到了泛华集团，泛华集团作为中国新型城镇化理论创新和实践领跑者、中国唯一国家智慧城市全要素示范企业和为城市提供系统解决方案的投资运营商和建设服务商，其站在城市发展的角度用系统思维去研究城市的理论体系和方法论，深深地吸引了我们，在双方充分交流的基础上，我们与泛华集团合作编制了《官渡区战略驱动及创新发展系统规划》。这个规划是战略规划、产业规划、空间概念性规划、重大项目规划、投融资规划的系统集成，这五个规划既各成体系又层层递进，解决了目标区域战略定位目标及实施路径、产业功能、业态选择构建和招商方案、空间布局与开发时序、撬动项目孵化与投资方向和规模、项目投资主体的盈利模式和多元化金融解决方案。通过五位一体的系统规划，既明确了目标区域战略方向，也制定了具体着力点和实施方案，使顶层设计能够通过系统规划逐步落实，能够有效促进区域经济的创新发展。

官渡区的系统规划的特点还体现在规划策略上。首先是"战略为势"，即通过顶层设计解决区域发展定位高度和制度创新及政策红利等问题，提升城市势能和区域价值；其次是"产业为本"，即通过存量优化、增量创新构建新的动能构架和产业集群，解决区域内生动力问题；三是"规划为纲"，强调产业资源与城市空间有效整合、"多规合一"和有效利用空间提升土地价值，是区域发展的"总图"；四是"创新为魂"，结合规划区域的特色禀赋尝试各种可能性，在"有中生有"的基础上创造"无中生有"的机会；五是"金融为器"，通过开发性金融和结构化金融设计构建区域金融生态圈，形成自身造血机能。

可以说，官渡区的系统规划准确地把握了新常态下的时代诉求和战略机遇，有效结合了官渡区委、区政府的思考高度和前瞻性、泛华集团城市发展研究院的创新模式和专业性、战略投资人的投资价值和市场化逐利性，既是目标区域的发展蓝图，也是政府各职能部门的行动"抓手"，更是面向投资人的招商手册和商业计划书。这个规划也是官渡区由"被动承载"向"主动担当"的转折点，必将对推动官渡跨越发展产生重大而深远的影响。

更难能可贵的是，泛华集团在完成系统规划的基础上，进一步提炼总结，撰写了《新时代要素融合创新与中心经济发展》一书，系统阐述了官渡区在推进昆明市建设区域性国际中心城市的十大思维方式。这本书的核心价值在于，一是将官渡系统规划的内容进行了二次梳理和结构化展示，对于官渡区总体发展思路的统一和操作转化的衔接将产生重要影响；二是将官渡系统规划的逻辑上升到方法论的高度，对同类区域和城市的发展提供可资借鉴的经验，同时为国家在"新时代"新型城镇化发展的国家政策供给提供支持，凸显其巨大的社会效益。

官渡区新的发展定位，由于有了特定的视角、翔实的调研以及多方面专家的支持，因此在定位高度、发展模式上形成了一定的突破，并在要素融合、中心经济、发展模式等方面实现了创新。新的发展定位与发展模式仅仅是发展创新的开始，我们期待着在上级党委和政府的关怀以及社会各界的支持下，官渡区能够按照规划时序制订行动计划，真正打造"面向南亚东南亚的国际开放高地""国际区域性要素融合创新中心""春城大健康高端服务引领区""环滇池生态文明建设样板区"，真正成为"面向南亚东南亚区域性国际中心城市的新中心"。

中共官渡区委书记

和丽川

2018 年 7 月 19 日

序 二

党的十九大和十九届三中全会顺利召开，标志着中国即将迈入建设社会主义现代化的新时代，中国新型城镇化也将进入新的发展阶段。虽然中国城镇化率在2017年底达到了58.52%，但与发达国家相比尚有较大差距，城镇化依然是经济增长和结构优化的重要引擎。在生态文明的大背景下，以前的外延式扩张发展模式已经不适合新时代的发展要求，未来的发展更多的是基于存量的优化和投资运营模式，高速增长向高质量发展的转变，而不是无节制地追求大规模新区、新城建设。新的发展模式的核心特征体现为以人为核心推动新型城镇化高质量发展，需要通过新平台新载体引入新的经济发展模式来拓展城镇化发展新空间，通过改革创新激发城镇化发展新动能，通过统筹推进新型城镇化与乡村振兴战略实现城乡融合发展，通过精细化管理和人性化服务提高城镇化品质，通过区域联动机制为城镇化提供政策保障。因此，新时代城镇化将更加重视现状基础的盘活优化和地区特色资源的挖掘利用，探索符合时代背景的城市发展新模式，打造新型经济发展载体，加速人流、物流、资金流、信息流等自由流动，促进资源的优化高效配置。

当前，国内外经济形势持续发生深刻变化，全球经济一体化面临世界范围的诸多不确定性因素，维护原有贸易规则和创立新的经济秩序的博弈难以预测，新经济、新一轮科技革命和产业变革加速孕育、集聚迸发，尤其是新一代信息技术、生物科技、智能制造、新材料新能源技术等广泛渗透到各传统领域，正逐步引发国际产业分工发生较大变化，世界经济格局正在重塑。在国内，经济发展进入新常态，经济增长的内生力量不断增强，经济运行由降转稳的态势更加巩固。国家坚定不移推进"一带一路、供给侧结构性改革、创新驱动、新旧动能转换、新型城镇化、乡村振兴、区域协调"等不同领域不同层面的发展战略，既为新时期城市发展指明了方向，同时也对城市转型提出了新的要求，将进一步推动城市发展的质量变革、效率变革、动力变革，实现更高质量、更有效率、更加公平、更可持续的发展。

昆明市作为"一带一路"面向南亚、东南亚的区域性国际中心城市的发展定位，是习近平主席在视察云南时提出的，云南和昆明在新的时代背景和国家战略要求下，如何通过系统思维在昆明的典型区域形成承载国家战略的载体，是提高昆明国际影响力和竞争力的关键所在。官渡在昆明的发展格局中，既有过千亿的经济体量，又有巫家坝机场搬迁腾退出的土地空间，而且在昆明老城区和呈贡新区、滇中经济区的地理中心区位，具有通过供给侧结构性改革创新增量发展的优势条件，并通过现代服务业引导新旧动能转换支撑昆明区域性国际中心城市的打造，通过中心经济的培育实现昆明在欠发达地区的弯道超车、跨越发展。

按照"国家战略、昆明承载，昆明战略、官渡实践"的发展思路，官渡区作为能够承载昆明区域性国际中心城市的昆明新中心，为了抓住战略机遇，主动发力，形成战略引力，聘请泛华集团谋划新时期发展新蓝图，泛华集团与云南省、昆明市、官渡区领导干部以及各方面的专家共同研判中央、云南省和昆明市的重大战略部署，形成了《官渡区战略驱动及创新发展系统规划》，这个规划是谋划官渡区发展的顶层设计，对官渡的发展战略、产业体系、空间布局、重大项目、投融资规划进行了系统统筹集成，规划成果得到了官渡区领导和评审专家的高度认可。

在完成规划项目后，我们对项目进行反思，认为官渡发展战略规划是具有新旧动能转换的典型意义，具有总结提炼并推广借鉴的价值。基于这种考虑，泛华集团在规划的基础上，将在规划过程中的十大思维模式、规划方法论、官渡规划的案例内容进行整合，撰写了题为《新时代要素融合创新与中心经济发展》一书。

本书既是官渡区战略规划的研究成果，也是泛华集团二十多年来城镇化方面理论研究的集成和创新，以及泛华集团提出的"中国新型城镇化发展创新模式"在官渡的创新应用。本书的理论基础是泛华集团提出的"聚集力理论"，城镇化发展的逻辑是集聚，而经济发展的逻辑是辐射，产城融合的过程就是通过要素的融合集聚，形成交易、结算等中心经济形态和城市形态，中心经济产生辐射力，即线上和线下的产品市场、服务市场和要素市场。聚集力和辐射力带动城市形态和经济形态的构建，中心经济的形成将在很大程度上提高城市或区域的影响力和竞争力。所以，官渡规划的框架从一开始就是按照构建中心经济的逻辑搭建的。

本书的价值还在于在新经济和城镇化迭代复合发展的格局中，从方法论和思维模式的角度解读官渡案例，既具有模式价值的借鉴作用，又具有案例的操作可行性，为同类城市或区域构建具有地方特点又能对接国家战略红利的中心经济提供了可资借鉴的范式。

本书的十大思维方式既具有方法论性质，又有应对新时代新要求的创新内容。一是通过系统思维思考城市发展问题，提出聚集力理论和集聚辐射模型及其支撑的中国城市发展创新模式；二是通过全要素思维思考要素集聚问题，将产业、金融、科技、人才、信息、生态、交通、土地、制度、品牌等全要素进行集聚；三是通过全景图思维及顶层设计系统规划将战略、产业、空间、重大项目、投融资等规划进行系统集成，形成360度立体规划；四是通过战略思维提出中心经济，中心经济是系统思维和地方发展的战略结合点；五是通过全域思维考虑中心经济的集聚辐射范围，形成一定规模的范围经济；六是通过生态圈思维构建"四生互动""四化融合"的三圈产业生态圈；七是通过平台思维形成中心经济的空间增长极、产业增长极和要素融合平台；八是通过金融思维构建平台载体和结构化基金，形成自身造血机能；九是通过项目思维支撑城市建设，形成产业、城市、基础设施、公共服务等重大项目和产业集群；十是通过全生命周期思维考虑前期规划系统集成、资金筹措保障、项目落地以及后续运营服务的全过程管理和衔接。

最后，期待着本书对中国城市的发展、新型城镇化和乡村振兴战略的落实在路径探索和模式构建方面发挥作用。

泛华集团董事长

2018 年 7 月 21 日

前　言

　　中国进入新时代，经济发展进入新常态，城镇化进入新阶段。从发展的阶段和结构来看，城镇化必然还是未来新的经济增长点和推动经济发展的核心引擎。经济学家周其仁提出：向城市集聚是全球趋势，而集聚效应能够带来城市大发展。从古至今（尤其是近现代），研究城市发展规律不难发现，城市发展始终是一个集聚辐射的过程，发展的快慢由自身集聚辐射能力的强弱所决定。近年来，国家大力推进"国家中心城市"和"区域中心城市"试点，就是为了构建具有超强集聚辐射能力的新中心。研究这些城市，可以得出它们都体现出"中心经济"的发展特征，符合"中心经济"发展模式，因此本书重点通过研究解读"中心经济"，并提出如何构建"中心经济"，总结出一套完整的"中心经济"发展体系，用于指导未来城市发展战略、发展路径、发展目标、产业升级、空间优化等方面内容的制定。

　　本书的初衷不是为了创造一种理论，而是在编制《官渡区战略驱动及创新发展系统规划》过程中，受到启发，基于规划研究成果进行提炼总结，结合泛华集团现阶段在新型城镇化领域创新出来的理论基础，创造性地提出当今国内还未出现过的"中心经济"发展模式，用以指导新时代不同层面、不同类型城市的转型发展。城市是一个复杂的巨系统，需要由多领域、多专业、多层面的人员从不同的角度来深入研究，本书是从发展经济学、空间经济学、制度经济学和经济地理学角度出发，基于城市发展的集聚辐射理论，研究如何构建符合城市特色资源和产业基础的创新型平台与载体，以此来整合先进发展要素，培育形成城市转型发展的新动能，打造成为区域经济发展新中心，成为区域经济发展新的增长极，最终带动区域经济协调发展。

本书共有五大篇，其中第一篇由吴曼、杨文学、王乾、冯颖洁负责具体编写工作，第二篇由徐刚毅、吴曼、王晓芳负责具体编写工作，第三篇由杨文学负责具体编写工作，第四篇由王乾、徐刚毅、冯颖洁负责具体编写工作，第五篇由徐伟锋、王晓芳负责具体编写工作。本书终稿由徐刚毅负责统稿和最终修订，校对由王晓芳负责完成，杨年春副总裁在撰写过程中给予必要的指导。

本书围绕"十大思维"来研究"中心经济"发展模式，以新时代、新战略带来新机遇为背景，以传统相关的辐射集聚理论为支撑，以破译"中心经济"、构建"中心经济"、践行"中心经济"为主线，形成由宏观到微观、由理论到实践的完整研究成果，全书总共分为五大篇，十九个章节，篇节之间层层递进，互为依据。

第一篇"创新城市发展理论"，基于各种城市发展理论在解决中国现阶段城市发展问题时存在的局限性，依托泛华集团在研究中国城市发展创新模式时提出的"聚集力理论"，从系统思维入手研究聚集力和辐射力对"中心经济"的支撑作用，集聚是城市和城镇化发展的逻辑，辐射是区域经济发展的逻辑，集聚带动辐射，最终形成影响力和竞争力。聚集力理论作为中心经济的理论基础，集聚的过程是全要素融合的过程，形成新的发展模式、建设模式和运营模式，利用要素融合创新破题新时代城市面临的问题和瓶颈，重塑城市要素结构和区域经济格局，引领城市全要素智慧转型，最终提升城市战略势能、培育产业发展动能和优化城市空间效能。

第一章系统梳理相关城市发展理论基础，在此基础上进一步构建聚集力和辐射力模型，再利用相应模型构建城市发展平台，促进先进要素融合创新来破题新时代城市发展面临的问题和瓶颈。

第二章是利用第一章所提出的理论和模型，提出未来引领城市发展，推进新型城镇化建设的全要素智慧城市发展模式，从智慧发展、智慧建设和智慧运营三个层面进行详细阐述。

第三章强调要实现全要素智慧城市发展，需要编制统领城市发展的顶层设计和系统规划，来引领相关发展要素的重构，为城市发展制定"多规合一"的统一蓝图。

第二篇"新时代、新机遇"，深入分析新时代中国城市发展面临新机遇和新挑战，从"一带一路、供给侧改革、新旧动能转换"到"新技术、新业态、新经济、新模式"和新的城乡规划体系改革，都将导致未来区域经济发展格局产生新的变化，区域间要素流动将更加频繁，需要以战略思维和系统思维紧抓新时代城市发展新机遇，构建"中心经济"发展模式，围绕国家宏观战略要求和新经济发展特征，打造现代要素融合平台来集聚整合区域内更大范围的优质资源，打造区域经济发展新中心。

第四章重点分析在"人类命运共同体与'一带一路'"背景下，将加速国内外发展要素的流通、集聚，结合新时期昆明市提出建设区域性国际中心城市的发展机遇，探讨新时期城市在打造"要素中心"等方面所面临的新机遇，进而分析官渡区能够得到哪些发展机会。

第五章从"人民美好生活需求与供给侧改革"角度，研究新时期供给侧改革能够释放出哪些新需求，在新需求驱动下未来城市能够获取什么样的发展机遇，打造出经济新中心。

第六章围绕新时代"互联网＋"与新经济带来的发展新趋势，如何改变传统城市发展方式，在新经济主导下，未来城市能够获得哪些发展机遇，未来城市能形成哪些创新模式。

第七章从加速城市新旧动能转换为背景，针对不同角度，分析在城市新旧动能转换过程中，如何构建具有集聚辐射能力的发展平台。

第八章在未来"中国制造2025与分布式产业布局"背景下，城市能够在此过程中得到哪些新的发展机遇，能够创新什么样的发展平台和模

式，成为新兴产业发展的重要环节。

第九章从新时代城乡规划体系的变革出发，由于自然资源部的成立，探讨未来城乡规划将发展什么样的变化，城市在此进程中需要开展哪些工作，最终引出顶层设计和系统规划在新时期城乡规划体系中的龙头统领作用。

第三篇"破译'中心经济'"，首先梳理当前经济社会发展中哪些产业、功能、业态、要素等属于"中心经济"发展范畴，其次基于"中心经济"的发展内涵，总结提炼出其对区域经济和城市发展的特征和价值，最终在未来城市转型当中，"中心经济"通过构建集聚力模型和辐射力模型来增强自身综合竞争力，全面提升城市发展的效益、效能和效率。

第十章通过集聚力和辐射力模型分析，阐述"中心经济"逻辑，即城镇化要素融合的集聚逻辑和经济外部性的辐射逻辑。

第十一章对当前各类城市经济社会发展过程中展现出来的形态内涵，展开系统总结，提炼出有政策开放高地、现代要素中心、特色产业中心、功能集聚中心等四大类内容属于"中心经济"发展范畴。

第十二章基于前面所述"中心经济"发展范畴的相关内容，研究这些内容在城市和区域经济发展过程中所展现出来的特征，具有要素集聚的引领作用、区域发展的带动作用、产业生态圈的构建作用和城市品牌的孵化作用。

第十三章在综合中心经济发展范畴和特征基础上，分析"中心经济"对城市和区域发展所产生的价值和意义，对城市的"效益、效能、效率"都有较强促进作用。

第四篇"构建'中心经济'"，新时代应基于城市自身特征，以全要素思维和生态圈思维构建"中心经济"。从"城经济"和"市经济"入手，导出影响城市发展的十大要素，再分别研究每个要素支撑"中心经济"发展的具体肌理和逻辑，每个要素通过强化自身集聚辐射力，来整合区域优质资源要素，最终以全要素融合创新等路径地区"中心经济"新模式，创造出城市发展新引擎并带动区域经济同步发展。

第十四章从"城经济"和"市经济"出发，研究出影响城市发展的十大要素，通过"城经济"和"市经济"的有机融合，推导出十大要素需要融合创新，才能促进城市发展，形成中心经济。

第十五章重点论证如何通过"十大要素"构建"中心经济"，并详细阐述每个要素在构建中心经济的过程中，所产生的肌理和逻辑，每个要素如何实现"中心经济"发展效率。

第十六章从不同层面来论述中心经济的发展路径，首先要将十大要素进行融合创新，构建具有地区特色的中心经济发展模式，其次利用现代新经济手段，综合叠加，探索中心经济新时代发展新手段，最后从空间层面，分层次阐述中心经济在空间上不同范围的发展路径。

第五篇"践行'中心经济'"，通过金融思维和项目思维来全面践行"中心经济"，以投融资模式创新为支撑，构建相对独立的城市综合运营平台；以重大项目为抓手，重点孵化符合城市发展方向的引擎项目；以特色招商模式为手段，针对性设计城市招商引资模式和路径。作为促进新时代区域协调发展，推动城市新旧动能转换的"中心经济"发展模式，将以金融为保障、项目为抓手、招商为手段，引导"中心经济"发展模式进入操作层面。

第十七章在当今国家宏观金融背景下，城市需要一个独立的综合性投融资平台，负责地方城市整体开发建设和运营管理，本章在创新城市投融资发展理念的基础上，搭建具有多元化综合业务水平的投融资平台，建立结构化城市发展基金，同时也为城市创新PPP模式提供了建议，总结出未来城市整体融资体系的建立。

第十八章根据新时代城市发展新机遇，同时结合构建"中心经济"的十大要素，孵化出符合"中心经济"发展范畴，能够构建起"中心经济"发展体系的三大类重大项目，分别是产业项目、基础设施项目、公共服务项目。

第十九章在明确地方城市未来发展定位及产业体系之后，重点根据不同城市发展"中心经济"所需的具体产业业态和功能，结合城市建设用地储备情况和重点项目规划结论，进一步落实未来城市招商方向，创新设计招商模式，推动规划成果落地。

最后想强调的是当今社会各种生产生活方式已经发展巨大改变，城市的发展模式也将随之产生变化，传统的城市发展理论也需要顺应时代潮流，创新出能够指导新时代城市转型发展的新理论、新模式和新方法，而"中心经济"就是在这样的背景下提出来的，对于不同类别城市增强集聚辐射能力，提高城市综合竞争力具有重要的价值，也是对传统集聚辐射理论的应用和提升。

目 录

第一篇
创新城市发展理论

第二篇
新时代、新机遇

第三篇
破译"中心经济"

第四篇
构建"中心经济"

第五篇
践行"中心经济"

目
录

第一篇
创新城市发展理论

    中国新型城镇化进入新阶段，不再是大规模开发新区，而是推进现有存量的盘活优化和必要增量的创新。基于传统城市发展理论，以系统思维、全要素思维、全景图思维结合时代发展新要求，搭建聚集力和辐射力模型，指导城市开展顶层设计和系统规划，以智慧发展、智慧建设、智慧运营等全方位研究城市发展，利用要素融合创新破题新时代城市面临的问题和瓶颈，重塑城市要素结构和区域经济格局，引领城市全要素智慧转型，最终提升城市战略势能、培育产业发展动能和优化城市空间效能。

第一章　集聚辐射理论的提出与发展

集聚是城市发展的共同属性，中国新型城镇化经历了 40 年的发展，在城市和城镇发展取得快速发展的同时，也滋生了许多新的发展问题。进入城镇化发展的新阶段，不再是大规模开发新区新城，而主要是推进现有存量的盘活优化和增量的创新。基于传统城市发展理论，结合时代发展新要求，需要创新出符合当前发展诉求的理论和模式。通过对中心地理论、增长极核理论、首位度理论、空间集聚理论、核心-边缘理论等理论的分析，找到这些理论对于产业、空间、制度等方面带来的影响及在解决城市发展问题面临的不足。

一、相关理论梳理

（一）增长极理论

1.理论概述

增长极理论是由法国区域经济学家佛朗索瓦·佩鲁在《经济空间：理论的应用》（1950）和《战略增长极的概念》（1955）等著述中，针对新古典增长理论的均衡增长观点提出来的。

佩鲁认为，增长并不是同时在任何地方出现，它以不同强度首先出现在"增长点"上，然后通过不同的渠道扩散，并对整个经济产生不同的终极影响。他同时认为空间是一种"受力场"，经济空间与一般的地理空间完全不同，经济空间是"存在于经济要素之间的关系"。按照佩鲁的观点，经济的增长主要是因为技术的进步和创新，而创新并不是在所有产业均衡推进，总是倾向于集中在一些特殊的企业。由于这些企业是主要的创新源，因此它的产值增长大大高于工业产值和国民经济产值的平均速度。当这种产业增加其产出（或增加购买生产性服务）时，对其他产业具有极强的连锁效应和推动效应，能带动其他产业（或投入）的增长，这种产业就是推进型产业，或称之为增长诱导单元或增长极，而受增长极影响的其他产业就是被推进型产业。佩鲁认为，这种推进型产业和被推进型产业通过经济联系建立起非竞争的"产业联合体"，通过产业间向前、向后的连锁反应，从区域间的不均衡发展到最终实现区域的均衡发展。

2. 理论优势

增长极理论提出以来，被许多国家用来解决不同的区域发展和规划问题，它具有其他区域经济理论所无法比拟的优点。

（1）增长极理论对社会发展过程的描述更加真实。新古典经济学学者信奉均衡说，认为空间经济要素配置可以达到帕累托最优，即使短期内出现偏离，长期内也会回到均衡位置。佩鲁则主张非对称的支配关系，认为经济一旦偏离初始均衡，就会继续沿着这个方向运动，除非有外在的反方向力量推动才会回到均衡位置。这一点非常符合地区差异存在的现实。

（2）增长极概念非常重视创新和推进型企业的重要作用，鼓励技术革新，符合社会进步的动态趋势。

（3）增长极概念形式简单明了，易于了解，对政策制定者很有吸引力。由于增长极理论提出了一些便于操作的有效政策，使政策制定者容易接受。例如，佩鲁认为现代市场充满垄断和不完善，无法自行实现对推进型企业的理性选择和环境管理问题，因此，提出政府应对某些推进型企业进行补贴和规划。

3. 理论不足

（1）理论自身的不完整性。佩鲁及其追随者在提出"增长极"概念的

基础上，没有进一步将该理论系统化、模型化，存在许多不完善的地方。比如，怎样来确定推动型产业和适宜发展增长极的地点，推动型产业的支配效应即集聚经济的正负效应表现如何，增长极理论自身的数量、规模、内部产业结构等一系列技术性问题在实际应用中如何解决，这些理论的缺失，都将导致实践的无法落实。

（2）理论的不可操作性。严格讲，增长极理论是一种纯粹的理论，只可作为制定区域经济政策和区域发展规划的理论依据，不能作为区域经济社会发展的地域组织模式，因为在增长极理论中，经济空间与地理空间不是同一个概念，经济空间具有全球性和抽象性，所以，经济空间中经济要素之间的"联系"，与一般意义上的区域空间中的集聚、回流、扩散作用大不相同。

（3）理论的区位选择和时间选择的局限性。由于增长极理论的形成具有一定的时代背景和区位背景，决定了其不适合指导经济落后地区的发展。佩鲁是从处在比较成熟阶段的经济现象出发来研究增长极的，因此，增长极的形成和发展前提就是市场的有效需求。而能形成有效需求的地区，一般来讲区域经济都已经进入成长的阶段，区域内各类产业基础设施比较发达，区域产业链基本形成，然而，这些条件恰恰正是经济落后地区希望通过形成增长极来达到的。由此可见，这种实践中的悖论注定了增长极理论不能作为经济落后地区发展的组织模式。

4. 理论应用案例分析

增长极理论在京津廊区域一体化发展中的应用。随着京津冀协同发展规划的深入推进，廊坊作为京津冀交界核心区域，充分利用石保廊全面创新改革试验区、京南科技成果转移转化示范区等国家级合作平台，主动对接京津，共同促进京津廊都市区经济一体化进程，在这一过程中，增长极理论发挥着重要的战略指导意义。

京津廊都市区虽具有很多发展优势，但与我国长三角、珠三角等都市圈相比，还存在着一些不足和有待改进的地方：①区域经济一体化进程缓慢，未形成整体竞争力；②京津和周边地区的经济差距较大，辐射能力有

待提高;③京津与廊坊等周边地区经济协作关系薄弱，未能形成优势互补;
④缺乏统一的管理机制，行政色彩明显，制约了一体化进程。

针对上述问题，运用增长极理论，从积极发挥增长极的扩散效应、弱化增长极的极化效应、打造多层次增长极形成发展合力等方面入手，具体提出了相应的对策建议。从中可以看出，充分把握增长极理论的基本原理、产生效应，对于制定区域协同发展政策具有重要的指导意义。

（二）首位度理论

1. 理论概述

城市首位度是城市经济地理学中的一个重要概念，最早是由美国学者马克·杰斐逊在 1939 年提出的，作为对国家城市规模分布规律的研究。

杰斐逊指出首位城市就是一个国家或一个区域人口规模排在第一位的城市，对于国家，首位城市不仅体现了整个国家和民族的才智和情感，而且在国家发展过程中发挥着异常突出的影响。一个国家或一个区域，首位城市与第二位城市的人口规模之比叫作首位度。后来，马歇尔对杰斐逊提出的首位度进行了具体的量化，认为首位度比较合理的指数是 2，只有首位度指数在 2 以上的城市才能称为首位城市，大于 2 又不大于 4 的属中度首位分布，大于 4 的属高度首位分布。此后，国外学者对城市首位度的计算方法又不断进行修正完善。2000 年，亨德森又提出最佳城市集中度理论，城市首位度一定意义上可表述为城市集中度，并认为城市集中度与经济增长密切相关，应该从动态的角度看待城市最佳集中度。目前，城市首位度理论已被广泛应用于城镇体系规模分布的研究，成为衡量城市规模分布状况的一种常用指标。

2. 理论意义

首位度概念提出以来，城市首位度已经成为衡量一个城市辐射力、影响力和带动力的重要指标，许多城市以此为目标，凭借自身优势，吸引资金、人才、技术等要素在本地区充分聚集，使许多城市在自身功能提升以

及带动区域发展方面发挥了重要作用。

当今时代，城市群发展已经成为推动区域经济发展的主要形式，城市首位度分析作为研究城市之间相互关系、衡量城市规模合理性的理论概念，已成为分析城市群发展及其内部分工的重要工具。

3. 理论不足

首先，首位度仅仅是以城市人口规模指标进行的简单比较，但是在生产力提高、经济不断发展、科技日益进步和产业趋于细分等现实情况下，仅用两个城市间人口比例作为测算城市首位度的主要指标显然已经失去了合理性。

其次，该理论对于首位度合理的区间范围没有深入研究，首位度过高可能导致首位城市无限扩张、城市负荷过重等问题，对于像山东、广西、川渝等双中心格局的城市，首位度计算结果较低，也不能说明该区域发展不合理，因此我们不能简单根据首位度的高低判断一个区域发展的好坏。

最后，用首位度指标去分析研究一个地区的城镇体系的发展特征无疑是有意义的，但如果据此确定下级城市的规模则依据不足。例如某省在城镇体系规划中不顾目前首位度较大的现实，按首位度的理想值将二级城市规模定得过大，使其城市规划的人口规模已超过目前全市域的人口则显得很荒唐。

4. 理论应用案例分析

基于城市首位度理论的成都"首位城市"发展研究。通过对各地区城市首位度的计算，可以从中分析出一个区域发展的整体状况，从而有针对性地制定出指导本区域科学发展的合理策略。

成都市是带动成渝经济区以及广大中西部地区跨越发展的重要支撑点，人口和经济发展要素聚集效应明显，地位和作用日益提升。

2000年以来，成都的人口规模和经济规模均在全省位居首位，其中人口规模第二的城市为南充，经济规模第二的城市为绵阳。从人口首位度来看，两城市指数由2000年的1.43攀升至2015年的2.30，人口首位度还处于逐年增长的阶段；从经济首位度来看，四川省的两城市指数从2000

年的 4.13 上升至 2015 年的 6.35，属于高度首位分布，年均提升 0.15 个百分点，且近年来还呈现出加速上升的态势，在经济方面的高度集聚特征表现明显。

作为首位城市，成都具有经济规模领先、人口规模巨大、城市功能全面等特征，对整个区域经济社会发展起着至关重要的作用。在未来的发展过程中，在巩固首位城市地位、加快自身发展的同时，成都可以把注意力放到带动周边区域发展、从更大区域范围考虑功能布局等方面。

（三）核心－边缘理论

1. 理论概述

核心-边缘理论是由美国地理学家弗里德曼于 1966 年系统提出的，是解释区域之间经济发展关系和区域空间结构演变模式的理论。

弗里德曼认为，任何一个国家都是由核心区域和边缘区域组成，核心区域是一个城市或城市集群及其周围地区所组成，边缘的界限由核心与外围的关系来确定。核心区域指城市集聚区，工业发达，技术水平较高，资本集中，人口密集，经济增速较快，包括国内都会区、区域的中心城市、亚区的中心以及地方服务中心。边缘区域是那些相对于核心区域来说，经济较为落后的区域，又可分为过渡区域和资源前沿区域。

边缘区域的过渡区域包括上过渡区域和下过渡区域，上过渡区域是联结两个或多个核心区域的开发走廊，虽然处在核心区域外围，但与核心区域之间建立了一定程度的经济联系，受核心区域的影响较大，经济发展呈现上升趋势，就业机会增加，能吸引移民，具有资源集约利用和经济持续增长等特征。这类区域有新城市、附属的或次级中心形成的可能。下过渡区域的社会经济特征处于停滞或衰落的向下发展状态。这类区域或许曾经有过中小城市发展的水平，其衰落向下的原因可能由于初级资源的消耗、产业部门的老化，以及缺乏某些成长机制的传递，放弃了原有的工业部门，与核心区域的联系处于不紧密状态。

资源前沿区域又称资源边疆区，虽然地处边远但拥有丰富的资源，有经济发展的潜力，出现新的增长势头并发展成为次一级的核心区域和新城镇的可能性较大（图 1-1）。

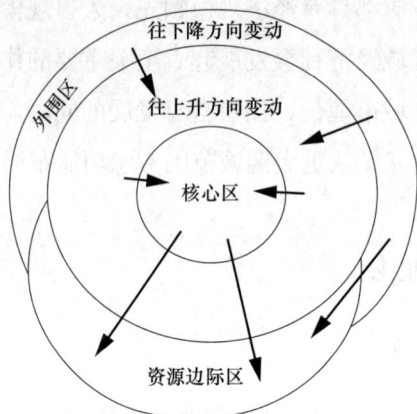

图 1-1 弗里德曼的经济发展中心-外围模型

根据核心-边缘理论，在区域经济增长过程中，核心与边缘之间存在着不平等的发展关系。总体上，核心居于统治地位，边缘在发展上依赖于核心。由于核心与边缘之间的贸易不平等，经济权力因素集中在核心区，技术进步、高效的生产活动以及生产的创新活动等也都集中在核心区。核心区依赖这些优势从边缘区获取剩余价值，使边缘区的资金、人口和劳动力向核心区流动的趋势得以强化，构成核心区与边缘区的不平等发展格局。核心区发展与创新有密切关系，核心区存在着对创新的潜在需求，创新增强了核心区的发展能力和活力，在向边缘区扩散中进一步加强了核心区的统治地位。但核心与边缘区的空间结构地位不是一成不变的，核心区与边缘区的边界会发生变化，区域的空间关系会随着经济空间结构的变化而进行调整，最终达到区域空间一体化。

核心-边缘理论的核心强调区域经济增长的同时，必然伴随经济空间结构的改变。随着经济社会的发展，经济空间结构的变化可划分为前工业化、工业化初期、工业化成熟、空间相对均衡四个发展阶段，这四个发展阶段对应的空间结构形态分别为离散型、聚集型、扩散型以及均衡型

（图 1-2）。

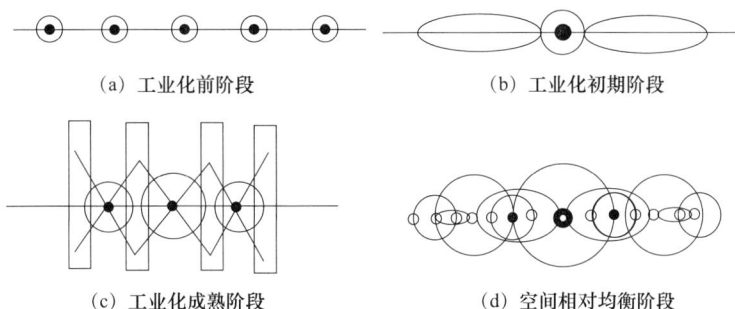

（a）工业化前阶段 （b）工业化初期阶段

（c）工业化成熟阶段 （d）空间相对均衡阶段

图 1-2　空间演化过程与阶段划分

2. 理论意义

核心-边缘理论解释了一个区域如何由互不关联、孤立发展，变成彼此联系、发展不平衡，再变为相互关联的平衡发展区域系统，普遍适用于解释区际或城乡之间非均衡发展过程的理论模式，提供了一个关于区域空间结构和形态变化的解释模型，并且把这种区域空间结构关系与经济发展阶段相联系，为区域规划提供了理论工具。

核心-边缘理论对于经济发展与空间结构的变化具有较高的解释价值，对区域规划师具有较大的吸引力，该理论建立以后，许多城市规划师、区域规划师和区域经济学者都力图把该理论运用到实践中去。现在看，在处理城市与乡村、国内发达地区与落后地区、发达国家与发展中国家的关系方面都有一定的实用价值。另外在确定一个区域核心区和边缘区发展战略方面，具有重要的指导意义。

3. 理论不足

核心-边缘理论与所有空间极化理论一样，对"核心"和"边缘"都没有确切定义，只是形成一种相对概念。核心-边缘理论是对常规的空间结构作静态的抽象描述，对于影响核心-边缘关系的因素，也只考虑国内的因素，而没有考虑国际因素。实际上，每一个国家与其他国家都有非常密切的政治、经济关系，核心区与边缘区的关系也受到国际因素的影响。另外，该理论较少关注区域经济发展中的制度因素和社会文化因素，忽视了知识溢出的外部性，进一步加剧差异。

4.理论应用案例分析

核心-边缘理论在地方产业群升级发展中的应用。核心-边缘理论对解释产业群之间存在的层次性特征、解析产业群之间的动态演变和发展也具有重要意义，其价值在于它提供了地方产业群升级发展的思路。

以 IT 产业为例，当今世界计算机生产可以分为三个梯度：第一层在美国，核心技术集中，利润率达 25% 以上；第二层在日本、韩国和中国台湾，利润率达 15%；第三层在东南亚和中国大陆，以制造业为主，生产规模即使达到几十亿美元，利润率也不到 5%。台湾的 IT 产业，直到 20 世纪 70 年代还是生产消费类电子产品的低劳动成本地区，80 年代初，台湾厂商抓住了 IBM 开放 PC 构架的商机，在全球 PC 产业高速增长的阶段，利用岛内相对廉价的土地和劳动力成本，从显示器、机箱、键盘、扫描仪等电脑外围设备入手，发展面向全球市场的电脑代工生产，并逐步在主机板生产、集成电路设计加工等技术含量高的环节建立起竞争优势。现在台湾已成为世界 IT 产业高水平制造基地，其 IT 总产出大大超过韩国，事实上也超过了法国和德国的总和。以新竹工业园为中心，台北新竹一带形成世界上最大的个人电脑生产基地，在不足 100km^2 范围内形成 PC 机 95% 的生产配套能力，台湾一跃成为世界第三大电脑供应基地。

从台湾 IT 产业的发展轨迹中，我们可以看出处于"边缘"的地方产业集群并非永远只能处于依附地位，可以沿着一定的路径不断攀升，进而挑战核心。

（四）中心地理论

1.理论概述

"中心地"可以表述为向居住在它周围地域（尤指农村地域）的居民提供各种货物和服务的地方。中心地理论是研究城市空间组织和布局时，探索最优化城镇体系的一种城市区位理论，创立者是克里斯塔勒

（W.Christaller）。他是从"地域面积具有同质性和所有方向上交通体系相同这两个假定出发"，除此之外还假定，生产者追求利润最大化，消费者追求效益最大化。克里斯塔勒根据基本假设，提出了他的理论模式。

克里斯塔勒认为，一个生产者的市场区域总是限制在一定空间范围内，当只有一个服务点市场区，最理想的服务范围为圆形服务面。在市场区边界之外，生产者不能满足消费者对其产品的需求，这里就会有其他生产者进入，出现多个中心地。当一个区域内存在多个同级中心地时，圆形服务面之间就会出现空当，处于空当地区的居民得不到最佳的服务。如果不留空当，圆形之间必须相互重叠，这样圆形市场区转变为最稳定的六边形空间结构市场区（图 1-3）。

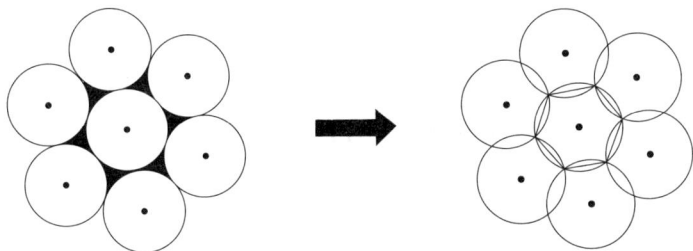

图 1-3　六边形网络形成

中心地职能具有等级性，提供高级中心商品的中心地职能为高级中心地职能，反之为低级中心地职能。低级中心地数量多、分布广、服务范围小，提供的商品和服务档次低、种类少。高级中心地数量少、服务范围广，提供的商品和服务种类多。因此，高级服务范围覆盖低级服务范围，不同等级的中心地构成层次分明、逐级嵌套的网络系统（图 1-4）。

中心地分布有三种变化模式。第一种模式是以市场最优为原则，中心地要以最有利于商品和服务销售，以最大的市场服务区为出发点。第二种模式是中心地分布以交通为最优原则，即各级中心地都应位于高级中心地之间的交通线上，小城镇应该位于较大城市间的交通线上，各级中心地均应分布在高级中心地六边形市场区边界的中点处。第三种模式是中心地应以行政职能为最优原则，每一个次一级的中心地必须在高一级中心地行政管束范围之内，不能像市场一样同时接受两个或三个高一级中心地的影响。由此，不同等级的中心地可按市场原则、交通原则、行政原则构成不同等级数量体系，在空间分布上也具有不同的结构形态。

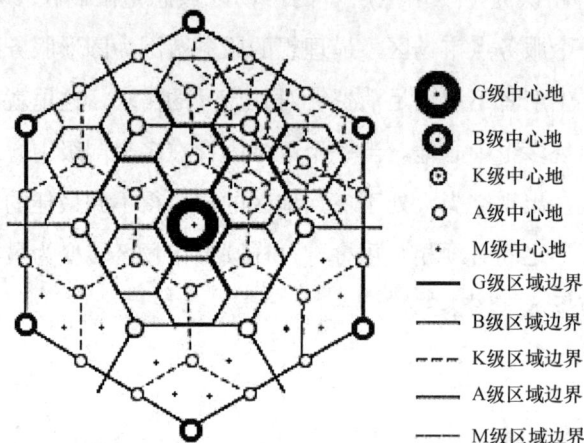

图1-4 多层级六边形网络

2. 理论意义

中心地理论是讨论区域中心的形成，等级高低及其相互影响的理论。对研究区域结构具有重要意义。对于我国目前区域发展不平衡的现状，可以运用中心地理论探讨研究如何促进发达地区对不发达地区的作用和影响，如何合理布局区域的公共服务设施和其他经济与社会职能，从而制定合理的宏观政策，实现各区域协调发展。

3. 理论不足

中心地理论是在诸多假设条件下提出的，因此很难与现实完全吻合。中心地理论属于一种局部性分析，既没有考虑到企业之间的重要联系，也没有考虑到居民居住地选择的相互作用；传统中心地理论基本概念与内涵已经落后于当前发展实际，相对封闭地区、农业化地区不同于现在的全球化、信息化、分工网络的时代。中心地理论忽视了集聚效益，同一等级或不同等级的设施如果集中布局能够产生集聚效益，而克里斯塔勒只注重于各等级设施的出现，却不重视其出现的数量。

4. 理论应用案例分析

郑州构建中部区域中心城市。区域中心城市是一定区域内某种社会历史因素的高度集聚点，并对其辐射区域的发展具有明显的促进作用。随着经济全球化和区域经济一体化的发展，在一定区域内建设具有集聚辐射带动功能的中心城市，已成为促进城市和区域经济协调发展的重要举措。

中部地区处于我国的地理中心，曾经是经济繁荣区域，改革开放以来的发展逐渐滞后与沿海区域。郑州发展比较迅猛，人口众多，省内的凝聚力强，经济基数体量大，城市变化日新月异，又占据着交通枢纽的地位，发展速度很快，对带动和振兴中部地区的发展发挥了重要作用。

（1）交通物流枢纽优势。郑州是中国公路、铁路、航空、信息通信兼具的综合性交通枢纽。陇海铁路、京广铁路在该市交会，107 国道、310 国道、京港澳高速公路和连霍高速公路穿境而过，郑州新郑国际机场与国内外 30 多个城市通航。郑州还拥有亚洲最大的列车编组站郑州北站和中国最大的零担货物转运站郑州货运东站，以及全国唯一运行时速 350km 的高速铁路十字枢纽站郑州东站，郑州货运东站是新亚欧大陆桥中国境内最大的集装箱货场。

（2）商品和资本聚集优势。郑州拥有广阔的经济腹地，河南省是中国人口大省，农业大省和经济总量大省。交通地位从侧面决定了郑州市的商品集散和物流中心的地位。郑州商品交易所是经国务院批准成立的我国首家期货市场试点单位，是郑州在中部地区的独特优势。郑州商品交易所充分发挥着期货市场在中原经济区建设中的作用，用金融带动实体经济的发展，服务中原经济区，在整个中原地区具有极高的集聚度和辐射力。

（3）人口资源聚集优势。河南省享有大量的人口红利，拥有普通高等学校 107 所，还有成人高等教育人口十几万人，这决定了河南有大量的新增转化的人才资源，人力资源不断转化为人力资本。大量人口资源，带来大量的消费需求，中部地区拥有劳动力、消费客群两旺的人口优势。郑州则扮演了区域各种社会组织和团体主要活动的场所，充当着区域经济的控制和管理中心，吸引大量人口集聚。

（五）点轴开发理论

1. 理论概述

点轴开发理论主要是从空间组织形式角度来研究区域开发战略模型，是增长极理论的延伸，是空间一体化过程中前期的必然要求。点轴开发模式是一种地带式发展，它主要用于区域经济已经发展到一定水平、区域布局框架正在形成和完善的地区。"点"是指一定地域的各级中心城市，即各类增长极，而"轴"是指连接各个点的以交通运输线路或网络密布的基础设施。轴线一经形成，对人口、产业也具有吸引力，吸引人口、产业向轴线两侧集聚，并产生新的增长点。点轴贯通就形成点轴系统，因此，点轴开发可以理解为从发达区域大大小小的经济中心点沿路向不发达区域纵深地发展推移（图1-5）。

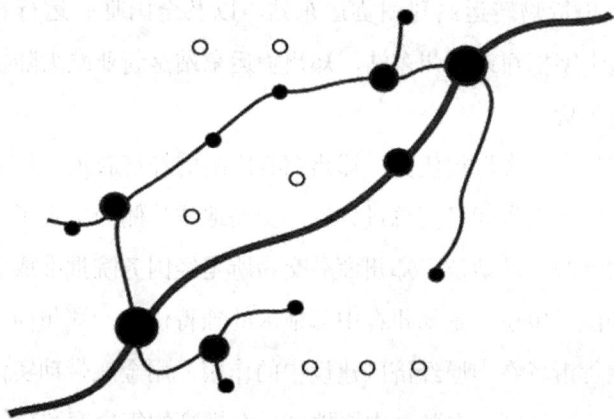

图1-5　点轴模式示意图

点轴开发体系中的"点"应该具有3个特点：一是科技水平相对较高，是所在区域的创新中心；二是主导产业明确，是与周围地区产业关联度大的产业综合体；三是在某一方面或某几方面具有突出的优势，在区域竞争中具有明显的比较优势，基础设施条件优越，交通、能源、水资源等供应体系完善。

点轴开发体系中的"轴"实质上是产业带，具有2个特点：一是资源开发、产品和劳务生产流通的基地；二是处于水、陆、空交通干线上，既要有相对发达而稠密的运输网，把这些流通基地连成一线，以缩短空间距离并节省时间。

点轴开发理论的主要内容包括三个方面：第一，将区位条件好的重要干线作为重点发展轴；第二，在发展轴上，确定重点发展的中心城市及其主要发展方向；第三，确定中心城镇和发展轴的等级体系与网络结构。在点轴系统发展比较完善后，进一步开发就可以实现空间一体化，即区域空间结构的现代化。空间一体化中的网络已不完全是交通网络，而是指点与轴的辐射范围内由产品与劳务贸易网、资金、技术、信息、劳动力等生产要素的流动网及交通与通信等基础设施网等所组成的综合网。

2. 理论意义

点轴开发理论的实践意义在于首先揭示了区域经济发展的不均衡性，即可能通过点与点之间跳跃式配置资源要素，进而通过轴带的功能，对整个区域经济发挥牵动作用。因此，必须确定中心城市的等级体系，确定中心城市和生长轴的发展时序，逐步使开发重点转移扩散。

3. 理论局限性

点轴开发模式比较适用于开发程度很低、尚未奠定布局骨架的国家和地区。轴开发模式中，对各个城市的级别划分没有给出明确的标准和原则，带有很大的主观随意性，单用点轴开发理论，并不能确切地确定地区开发的顺序。构成现代区域空间结构，必须具备三个要素：一是节点，即各类城镇；二是域面，即节点的吸引范围；三是网络，有劳动力、商品、技术、资金、信息等流动网和交通运输网组成。只有点或只有轴，构不成现代区域空间结构。

4. 理论应用案例分析

基于点轴开发理论的西安城市群的演变。西安大都市圈的空间结构可以概括为：形成以西安和咸阳为核心，以主要交通线为放射轴的"放射状多圈层"空间结构。西安大都市圈空间总体结构由一个主副核心，三条主轴，五条副轴组成。

点轴开发理论在西安大都市圈空间结构演化进程中，结合了各圈层城市经济社会发展以及城市化进程的特点，构建了点、线、面相结合的空间结构发展模式，是西安大都市圈空间结构发展的最佳选择。

大城市圈形成前期是以一个主副核心，倒"T"形结构为主要城市发展轴线所构成的点轴空间结构。这一阶段，充分发挥倒"T"形结构中的东、西、北三条城市发展长廊，积极推进西咸一体化进程和培育杨凌、渭南和铜川三个次级中心城市，利用已有的区位及交通优势，优先发展具有优势的产业和基础较好的城市。

同时，西安作为核心城市拥有不同于周围城市的比较优势，通过逐步调整产业结构，鼓励核心城市的第二产业逐渐向咸阳、杨凌、渭南和铜川以及周边城市转移，实行退二进三战略，提升第三产业在城市经济中的比重。强化西安的城市功能，以达到向心集聚来壮大核心城市在核心区和紧密区的吸引力和辐射力，在城市文化教育、医疗保健、邮电通信、信息传播、环境保护等方面增加投入，既增强核心城市的辐射力，又提高核心城市的吸引力。同时大力发展知识经济，促进城市产业升级，切实让中心城市成为经济中心和重心。这一过程之后以西安和咸阳为核心城市的大都市圈核心区发展趋于成熟，成为西安大都市圈内主要的城市集聚空间，构成西安大都市圈的增长极核（图1-6～图1-8）。

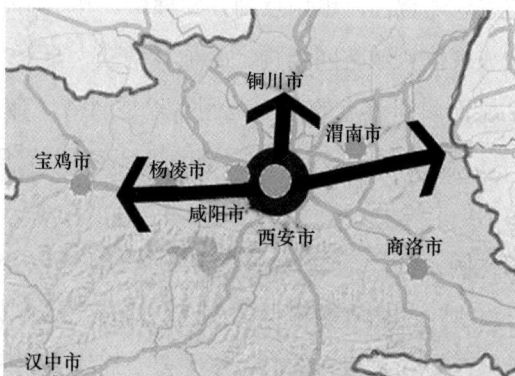

图1-6 西安大都市圈初期空间结构图

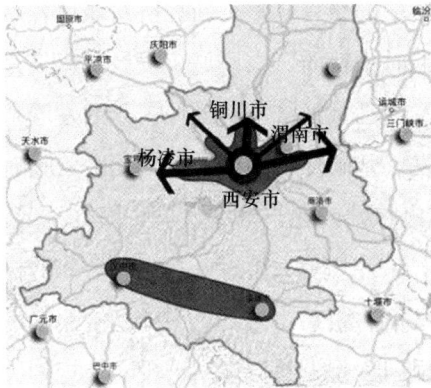

图 1-7　西安大都市圈中期空间结构　　图 1-8　西安大都市圈后期空间结构

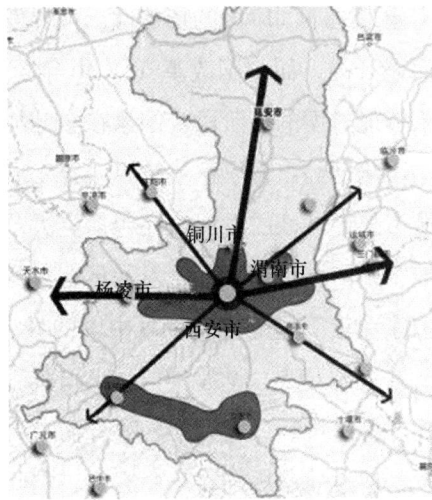

　　经过"点"的集聚之后，接下来要构筑杨凌与周至、武功的联系，建立西部次级生长轴，在西部形成以杨凌为中心的城市群；要构筑渭南与华县、华阴的联系，建立东部次级生长轴，在东部形成以渭南为中心的城市群；要构筑北部铜川与耀州区的联系，建立北部次级生长轴，在北部形成以铜川为中心的城市群。

　　最后形成以一个主核心、多个节点、三条主轴和五条副轴所构成的一个核心"多节点放射状"的空间结构，以西安为中心，以八条发展轴线依次串联渭南、铜川、延安、榆林、杨凌、宝鸡、汉中、安康、商洛等陕西省境内重要的节点城市和河南省的三门峡、洛阳、南阳，山西省的运城、侯马、临汾、吕梁，内蒙古自治区的鄂尔多斯、包头，甘肃省的庆阳、平凉、天水以及宁夏回族自治区的银川、石嘴山、固原，川北的广之、万源，鄂西北的十堰市等城市，形成以线穿点、以点带面的都市圈良性互动的发展格局。

（六）中国城市发展创新模式

　　中国城市的发展与世界城市的发展既具有相似的规律性，同时也具有本土发展不同阶段的特殊性。世界发达国家的城市化是伴随着工业化进程而展开的，而中国改革开放40年至今，城市发展已经进入了信息化向人工智能过度的新阶段。国家在全球战略中的布局调整、新经济对城市发展的影响已经出现了迭代跨界融合发展的时代特质。中国城市发展不仅仅是城市核心城区的发展，还包括更大范围的县域经济、新型城镇化的发展范畴。中国城市和城镇化发展具有自身发展基础环境的特殊性，同时又具有国家政策引导的同质性。中国的城市化和城镇化与区域发展、城乡统筹、要素资源开发、产业集群、人口集聚、系统规划、生态环境保护、PPP模式、推进机制、营销推广等方面有着紧密的联系，需要从系统思维角度出发，通过战略规划、产业规划、空间规划、重大项目规划、投融资规划等规划的系统集成，将经济社会发展的产业、城镇化、基础设施、公共服务、生态建设等五大任务，落实到空间载体上。

在综合以上城市发展理论的基础上，泛华集团针对中国城市及新型城镇化发展的变化趋势，承担了住建部国家部级软课题"中国城市发展创新模式"的研发任务，并于2012年结题，在上百个城市进行了推广，在解决中国城市及城镇化发展模式方面积累了成功的经验并取得丰硕的成果。

中国城市（新型城镇化）发展创新模式主要有五个创新点。一是提出产业、金融、信息资源和土地等要素高度叠加复合，提高城市可持续发展能力；二是以城市聚集力打造为着眼点，研究如何通过区域要素资源的快速集聚带动城市竞争力提升，实现城市跨越式可持续发展；三是打破城市规划的条块分割，在城市可持续发展的整体目标下，按照"生命、生产、生活、生态"有机结合的发展理念，研究如何通过规划的系统集成，形成能够指导城市发展的经济作战地图和行动纲领；四是通过开发性金融与产业金融有机结合，以结构化金融设计来完善城市投融资体系，实现城市发展的金融破题；五是智慧城市、生态城市、海绵城市、地下综合管廊等城市开发技术的研发与集成应用。

二、搭建聚集力和辐射力新模型

通过梳理城市发展理论可以看出，每个理论都有理论优势和理论不足，尤其是外国城市发展理论在解释中国城市和城镇化发展问题时，还具有一定的理论局限性。所以，中国城市和城镇化发展要针对本土发展的特殊问题和发展阶段的不同，综合传统城市发展理论优势，形成适合中国城市和城镇化发展的理论模型。

泛华集团认为，国民财富的增长是政府、规划、市场三者在配置资源要素能力水平这三个变量合理匹配、有机结合的结果。中国城市发展创新模式就是根据不同的地区和不同的工业化、城市化发展阶段，动态、灵活、有机、智慧地研究如何运用这些变量。国家提出的"供给侧改革"既非市场决定论，也非政府决定论，而是要努力达到政府和市场之间的平衡，就是要通过政府本身所能做的来减少已经过度的需求（即过剩传统低端产能）和刺激新的需求，从而推动经济的发展。我国以前经济发展的动力源主要由投资、出口、消费三驾马车拉动，在消费经济还没有完全培育出来、出口又受到抑制的态势下，投资对经济拉动的作用还要保持相对稳定，但投资的方向一定是培育针对高端有效需求的产业集群构建和民生福祉的基础设施建设。

泛华集团在城市发展实践中，深刻体会到中国的城镇化不同于外国的城镇化，外国的城市化是伴随着工业化进程展开的，而中国的城镇化在当前看已经直接站到了信息化的发展阶段，新经济模式、国家战略布局、新旧动能转换等国家战略对经济的集聚方式和民生福祉的实现方式产生了极大的影响，经济空间格局和物理空间承载需要有新的模式来引领。出于城市发展对新的发展模式的需要，泛华集团在多年城市发展经验的基础上，创立了聚集力理论模型，这个理论模型在借鉴吸收先期相关理论基础上，结合泛华多年来对于聚集辐射模型的研究成果，提出对城市在新时代背景下实现新的跨越提供了一种全新的发展思路。

（一）城市聚集力模型

城市作为一个巨系统，鉴于其复杂性和综合性，同时新技术带来新经济、新业态，单纯的某一个传统理论体系难以支撑城市发展的规律研究，需要诞生新的发展模式和理论，正是在总结各个理论特征和局限性的前提下，通过研究中国城镇化发展面临的区域发展与城镇化、城乡统筹与城镇化、产业化与城镇化、系统规划与城镇化、资源开发与城镇化、智慧生态与城镇化、人口集聚与城镇化、推进机制与城镇化、投融资模式与城镇化、营销推广与城镇化这十大关系，提出"城市聚集力"理论，旨在结合新时代新的城市发展理念以及新的发展趋势，摆脱城市发展单纯依靠某一种要素聚集带来的缺陷，构建一种融合资源、产业、人口、空间等多种要素多维度、多层次聚合的复合体系，进而产生乘数效应和叠加效应，形成城市聚集力模型。

增长极理论、核心-边缘理论、点轴开发理论等理论从多维度阐述了区域中心与周边区域发展的相互作用，为新时代背景下构建聚集力模型提供了理论支撑。城市聚集力理论包含了资源、产业、人口和空间的多层次聚合递进效应，它以资源聚集为基点，以产业聚集为核心，以人口聚集为支撑，以金融聚集为加速器，实现城市的空间聚集，打造现代生产性服务业和生活性服务业集聚区，形成以产业为核心、突出差异化和比较优势、发挥集聚和辐射效应的发展模式，聚集力模型的实质是以要素集聚构建城市发展的核心引力。

提出聚集力模型的深层次原因，是因为中国的城市和城镇化发展是在以工业化为动力、以农业现代化为基础、以信息化为手段、以新型城镇化为载体的"四化高度融合"背景下的城镇化。在这种背景下，生产力在空间的布局呈现出结构化特征，既在中心城市、县域经济、镇域经济、美丽乡村四层结构下的生产力分层次布局，泛华集团由此提出要素中心—产业聚集区—原料生产基地的布局思路。所有这些的实现，都指向资源要素的聚集整合和市场的外部性辐射。

聚集力模型的逻辑是，城镇化的发展内源动力主要由资源要素、市场辐射、政策承载三部分组成。传统的投资项目在选址时主要考虑的是地方的资源形成产业的适宜度、产品输出能力的市场空间，比如资源型城市和经济中心城市。还有一种动力源来自国家战略布局，比如我们策划的粤桂合作特别试验区，目前已经上升到珠江－西江经济带国家战略层面，成为国家战略的重要组成部分。无论动力源属于哪种，实现的路径都需要聚集和辐射两个过程来完成，通过聚集力和辐射力的打造和形成，能够带动影响力和竞争力，进而形成中心经济的有力支撑（图1-9）。

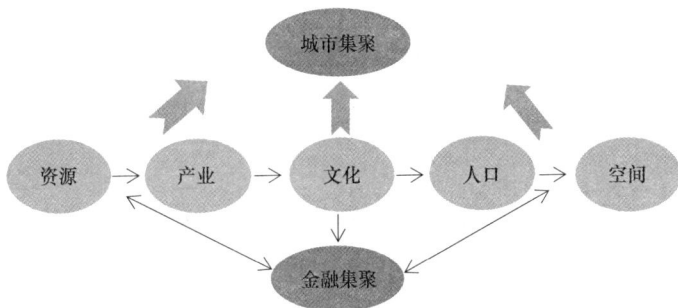

图1-9 聚集力模型

针对中国城市化面对的特殊的国情和基础，中国城市的发展主要体现在国民财富积累上，而国民财富积累与政府、规划和市场存在着紧密的关联，是这三个要素在资源配置方面发挥影响力的结果。政府可控制的变量有土地、财政、政策、信用等，规划是要素整合、智慧技术、空间功能、制度安排和经济活动再配置的系统解决方案，市场变量包括资本、企业、创新等等。无论城市发展的规划还是城市发展的实施过程等，其实就是在资源要素配置过程中这三个变量发挥作用的变化关系。聚集力理论的核心依据是城市竞争力是资源与资源配置能力相互作用的结果，研究如何通过区域要素资源的快速积聚带动城市竞争力提升，实现城市跨越式可持续发展。从聚集力形成机理上看，资源决定产业，产业决定基础设施配套。所以，通过基础设施聚合力、资源聚集力、产业聚集力、文化聚集力、空间聚集力、金融聚集力的次序复合联动过程，形成城市聚集力。要素市场需要聚集力（金融、劳动力、技术、房地产、信息），体现为结算经济、平台经济；产品市场需要辐射力，体现为商贸经济、实体经济；服务市场需要影响力，体现为整合经济、集群经济。

城市聚集力理论包含了资源、产业、人口和空间的多层次聚合递进效应，是以资源聚集为基点，以产业聚集为核心，以人口聚集为支撑，以金融聚集为加速器，从而形成城市的空间聚集，打造现代生产性服务业和生活性服务业集聚区，形成以产业为核心、突出差异化和比较优势、发挥集聚和辐射效应的发展模式。

聚集力理论的核心内涵包括以下几点：一是以资源为基，培育产业发展优势，二是以产业为核，实现可持续发展，三是以人为本，提升城市发展活力，四是以空间为体，提升区域运转效率，五是以金融为器，营造城市造血机能。

以资源为基，培育产业发展优势：以打造区域发展的聚集力为着眼点，研究区域的要素禀赋情况，结合区位、交通、经济基础等条件，通过系统规划引领、金融支持、政策引导，使金融、信息、技术等资源短期内在区域聚集，再通过创新要素融合方法与路径，使区域要素禀赋变成产业优势，进而形成经济优势。

以产业为核，实现可持续发展：通过供给侧和需求侧双向发力，发现新需求、创造新供给、带动新发展，通过挖掘特色优势资源，形成主导产业、配套产业和机会产业的复合产业集群，带动产业优化升级，实现产业集群化、集群基地化、基地园区化、园区社区化、社区带动新型城镇化。

以人为本，提升城市发展活力：人口集聚是城市集聚力的重要方面，是扩大消费能级、展现城市发展活力的重要体现。人是城市的主体，是推动"城经济"与"市经济"发展最核心的要素，同时以人为核心也是新型城镇化推进的主要目标和方向。因此，在提高城市整体集聚力的过程中，要使人的集聚和产业的集聚、空间的集聚共促共进，进而实现城市全面、健康的发展，推进城镇化进程。

以空间为体，提升区域运转效率：产业、人口的优化发展对城市空间的集约利用提出要求，需要重新研究战略产业的空间承载，用协同思维、系统思维实现"多规合一"，以空间聚集为集成终端，实现战略产业空间有机结合，"大家同唱一首歌，一张蓝图画到底"，提高区域的系统能力和组织能力。

以金融为器，营造城市造血机能：城市聚集力的形成也是金融聚集力逐步发育、成长、成熟的深化过程。城市集聚力的打造要站在城市发展系统角度创新、完善投融资体系，运用开发性金融理念，以结构化金融设计来完善城市投融资体系，运用开发性金融、产业基金、产城融合 PPP 等创新金融模式，实现城市的资源资产化、资产资本化、资本证券化。

（二）城市辐射力模型

中心城市作为区域乃至全国的发展核心，经济实力雄厚、科技创能力强，通过自身的辐射带动效应，对促进周边区域发展具有巨大的推动作用。所以，通过研究构建城市辐射力模型，形成城市辐射力理论，针对发展现状培育提升城市辐射能力，对实现区域协调发展、扩大城市影响力、增强区域整体竞争力具有重大意义（图 1-10）。

城市辐射力模型从城市辐射力发挥作用的机理、影响因子、培育路径三方面入手，分析了中心城市如何对周边区域的发展发挥辐射带动作用，以及中心城市如何增强自身辐射力，以在区域发展中发挥核心引领作用。城市聚集力模型和城市辐射力模型共同构成新时代区域发展的聚集辐射理论。

中心城市辐射力发挥作用的机理和主线是产业的优化升级、转移、集聚和在城市群中形成产业集群，在这个过程中伴随着信息技术传播、管理技术、人才扩散以及资本输出等生产要素的辐射，这也是城市辐射力发挥作用的副线。

```
         ┌──→  主线：产业的升级、转移、集聚和在城市群形成产业集群
作用机理 ─┤
         └──→  副线：技术溢出、管理技术、人才扩散以及资本输出等生产要素的辐射
```

城市辐射力

影响因素	培育路径
要素融合创新能力	提高城市经济实力和技术实力
经济规模	建立市场体制体系
产业结构	建立大交通体系
科技创新水平	加大信息交流平台

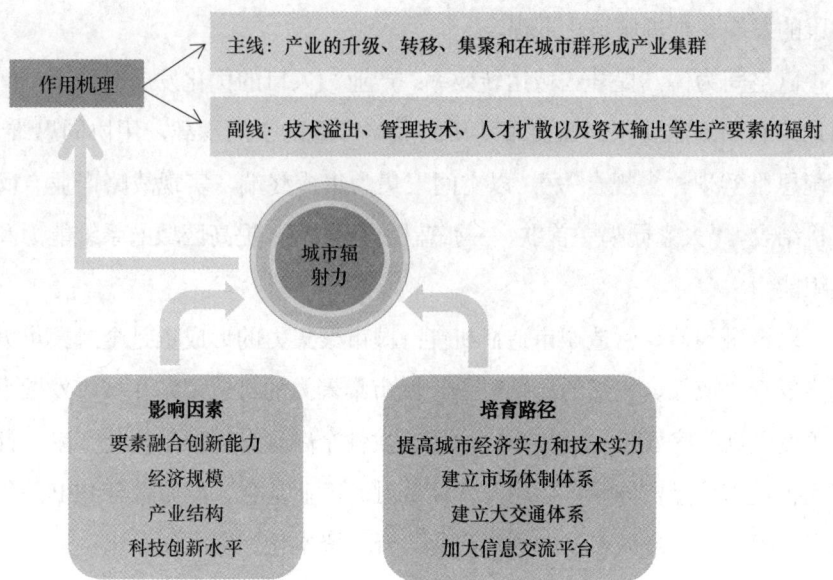

图 1-10　城市辐射力模型

　　分析了影响中心城市辐射力的因素，主要包括要素融合创新能力、经济规模、产业结构、科技创新水平、城市对外开放水平、交通便利程度六大因素。

　　提出了培育中心城市辐射力的路径，一是提高城市经济实力和技术实力，二是建立区域市场机制体系，三是建立大交通体系，四是搭建交流信息平台，五是加强区域金融合作。

（三）官渡顶层设计的理论依据

　　中国在短缺经济时代，城市规划的理论基础是工程学和美学。然而，经过近 40 年改革开放的大规模建设，房地产过剩和基础设施结构性过剩的问题凸显，仅仅依据工程学和美学理论基础，已经无法满足新型城镇化高度融合发展和内涵发展的需要，还需要从经济学的角度研究资源禀赋优化配置的问题。具体通过发展经济学研究资源要素和经济结构问题，通过空间经济学研究聚集效应、规模效应、梯度增长和空间极化问题，通过制

度经济学研究体制机制创新和制度模式创新问题。

官渡在谋划"十三五"甚至更长远发展的时候，面临着巨大的发展困惑，官渡区 2016 年的地区生产总值在云南省各县区率先突破千亿元大关，总量占昆明市的近 1/4，云南省的近 1/15，是昆明市乃至云南省发展的重要增长极，也是昆明市打造区域性国际中心城市的重要支撑载体和领跑者。作为领跑者，虽然具有巨大的经济体量，也有巫家坝机场搬迁腾挪出的发展空间，但由于处在昆明老城区、呈贡新区、空港经济区对要素、功能集聚的竞争格局之中，其发展问题必须上升到国家战略承载的高度来考虑。

官渡区在面临上述窘境的情况下，聘请泛华集团制定顶层设计。泛华集团在对官渡的情况和问题进行分析研究的基础上，认为，官渡的顶层设计是新旧动能转换的一次创新实践，需要从战略驱动、创新发展两方面破题，而官渡顶层设计的理论依据是泛华集团创立的"中国城市发展创新模式"。官渡的顶层设计需要从战略上研究用 $128km^2$ 的区域，讲好昆明乃至整个云南作为"一带一路"的关键节点打造面向南亚东南亚区域性国际中心城市的"官渡故事"。

中国城市发展创新模式重点研究五个方面。一是打造城市竞争力，将产业、金融、互联网在土地上融合极化，资源决定产业，产业嫁接金融，金融形成经济外部性，经济外部性决定中心经济集聚并配套相应基础设施，进而形成乘数效应、累计循环效应和区域价值。二是打造城市聚集力，是产业、金融、互联网、土地等要素的有机融合，进而形成极化效应、乘数效应、规模效应和累计循环效应。三是规划的系统集成，打破各种规划的条块分割，基于"多规合一"形成能够统领城市发展的顶层设计或系统规划，保证规划的一致性和依据性，通过"一张蓝图画到底"实现城市的系统能力和组织能力。四是结构化金融，站在开发性金融和产业金融的角度，通过产城融合、产融结合创新资源资产化、资产资本化、资本证券化路径，形成自身造血机能。五是新型城镇化发展的新型载体的组合运用，如智慧城市、生态城市、海绵城市、城市双修、地下综合管廊等。

三、要素融合创新破题城市发展

　　要素的规模化快速集聚是城镇化发展的逻辑，而经济发展的逻辑不仅需要集聚，还需要辐射。集聚的先决条件是资源的产业适宜度高，或基于特色资源的产品市场空间大，或区域承载国家战略并进行先行先试的可能性大。基于以上三点中的某一点或不同组合，集聚的行为才有可能发生。聚集力带动要素市场形成平台经济和结算经济，辐射力带动产品市场形成实体经济和商贸经济，影响力带动服务市场形成集群经济和整合经济。所以，城市的破题最终还是战略层面的破题，通过资源禀赋和政策环境的研究，理清区域的发展格局及城市发展定位，提高城市发展势能和区域价值，形成聚集力能够有效运行的环境基础和动力源（图1-11）。

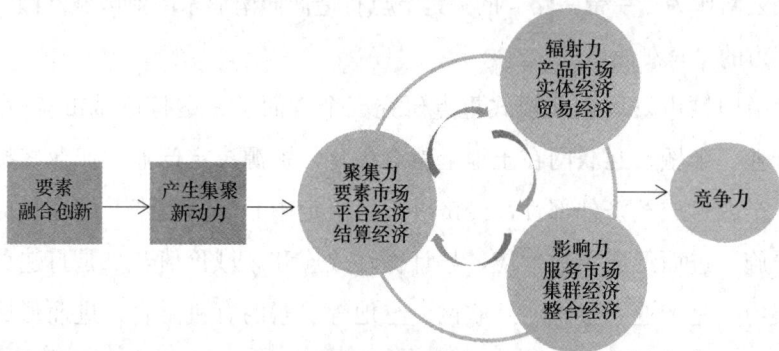

图1-11　要素融合创新示意

（一）要素融合创新重构产业生态圈和城市形态

　　1.要素融合创新重构产业生态圈和产业路径
　　随着要素在区域中心的不断聚集，各种要素融合方式不断创新、程度逐渐深入，区域产业发展思路将更加合理，运作更加高效，逐渐形成要素中心、产业聚集区、整合辐射区的"中心＋园区＋基地"的三圈产业体系。

在三个圈层构建的产业体系中，最内的核心圈，主要是以结算经济和平台经济为核心牵引，打造区域要素市场、产品市场、服务市场，形成专业要素市场，打造区域要素中心；第二圈是复合产业圈，是产业集群聚集区，通过要素的集聚与融合带动特色农业、大健康、大文化、大旅游、商贸物流等产业的复合发展；第三圈为整合辐射区，是多元的、多区的、多基地的示范区或示范基地，主要指的是中心城市周边以原料供应、生产、加工等产业形态为主的中小城市区域（图1-12）。

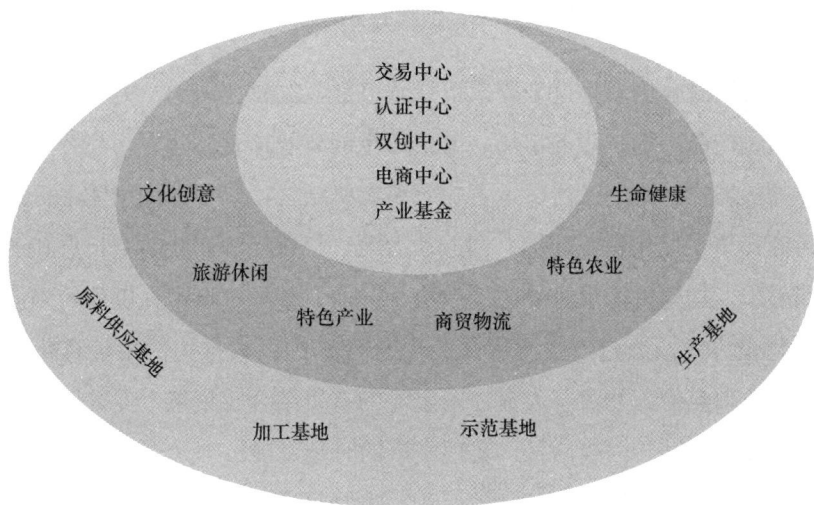

交易中心
认证中心
双创中心
电商中心
产业基金

文化创意　　　　　　　　　　生命健康

旅游休闲　　　　　　　　特色农业

原料供应基地　　特色产业　商贸物流　　生产基地

加工基地　　　示范基地

图 1-12　三圈体系产业生态圈

在新的发展条件下，要素集聚构建产业形态和城市功能形态首先要考虑市场辐射的范围，即先解决"卖"的问题，尤其是农业"新六产"，基于资源、市场、政策引力，需要先形成平台经济和结算经济，通过第三产业带动二产加工产业进而整合更大范围资源，或者工商资本在第三产业带动下直接进入一产进而吸引二产加工产业落地，所以，产生了"321"或"312"的产业路径。要素市场产生集聚力、产品市场产生辐射力、服务市场产生影响力，最终通过提高资源配置能力形成综合竞争力。有了这四种能力，中心经济的打造就具备了基本条件（图1-13）。

从需求端入手 ————————————————→ 实现供给侧改革

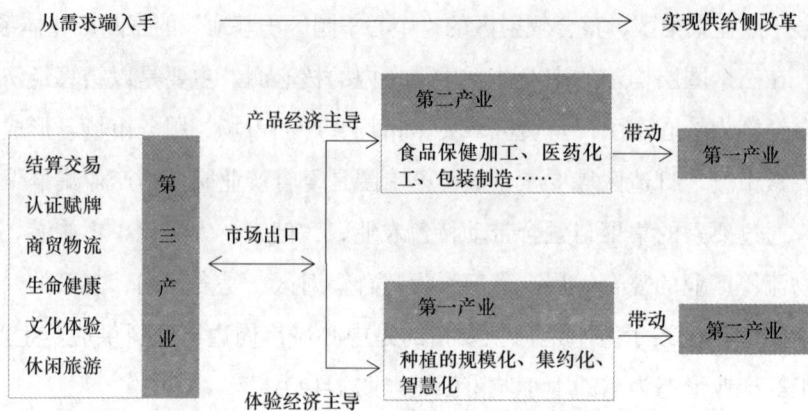

图 1-13　要素融合创新的下的产业发展体系

2. 要素融合创新推进全要素智慧城市复合发展

通过产品市场、服务市场、要素市场的有效培育和建立，与智慧城市发展的效益、建设的效能、运营的效率有机结合，以智慧应用体系提升城市营商环境、优化资源配置、创造动力源、打造经济创新的增长点和产业发展引擎，构建以需求为导向的政府、产业、金融、技术提供商的多循环智慧建设方案，通过产业要素聚集融合带来的巨大推力，用信息化的手段，形成信息流、物流、人流、资金流的有机结合及集聚，促进城市转型升级、创新驱动、内生增长，实现城市的跨越发展。

要素在中心地区融合创新的过程，也是复合产业集群形成、科技创新实力提升、高端人才集聚、城市投融资体制创新、城市土地开发合理化与集约化的过程。通过创新要素的不断融合，使城市最终实现"产业＋金融＋科技＋人才＋互联网＋土地"的复合发展。

3. 要素融合创新增强城市竞争力

要素在中心地区的聚集融合会带来集聚力、辐射力、影响力、竞争力之间产生一系列连锁效应。首先伴随着科技、人才、金融等要素在区域中心的不断融合创新，中心地区的集聚能力将得到进一步增强，伴随着集聚能力的逐步提高，中心城市对周边地区的辐射带动作用逐渐显现，这种效应随着交通网络的完善以及通信技术的进步将得到进一步的放大。辐射力的提高，意味着中心地区的创新能力和经济实力的进一步提升，其对腹地乃至全国的影响力也会进一步扩大，构建良好的产业生态，强化城市核心竞争力（图1-14）。

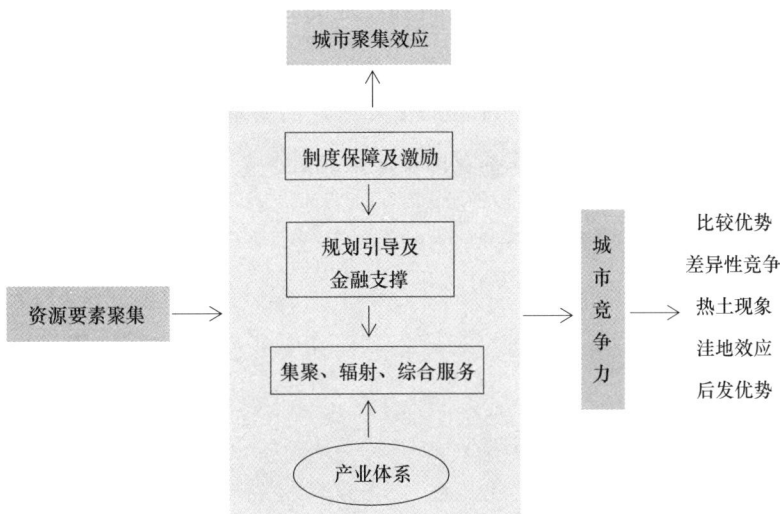

图 1-14 要素融合下的产业发展路径创新

（二）官渡创新驱动的破题思路

官渡区的发展战略规划不同于以前以增量带动为主的发展规划，这个规划更多的是在有一定存量的基础上，进行产业谋划和体制机制创新，不仅要从战略上指明方向，还要从中微观的层面对不同集聚区域进行分类诊断，分类施策，以便更好地指导小微空间的策划发展。基于目前官渡区发展过程中遇到的问题瓶颈，进行针对性破题，实现针对性承载，形成与区块相结合的战略、产业、空间相融合的破题思路。

产业破题：包含金马片区、巫家坝片区、宝华寺和古镇片区以及会展片区等区域，以"互联网＋"提升产业层级，以园区化、平台化项目载体为抓手，培育产业内生动力源，推进产业集群化、集群园区化，通过构筑优势产业集群，实现中心经济效益。

金融破题：包含现状老旧城区、棚户区、城中村等区域，需要分片开发、分类制定策略，加速体制机制创新，制定产城融合 PPP 模式。老旧城区改造通过机制体制创新重构生态圈，房地产实体资本与产业股权挂钩，形成产业基金，引导产业孵化平台和产业的股权纽带，形成既分享税收，又能分享股权的体制。

制度破题：主要指矣六片区的下片区，需要基于滇池生态保护诉求、创新试点示范项目、突破基本农田发展限制。

第二章　全要素智慧城市发展新模式

　　全要素智慧城市发展新模式有别于传统的城市发展模式。全要素智慧城市发展新模式以工业化为动力，以农业化为基础，以新型城镇化为载体，以信息化为手段，实现"新四化的高度融合"，从而实现城市的产城融合、智慧生态、创新驱动、内生增长及可持续发展。全要素智慧城市发展新模式依托全要素智慧城市系统解决方案推动城市全要素资源整合、重构和再配置，把全要素智慧城市的智慧发展、智慧建设、智慧运营的三大系统有机结合，以全要素技术路径从根本上解决城市发展的动力问题、建设和标准问题、运营和效能问题，从而发现城市需求和创造需求，找到创新发展的产业驱动力，实现城区经济、市域经济"四化融合""四生互动"的良性发展。以全要素智慧城市发展新模式贯穿城市发展的智慧发展、智慧建设、智慧运营和管理的各个方面，通过新模式、新产业、新业态和新技术，促进产业的智慧化、智慧的产业化、跨界的融合化和品牌的高端化，聚集产业＋金融＋科技＋人才＋信息＋生态＋交通＋土地＋制度＋品牌等全要素，推动产业集群化、集群基地化、基地园区化、园区社会化、社区带动新型城镇化，实现智慧城市发展新旧动能转换（图2-1）。

　　智慧城市是城市经济可持续发展的重要战略路径，是新型城镇化发展高级阶段和城市转型发展的重要抓手，智慧城市的本质是城市的信息化和信息化的城市的有机结合。在"生命、生产、生活、生态"理念下，通过产业、金融、土地、信息资源四大要素的结合，挖掘地方特色产业资源，通过产业化运作和结构化金融介入，构建智慧城市可持续发展的造血机能和内生动力。结合传感技术、互联网、物联网、大数据和云计算，打造线上和线下互动的产品市场、服务市场和要素市场，解决智慧城市从效率、效能到效益的转型升级、创新发展，将智慧城市运营从单纯的成本中心转变为效益中心和城市的增长极，为城市大众创业、万众创新提供支撑平台（图 2-2）。

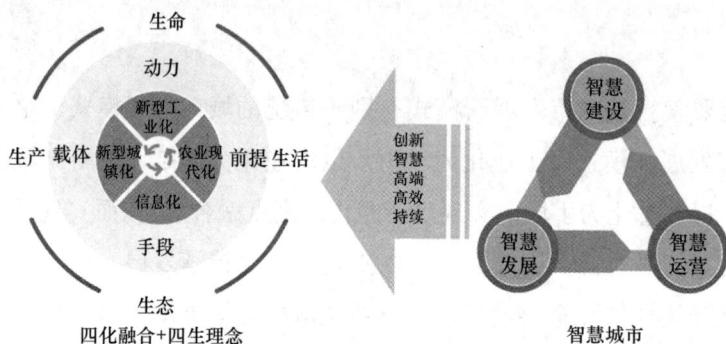

图 2-1　智慧城市发展模式

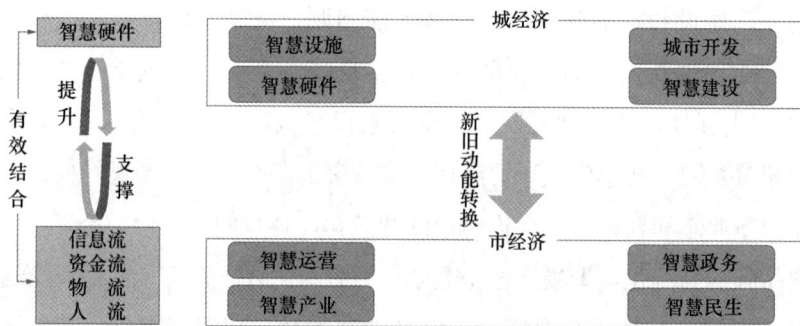

图 2-2　智慧城市经济可持续发展模式

一、智慧发展新模式

城市的发展模式要从战略定位和产业体系构建两方面解决发展动力创

新和区域价值提升问题。城市顶层设计是从区域全局和国家战略导向的角度出发，统揽经济社会、人文生态、民生福祉、空间功能各领域，统筹各个层次和各种要素的发展模式，具体包含了经济、社会、文化、生态等领域，智慧、科技、特色、协调的发展方式，体制机制创新等制度安排。

智慧发展新模式通过对产业、金融、科技、人才、互联网、生态、土地和交通等全要素的集聚，打通区域经济发展、城市建设标准、产业园区建设、产业集群的形成、龙头企业、电商平台构建、终极消费者七个层级，具体从智慧产业、智慧建设管理、智慧运营、智慧空间、智慧金融、智慧信息岛等多维度推进智慧全要素的聚集，构建智慧发展新模式（图2-3）。

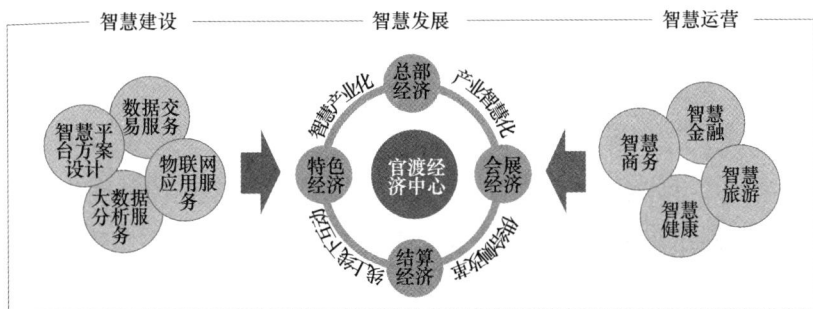

图2-3　昆明市官渡区中心经济智慧化发展模式示意图

（一）智慧发展驱动力

智慧发展逻辑关键点在于过程的增长，以及结果的可持续发展，实现的前提则是创新发展，智慧发展是创新发展的重要路径。通过产业发展、建设模式、运营模式等关键节点的创新，推动创新创意要素集聚，围绕创新要素集聚，推进信息化和智慧化的应用。智慧城市的构建本身就是创新要素再次配置的过程，通过再次重构创新路径，凝聚智慧发展驱动力，实现城市的战略、产业、重大项目、投融资体系对城市发展的高端引领（图2-4）。

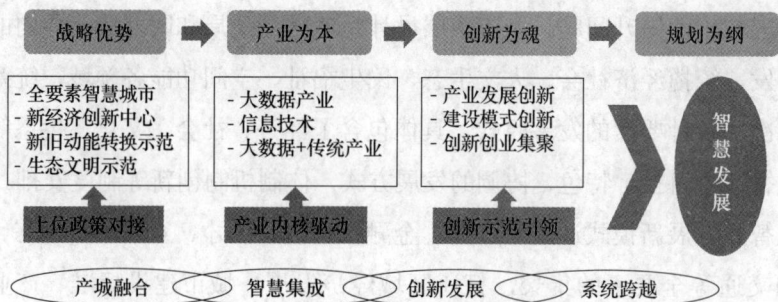

图 2-4　智慧发展驱动力模型

以全要素智慧城市、集聚创新中心、新旧动能转换示范、生态文明示范等重大战略为导向，积极对接上位政策，承载国家重大创新、示范。产业是智慧发展的根本，依托大数据产业、信息技术、大数据＋传统产业等新经济、新模式重构产业体系，形成产业内核驱动力。通过产业发展创新、建设模式创新、创新创业集聚，推动创新示范引领。最终形成产城融合、智慧集成、创新发展、系统跨越的智慧发展驱动合力。站在生态文明示范的角度、区域经济发展创新的角度和机制体制创新的角度，解读示范，找到合适的发展路径，结合路径形成当地的发展战略，并确定战略结构，再研究当地的产业成长，找到其产业的增长级，然后再集成、落地到空间上，形成空间的增长极，在此基础上再研究重大项目的抓手，通过重大项目，推动解决上述问题，促进规划实现。

潜江小龙虾交易中心和宁夏滨河新区的发展就是比较突出的以智慧发展模式驱动创新发展的典型案例。潜江在小龙虾被贴上很多负面标签的情况下，用智慧的手段导入小龙虾产业，即通过交易中心的构建形成了标准体系和认证中心赋牌、检验功能，进而带动了小龙虾养殖基地建设和整合，再通过引导创新消费模式和大数据应用实现了每个养殖区都能创造自身品牌价值，使小龙虾产业成为超级产业孵化器和全民创业抓手，同时带动了小龙虾科研种苗的科技研发、生态养殖基地的建设、可控质量体系的形成、溯源系统的构建等产业链功能配套发展，将小龙虾产业做成千亿级的产业和潜江地区经济增长战略版图中的重要发展引擎。宁夏滨河新区是建在一片沙漠中，采用逆经济周期规律，通过新经济打造大数据中心，吸引了盛大游戏产业和服装产业的规模化集聚，实现了新旧动能转换并成为中国游戏产业重要基地。

因为发展问题是战略问题和内生动力问题，所以智慧发展是城市可持续发展和提升城市竞争力的重要手段。智慧发展通过城市的信息化和信息化的城市二者的有机结合，结合城市发展中智慧发展、智慧建设、智慧运营和管理，促进产业的智慧化、智慧的产业化、跨界的融合化和品牌的高端化。具体而言，聚集产业＋金融＋科技＋人才＋信息＋交通＋生态＋土地等全要素，打通区域经济发展、城市建设标准、产业园区建设、产业集群构建、龙头企业引进、电商平台搭建、终极消费者等七个层级，并从智慧空间、智慧信息岛、智慧建设管理、智慧城市运营、智慧产业和智慧金融等多维度实现智慧城市建设落地（图 2-5）。

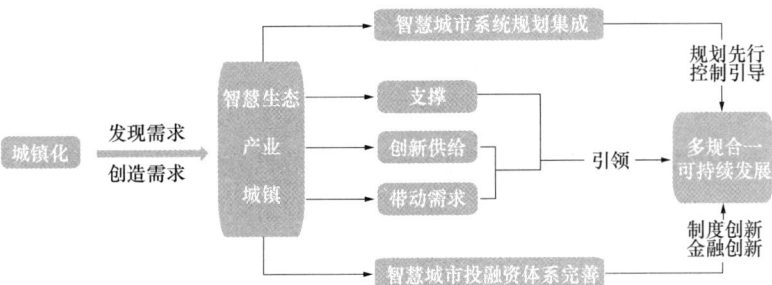

图 2-5　智慧创新城市发展路径

智慧城市发展与城镇化同步推进，通过城镇化发现需求、创造需求，构建智慧生态、智慧产业、智慧城镇体系，通过智慧城市系统规划集成、创新供给、带动需求、打造智慧城市投融资体系，以规划先行的原则，推进"多规合一"的智慧发展。实现产业兴城、以产促城、产城一体、智慧生态、城乡统筹、创新驱动、跨越发展的智慧发展理念。智慧城市发展过程中运用"产业＋资本＋大数据＋空间"的新经济手段，打造新旧动能转换和智慧生态的新增长极，新理念、新模式、新经济有别于传统城市发展模式，能够实现智慧城市的自我造血机能，形成智慧城市良性发展的模式，城市发展更具可持续性。

（二）智慧发展新路径

昆明市官渡区通过"智慧提升"落实创新驱动战略举措，从供给侧改革入手，围绕中心经济发展，创新打造线上和线下互动的产品市场、服务市场、要素市场，实现智慧产业化和产业智慧化，形成官渡区中心经济智慧化发展路径。具体而言，以"智慧城市全要素集聚创新模型"为指导，打通"智慧发展、智慧建设、智慧运营"一盘棋，提升总部经济、会展经济、结算经济、特色经济四大产业集群发展效益，构建中心经济智慧化发展模式。

智慧产业化。从昆明市全域智慧产业发展格局来看，昆明经开区电子信息产业园未来侧重发展智慧硬件研发制造和大数据设备制造等生产制造功能，呈贡信息产业园着重发展数据存储中心、云计算中心、智慧服务中心、技术研发中心等内容，而官渡区需要从全域出发，与它们实现产业联动、差异化发展，聚焦在数据交易服务、大数据分析服务、智慧平台方案设计、物联网应用服务等功能，最终重构昆明市智慧产业生态圈。

产业智慧化。以信息化手段提升官渡区优势产业的现代化水平，增强产业核心竞争力，主要形成智慧商务、智慧金融、智慧会展、智慧健康、智慧旅游等发展模式。智慧商务重点在巫家坝 CBD 的商务办公区推进智慧商务建设，提升总部办公效率，同时强化电子商务发展水平，升级商贸模式；智慧金融就是要联合泛亚国际金融港的金融机构，搭建"智慧金融服务平台"，形成信息化的创新金融中心；智慧会展主要是搭建智慧会展服务平台，为参展商和游客提供参展信息发布与查询、智慧准入、信息自动录入等服务；智慧健康着重在生命健康管理中心植入智慧服务体系，广泛应用远程医疗和数据监测；智慧旅游主要是创建"官渡旅游"智慧服务平台，利用信息化终端为游客提供服务，在景区内设立智慧旅游服务系统等内容。通过产业智慧化发展，加速传统产业转型升级，提升产业发展效率。

二、智慧建设新模式

建设模式是要素集聚和空间承载形成基于发展模式的能够共同遵循的标准发展体系，是通过规划的系统集成即系统规划，使战略、产业、空间、项目、投融资五方面有机衔接，保证规划的一致性和依据性，具体而言，就是人流、物流、资金流、信息流、产业发展、空间载体、路径方案的要素集成，通过规模化的要素系统集成提高城市效能。

智慧建设需要综合考虑智慧城市发展动力、智慧城市运营效能，以工业化、农业化为基础，以城镇化为载体，以信息化为手段，在四化高度融合的基础之上，运用系统思维、战略思维、平台思维、集群思维、生态圈思维、结构性金融思维、"互联网＋"思维，顶层设计智慧建设新模式。处理好智慧城市与区域发展、智慧城市与推进机制、智慧城市与城乡统筹、智慧城市与产业化、智慧城市与系统规划、智慧城市与资源开发、智慧城市与智慧生态、智慧城市与人口集聚、智慧城市与PPP开发模式、智慧城市与营销推广等之间的关系，研究清楚城市之间这些复杂关系，尤其需要研究清楚城市的核心要素和核心竞争力。

（一）智慧城市面临的问题

当前智慧城市建设面临很多问题，比如缺乏战略谋划的顶层设计、多规合一的系统规划、专项规划和城市设计，利用开发金融和商业金融构建结构化金融对智慧城市建设的支持不足，城市的存量资产和增量资产不能很好地有机结合，项目落地面临较大的困难。具体而言，首先是城市的定位问题，城市定位是智慧城市建设的基本立足点，需要科学的多学科有机结合研究城市顶层设计，明确城市使命、定位、内生动力以及可持续发展路径，通过顶层设计来提高城市的系统能力和组织能力。其次是金融撬动智慧城市建设的路径问题，需要充分发挥金融投融资主体作用，通过体制创新、模式创新、制度创新，把地方的资源变资产，资产变资本，实现开发性金融和产业金融的有机结合，实现智慧城市建设的自我造血机能。再次是智慧城市建设的功能布局问题，在智慧城市建设中需要考虑产业园区的开发、功能板块的打造、基础设施建设等城市增长极和城市功能配套，通过循序渐进、滚动开发，用好 PPP 模式等产城投融资模式推动智慧城市建设。

（二）智慧城市建设的圈层模式

智慧城市建设实践中，首先应该从顶层设计、系统规划角度入手研究区域，在此基础上研究打造智慧生态产业城市，在智慧生态产业城市之中构建区域特色产业园区，再实现产业导入形成产业集群，积极发挥好龙头企业的带动作用，通过"互联网＋"打造电商平台、信息技术产业平台，最终建立符合最终消费者需求的体验经济、粉丝经济、高端经济，真正实现产业集群化、集群基地化、基地园区化、园区社区化、社区带动城镇化（图 2-6）。

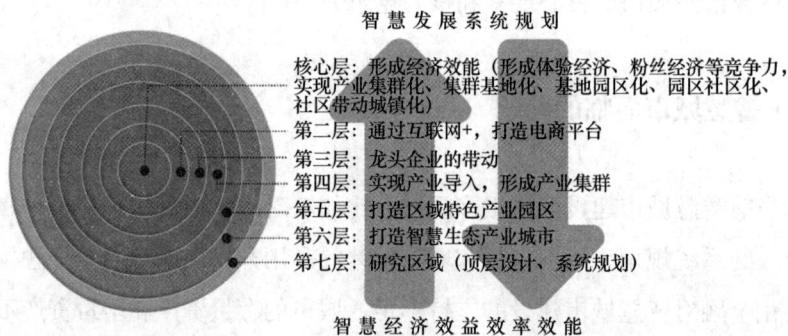

图 2-6　智慧城市建设的七大圈层模式

以智慧发展系统规划为纲，打通城市智慧建设过程中的城市、园区、企业、技术、生态、规划等环节，创造城市经济发展的智慧经济新活力，提升智慧发展的效益、效率、效能，提升城市管理、运营的能力。智慧城市建设的圈层模式考虑从解决城市需求端着手，以智慧城市建设核心目标为出发点，以人为本、以智慧发展为本，强调生命、生产、生活、生态的协调互动，强调通过规划和金融的有机结合，推动产业兴城、以城促产、产城融合、智慧生态、城乡统筹、创新驱动、内生增长（图2-7）。

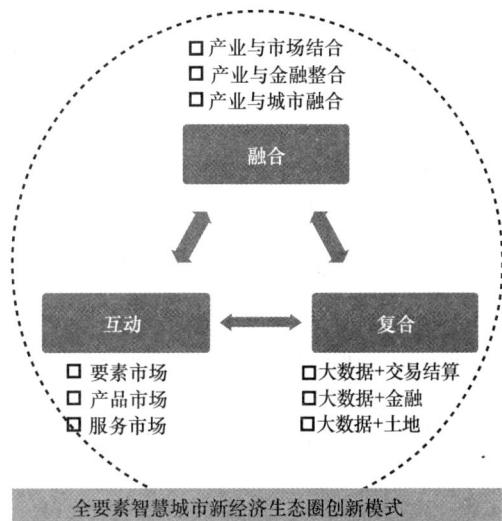

图 2-7　全要素智慧城市新经济生态圈创新模式

　　智慧城市建设过程中，要充分考虑打造城市的要素市场聚集力，通过打造统一的智慧要素集聚中心，以智慧城市为主要手段创造新经济中心，带动城市产业和市场的结合、产业和金融的整合、产业和城市的融合，形成具有融合性、复合性、互动性的全要素智慧城市新经济创新中心。以此为地方的产品市场提供辐射力，形成大数据＋交易结算、大数据＋金融、大数据＋土地的复合经济。推动城市服务市场和要素市场的互动，为地方的服务市场提供影响力，实现其平台经济、实体经济和集群经济的发展，带动当地的结算经济、商贸经济和整合经济的延伸，进而带动线上和线下的融合，重构城市的经济产业生态圈和动能体系，从而实现全方位的经济增长。

（三）全要素集聚的智慧城市建设技术路径

智慧城市是城市信息化和信息化城市的有机结合，需要打通智慧城市的技术、规划、投融资、产业体系等环节。智慧发展技术、智慧建设技术、智慧运营技术三位一体，运用好基于 BIM 或 GIS 等技术框架为核心的智慧城市建设技术，打通智慧的信息解决信息孤岛的问题，构建大数据和大数据产业化逻辑，让其自身的产业实现智慧化升级，运用好智慧金融创新、智慧城市运营、智慧管理和服务的结合。

全要素集聚的智慧城市建设技术路径具体概括为：①基于 GIS 系统的"多规合一"与城市设计的智慧空间；②城市智慧信息岛的互联互通；③结合特色产业、一品一网概念的智慧产业；④智慧金融实现金融创新；⑤ BIM 系统与城市复兴下的智慧城市建设；⑥以大数据分析为基础，为城市发展提供解决方案的智慧城市运营与管理（图 2-8）。

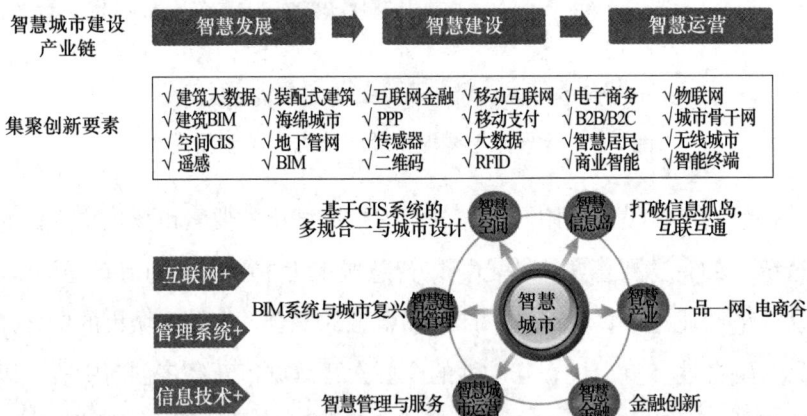

图 2-8　全要素集聚的智慧城市建设技术路径示意图

在全要素集聚智慧城市建设技术运用过程中，需要充分地将地上和地下空间开发相结合，地上进行系统规划，建立结构化金融体系，导入产业集群，建立产业园区，同时，通过智慧城市、海绵城市、综合管廊等城市基础设施的整体打造，完善各项配套设施，提升地上土地价值，再以此反哺基础设施的投入，形成智慧建设的良性循环。

案例：智慧长阳

北京市长阳智慧城市建设是国家第二批智慧城市试点，长阳以世界城市示范区为愿景，以"无线城市、智慧长阳"为引擎，升级CSD建设，聚集区域优势，打造京城金融、IT的"后台服务体系"，打造智慧城市试点，打造一个宜居兴业一体化的、可持续发展的具有核心竞争力和商业模式的新长阳。智慧长阳建设综合运用物联网、云计算、GIS等新一代信息技术，结合先进社会管理和产业发展方法，建设高效集约的智能化平台，提高政府决策能力和管理效率水平，提高服务的明确性、效率、灵活性和响应速度，做到随需服务，建立自主创新服务体系的新型长阳，实现了长阳经济可持续发展和产业价值链提升。长阳以便民利民为宗旨，信息产业的发展为突破口，国家农村信息化科技示范区为契机，通过信息化手段建设，智能化成果惠及城乡居民，推动两化融合。

数字兴业：①推进信息产业做大做强；②推进电子商务创新发展；③推进信息化与农业融合应用；④推进服务业信息化建设；⑤扶持产业园（基地）项目；⑥推进旅游产业信息化；⑦加快行业服务和自主创新能力建设。

数字便民：①完善公众信息服务体系；②推进公共文化信息化建设；③推进社会保障领域信息化建设；④推进"智慧社区"建设；⑤推进智慧养老体系建设；⑥城乡公共卫生信息服务体系建设；⑦网上教育资源公共服务体系。其他包括数字惠农、政务智能化、信息化基础设施提升。

三、智慧运营新模式

运营模式是在生态文明发展阶段的重要发展手段，通过结构化金融形成存量和减量发展阶段的要素重新配置创新体系。智慧运营模式是通过商业模式、金融方案、项目孵化、品牌管理、产业招商、运营管理带动结算经济、网络化、智能化发展，提高城市效率，使智慧城市由成本中心转向效益中心，智慧运营的重点是通过项目孵化和投融资创新实现全要素集聚和全要素运营。

（一）全要素集聚

全要素运营的前提是智慧集聚，智慧城市首先应具有较强各类要素聚集力。通过产业、金融、科技、人才、互联网、生态、土地、交通、制度、品牌等各要素的结合，打通区域经济发展、城市建设标准、产业园区建设、产业集群形成、龙头企业、电商平台构建、终极消费者，并从智慧产业、智慧建设管理、智慧运营、智慧空间、智慧金融、智慧信息岛六个维度落地智慧全要素的聚集。然后以资源聚集为基点，以产业聚集为核心，以文化聚集为提升，以基础设施建设为支撑，以金融聚集为翅膀，以信息化为手段实现在空间层面的要素聚集。通过发挥智慧城市资源、产业、基础设施与空间的多层次聚合递进效应，增强城市集聚效率、效能和效益（图2-9）。

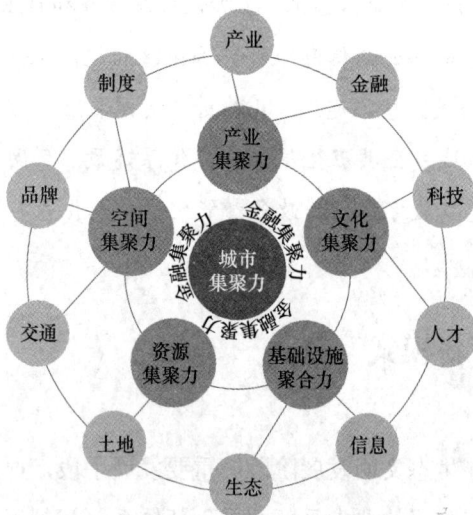

图2-9 智慧城市全要素集聚模型

通过区域要素资源的快速集聚带动智慧城市竞争力提升，实现智慧城市跨越式可持续发展。打破城市规划的条块分割，实现"城市的信息化"和"信息化的城市"的有效结合，通过智慧城市顶层设计集成，实现战略、产业、资本、空间、平台等动力要素的聚集，形成能够指导智慧城市建设与发展的作战地图。使智慧城市建设在提高城市效率、效能的同时，推进产业集聚效果，创新智慧城市运营模式，形成相对应的投资效益转化。

（二）全要素运营

智慧城市全要素运营，关键是要促进产业、金融、科技、人才、互联网、生态、交通、土地、制度、品牌等多个要素的创新融合。通过体制机制创新使上述十个要素由资源变资产、资产变资本，推动生态优势变成经济优势，推进文化从记忆力变成影响力，形成促进经济发展和城市增长的全新软实力。实现大数据的产业化和智库的集聚，实现高端的产、学、研、创的结合，以全生命周期的智慧城市管理理念推动智慧城市的管理运营，实现全方位、全要素的管理运营。以全要素智慧运营为手段，挖掘好、利用好城市的经济、社会、文化、生态，建设好、运营好包括农村、要素中心、产业园区全域智慧城市（图2-10）。

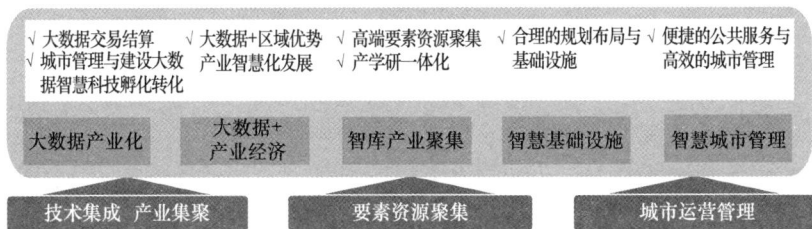

图 2-10　智慧城市全要素运营模型

（三）系统解决方案

系统解决方案是围绕智慧城市建设、运营的重中之重，围绕"智慧发展、智慧建设、智慧运营管理"有机统一的理念，整体研究制订系统解决方案，解决智慧城市"智慧运营管理"效率、效能和效益的提升的关键性问题。通过智慧城市运营系统解决方案，将智慧城市打造成为现代服务业、生产性服务业和生活性服务业的聚集区，形成城市的效益中心，带动城市创新驱动，实现内生可持续发展性增长，形成一个完善的运营管理生命周期。

第三章 顶层设计引领要素重构

根据聚集力模型和全要素智慧城市发展内涵，泛华集团探索出一套符合新时代发展新要求的"中国城市发展创新模式"，并延伸创新出"中国新型城镇化发展创新模式"，强化了顶层设计对于城市发展的价值，系统构建出新时代引领新型城镇化高质量发展的"中心经济"发展体系，形成了一套完整的理论体系和研究成果。顶层设计用系统思维研究城市的比较优势和内生动力，主要包含城市战略研究、产业发展规划、空间概念性规划、重大项目策划和投融资模式创新等方面内容，它是促进区域经济发展的一种"多规合一"系统思维体系和实施操作方案。

一、系统规划绘制区域发展蓝图

最新的国务院机构改革方案以成立自然资源部为标志，重新理顺了城市规划体制，强调了基于"多规合一"理念的顶层设计在规划中的重要性和统领地位，未来的城市发展蓝图更应当从顶层设计入手，基于价值层面、体系层面、技术层面三个层面，以聚集力理论为基础，以"多规合一"为导向，以规划的系统集成为内容、以结构化金融为保障，形成城市资源优化配置方案和行动纲领。

（一）规划的系统集成统领城市发展

泛华集团依托中国城市发展创新模式，形成了"3＋X"系统规划体系，即通过战略、产业、空间规划形成顶层设计的制度安排，配合专项规划形成系统规划体系。系统规划是指对目标区域或城市的顶层设计和系统谋划，是以目标区域或城市为立足点，理解城市发展使命、主动对接国家战略，由"站在月球看地球"的视角深入分析目标区域及其周边相关范围内地域的政治、经济、民生、生态环境和市场竞争格局，结合目标地域特色资源禀赋发挥比较优势，变比较劣势为后发优势，在"有中生有"的基础上创造"无中生有"的机会，找出适合地方特色的全要素聚集的产业生态系统和产业发展路径，形成内生动力，通过结构化金融增加自身造血机能，实现城市跨越式可持续发展。通过孵化具体的撬动性项目和制订资金支持方案，将土地、产业、空间、项目和金融有机结合，"以点带面"有计划有步骤地促进产城一体、和谐共生，形成区域经济发展的系统作战地图和实施操作方案。系统规划的外延，是以"生命、生产、生活、生态"融合发展为宗旨，研究规划区域的产业集群化、集群基地化、基地园区化、园区社区化、社区带动城乡统筹和新型城镇化的科学路径和发展模式，以系统规划实现顶层设计和制度创新并为城市描绘系统的发展纲领与蓝图。

系统规划按照如下原则进行编制：①战略为势。战略规划是通过对国家战略、政策环境、发展格局的分析，研究解决城市发展定位、内生动力和发展路径问题，通过国家战略和政策红利的承载争取先行先试发展权，提升区域价值和发展势能。②产业为本。产业规划通过资源禀赋和市场空间及竞争力分析，以资源集聚形成细分产业规划，研究产业关联，打造产业集群，形成产业内生动力和高效的城市产业布局。③规划为纲。空间规划强调产业资源与城市空间有效整合、"多规合一"和有效利用空间提升土地价值，战略规划和产业规划形成的产业功能、城市功能、行政功能、民生功能形成单一或复合功能片区，形成重点发展区域的空间增长极。④创新为魂。通过体制、机制和制度创新，形成系统能力和组织能力。⑤金融为器。通过结构化的金融和产城融合PPP创新投融资体制机制，构建开发性金融、产业金融和商业金融相结合的区域金融生态圈。

（二）官渡区系统规划理念及特色

官渡区基于聚集力理论和中国城市发展创新模式，从战略驱动和创新发展两个视角研究官渡发展问题，形成战略、产业、空间、重大项目和投融资规划"五位一体"系统规划，形成了极具特色的规划理念。

1. 系统思维、五位一体

打破传统规划单一的编制思维，采用"多规合一、层层递进"的系统思维体系，对官渡区进行系统谋划，统筹官渡区宏观发展背景、区域竞争格局、城市发展条件、优势资源禀赋等基础分析，紧扣官渡区实际需求，构建"战略研究—产业规划—空间布局—项目孵化—投融资方案"五位一体的完整解决方案，科学指导官渡区转型发展。

2. 系统承载、协调周边

瞄准新时期发展新机遇，发挥云南省和昆明市重大项目相继落位官渡区的优势条件，从南亚东南亚地区、云南省、昆明市等不同圈层，分析未来将系统承载国家、省、市层面的相关职能，尤其是在昆明市打造区域性国际中心城市、建设大健康产业示范区过程中，官渡区能够承载哪些功能，以动态的视角同周边主城区协调发展，明确全区发展定位和产业升级方向。

3. 系统创新、中心培育

改变官渡区以往经济发展方式，通过战略驱动创新发展突破体制机制障碍，以园区化、平台化项目载体为抓手，打造要素融合创新中心，增强官渡区聚集辐射能力，整合国内外优质资源要素，培育产业内生动力，构筑优势产业集群，实现中心经济效益，最终通过"中心经济"支撑昆明市区域性国际中心城市建设。

（三）官渡系统规划框架

战略研究首先要跳出官渡看官渡，在昆明、云南、西南、南亚东南亚的发展圈层下，研究在"一带一路"和新型城镇化发展国家战略中承载的使命、定位、功能，在定位上明确官渡是支撑昆明成为面向南亚东南亚区域性国际中心城市的关键支点，一是要论证官渡承载"中心辐射"功能的必要性，二是要从区位优势、发展基础、市场分析、竞争力分析的角度论证官渡承载"中心辐射"功能的可行性，提出"面向南亚东南亚区域性国际中心城市承载区"的概念。

产业研究围绕"中心功能"所需的现代服务业构建产业集群，给出产业方向，重点要研究清楚有几个中心，比如经济中心包括的交易中心、结算中心，文化中心包括的交流中心、文化产业中心、旅游中心、传播中心等，还有功能性的教育中心、生命健康中心、科技创新中心、双创中心、信息中心、交通枢纽等。这些中心包含的产业业态有的属于产业转型的，有的属于结构升级的。中心分成两类，一类是经济中心，一类是功能中心。经济中心主要研究产业集群，功能中心主要研究公共服务事业和产业融合集群。

空间研究围绕产业集群在空间的布局配置导出园区化和基地化，一个产业集群的不同功能和业态形成的项目可能集聚到一个区域形成园区，也可能是空间离散的分布式基地。园区和基地可能是存量也可能是增量，比如有的园区没做起来，需要配基地、配产业就是增量，基地可以是本域的，也可以是外埠的。反过来，区域可以建园区并树立中心地位，比如云南的花卉、野生菌都是几百亿元的交易，但没有特色产品的结算中心，这就可以做园区化。

空间布局要考虑一个横向创意发展轴和三个纵向放射状创新发展轴。横向发展轴由西山区、官渡区（螺蛳湾）、呈贡区串联而成，联合商贸和官渡古镇、五甲塘湿地公园，形成文化发展示范带。纵向创新发展轴，初步考虑金马片区的传统物流搬迁后，交易结算功能转移到巫家坝 CBD 功能区，由 CBD 延伸三条轴线。第一个轴线，CBD—关上—六甲—西侧半岛，整合现有的孵化器、老会展中心，并与西山区健康养生产业结合形成创意产业区、健康养生集聚区。第二条轴线，CBD—宝华寺—会展中心—中间半岛，形成佛文化交流中心、会展中心、旅游休闲中心。第三条轴线，CBD—领事馆区—斗南花卉市场—经开区，形成产城融合文旅商发展带。

重大项目研究。在园区化的基础上，根据产业集群选址，形成策划性质的重大项目，片区项目根据问题的不同，有老旧改造的，微空间配套优化提升的，根据重大项目业态的需要再配套交通等基础设施公共服务项目，构建空间关联。

投融资研究。按照资源资产化，资产资本化，资本证券化的逻辑，投融资规划不是围绕一个单体项目做，而是围绕产业功能复合集聚平台做。一是分析投融资基础和环境。二是形成官渡区整体开发运营方案，主要研究构建产城融合的投融资平台，形成城投、国资、产投共同参与，既具有投资功能又具有融资服务功能的投融资主体。通过互为杠杆的体制机制创新，运作城市投资、产业投资母子基金体系。三是通过泛华集团结构化金融、产业性金融形成产城融合的 PPP 模式，带动产业导入并通过各类中心撬动形成内生动力，并对典型片区和重大项目打包金融工具进行投融资规划。

二、战略谋划提升势能

战略谋划就是区域顶层设计，解决的是目标区域适合承载何种国家战略、创造或引入何种政策红利问题，通过对资源禀赋、政策环境、市场空间、产业和城市竞争力的分析，形成未来一定格局下的发展定位、产业结构、功能布局、品牌传播等内容，再通过战略要点的梳理和创新发展模式的构建形成清晰的发展路径，保证规划的依据性和一致性，使规划在操作层面形成产业和空间的有机关联和有效承载。

（一）官渡发展战略定位

本着"顺势而为、凸显差异、系统优化、生态优先"的定位原则，官渡区立足自身基础，挖掘特色资源禀赋发展价值，向上对接国家"全面开放、深化改革、经济转型、民族团结"等宏观战略，根据云南省要成为面向南亚东南亚辐射中心的战略谋划，承载昆明市建设"区域性国际中心城市和大健康产业示范区"的发展使命，以"中心经济"支撑官渡区建设成为"区域性国际中心城市核心区"的战略目标，提出四大战略定位：

一是"面向南亚东南亚的国际开放高地"。以滇池国际会展中心、巫家坝 CBD、螺蛳湾商贸城等为空间载体，对接国家对外开放政策，在科技创新、破除体制机制障碍等方面进行先行先试，加强与南亚东南亚国家合作互动，重点在对外经贸合作、跨行政区协作、城市建设管理、金融改革等领域开展体制机制创新，发展跨境保税贸易、跨境电子商务、对外金融服务、国际人文交流、跨区域生态合作等内容，构建统一开放的市场体系和高水平的对外开放平台，成为云南省面向南亚东南亚地区的开放高地。

二是"国际区域性要素融合创新中心"。转变官渡区经济发展方式，实施创新驱动发展战略，打造"交易中心""会展中心""金融中心"等要素集聚平台，整合区域优质资源。加速传统商贸物流业转型升级，重点引入现代新兴产业要素，提升现代高端服务业发展水平，与周边空港经济区、昆明经开区联动发展，打造成为昆明市高端服务业集聚新中心，辐射南亚东南亚地区，支撑昆明市建设区域性国际中心城市，构建滇中地区经济新增长极。

三是"春城大健康高端服务引领区"。根据昆明市"大健康产业示范区"建设实施要点，结合官渡区湖滨生态优势和四通八达的交通条件，重点在高端医疗服务、候鸟式养生养老、高原健体运动等方面率先发力，将大健康产业逐步培育成为引领官渡区产业升级发展的战略产业，形成自身产业优势，与周边其他主城片区实现产业互补，引领昆明市大健康产业发展壮大。

四是"环滇池生态文明建设样板区"。滇池保护作为区域长期发展的重要战略，滇池周边城市发展需贯彻绿色发展理念，形成绿色低碳的生产生活方式和城市建设管理模式。重点针对入滇水系做好全域规划和生态系统的修复治理，构建绿色产业体系，引导居民养成绿色生活习惯，实现居民生活方式和消费模式向勤俭节约、绿色低碳、文明健康的方向转变，着力构建绿色发展制度体系，促进经济建设与生态文明协调持续发展，为区域其他城市生态文明建设积累新经验、提供典型示范。

（二）官渡发展战略目标

1.总体发展目标

推动官渡区全面创新改革，打造"开放官渡、魅力官渡、健康官渡、智慧官渡"四大战略目标，力争经过十多年的开发建设，官渡区真正成为昆明市新中心，现代高端服务业发达，经济社会发展始终领跑昆明市其他主城片区。

到 2020 年，随着巫家坝 CBD 的建设，官渡区经济能够保持中高速增长，地区生产总值年均增速达 9% 以上，各项指标实现平衡和协调，全区经济实力、综合竞争力、文化软实力和可持续发展能力显著增强。通过向上申报，争取在"沿边金改、贸易便利化、海绵城市建设、PPP 模式创新"等领域进入国家试点示范项目，产业集群化发展，全面集聚"大商贸、大文化、大旅游、大健康、大数据"等复合产业集群，重点产业发展平台和产业园区基本建成，规模化集聚效应开始显现。

到 2030 年，官渡区成为国家"一带一路"建设中关键抓手，现代市场体系和跨国合作体制机制更加完善，作为西南地区最具经济活力的增长极，云南省建设国家自贸区的重要支撑功能区，引领国家多元民族文化融合发展，实现昆明由"价值洼地"向"城市新中心"的转变。

2. 产业发展目标

围绕"中心经济"发展"总部经济、会展经济、湖滨经济、生态经济"等都市型经济发展模式，到 2020 年，官渡区全面实现"退二进三"工作，产业生产加工环节全部向外迁移，传统商贸物流业（金马片区、螺蛳湾片区等）实现智慧化提升，大健康产业初具规模，总部办公、金融服务、会展服务等生产性服务业比重进一步提高，产业结构得到优化，科技进步对经济发展的贡献度不断提升。到 2030 年，构建起现代科技创新引领中心经济可持续发展的新格局，形成会展业、金融业、商贸业发达，同时大健康产业繁荣的中心经济产业体系。

3. 城市建设目标

引入"城市双修"建设理念，对官渡区进行提质升级，到 2020 年基本完成现有棚户区、城中村和危房改造，按照保护更新、传承文化、彰显特色、活化利用的原则，加强历史文化资源的保护和开发利用，加强城市基础设施建设，有序开展城市更新改造，推进"海绵城市""地下综合管廊"等建设，实施精细化管理，智慧城区建设取得实质进展，城市功能品质、生态环境和文化内涵不断提升。到 2030 年，建成环境优美、特色鲜明、功能完善、具有较强国际影响力的现代化湖滨生态都市区。

4. 生态发展目标

以绿色发展引领生态文明建设，生态环境质量和人居环境质量不断改善，单位生产总值综合能耗和二氧化碳排放进一步下降，15 条入滇水系全面进行治理，矣六片区农业污染问题得到有效解决，低碳城市、生态城区建设走在全省全市前列。

（三）官渡发展战略要点

从国内外大都市发展经验来看，大都市内部主城区不断通过创新驱动来提升城区的现代综合服务水平，逐步实现"退二进三"，是内部城区升级发展的核心所在。经过系统分析，在城区演进升级过程中，以某些中心职能所构建起来的主体能力最为关键，官渡区承载着昆明市建设区域性国际中心城市的重要使命，有望成为昆明城市未来建设的新中心，而当前省市层面已经在官渡区布局重大项目，现代服务业愈发完善，传统的要素资源，尤其是在土地资源愈发匮乏的形势下，为保持其经济首位地位和较高的地区人均和地均产出，需要重点培育壮大中心职能，增强城市自身发展的主体能力。

结合官渡区发展特征及资源基础，主体能力主要由五种能力构成，即开发经营能力、产业集聚能力、企业成长能力、品牌影响能力和协调发展能力，其中，开发经营能力是指城区能够有序推进开发、建设、更新、改造和运营活动，实现土地增值和经济效益；产业集聚能力是指城区能够集聚大量资源要素，形成优势产业集群，对周边地区产生辐射影响；企业成长能力是指园区能够引进和培育一批企业，使之成长为行业和区域领导者；品牌影响能力是指城区在国内外具有较高知名度，对行业发展具有显著影响力；协调发展能力是指城区能够实现生命、生产、生态、生活的"四生"共同发展，与周边功能区块实现协调互动，具有可持续发展能力。

根据官渡区未来发展定位及目标愿景，结合昆明市打造区域性国际中心城市、建设大健康产业示范区的发展要求，围绕开发经营能力、产业集聚能力、企业成长能力、品牌影响能力和协调发展能力这五大能力培育，形成"开放引领、跨区联动、中心培育、优化蓝图、智慧提升、分类创新"六大战略要点（图3-1）。

1."开放引领"战略

"开放引领"战略的核心是官渡如何融入并服务于国家"一带一路"倡议。新时期官渡的发展只能从区域性跨国开放合作上寻求突破，才能更好地承接国家战略并实现快速发展。在昆明市建设"区域性国际中心城市"的引导下，官渡主要为面向南亚东南亚地区的跨国企业提供跨国贸

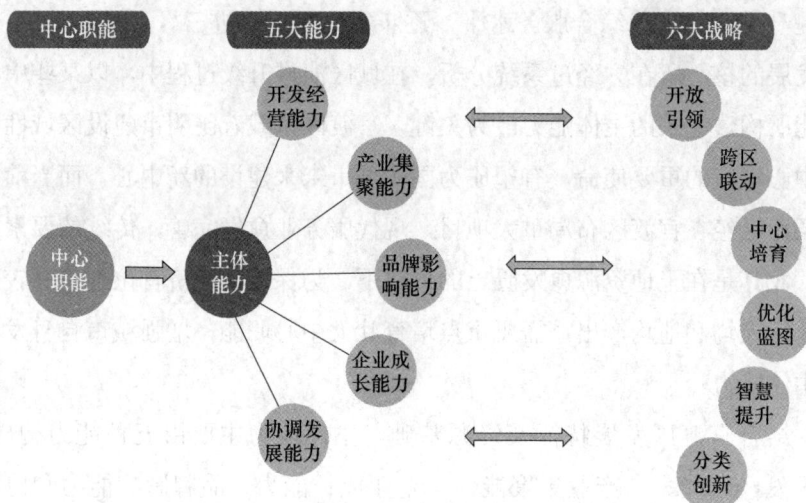

图 3-1　官渡区未来发展战略示意图

易服务、跨境金融服务、国际人文交流及国际公共事务合作等主要服务内容，从国际层面来培育官渡区核心功能，进而提升其发展势能，引领官渡区全面实现转型升级，建设成为国际性魅力新城区。

1）跨国经贸服务

面向南亚东南亚地区，以实现贸易便利化为目标，借鉴国内自贸区成功经验，着重发展高端经贸服务功能。从未来区域整体发展趋势来看，主要出口云南省及周边地区优质产品，如医药、农副产品、化肥、机电产品、矿产资源加工产品等；主要从南亚东南亚国家进口原油、矿产资源产品、海产品、天然橡胶、林产品及动植物药材等产品。加强对螺蛳湾国际商贸城等内外贸结合的市场进行升级改造，提升其进出口贸易水平；通过在巫家坝CBD新建西南进出口商品交易中心，整合国内外优质产品在此集聚，衍生出相应的进出口贸易服务功能。

2）跨境金融服务

紧紧抓住跨境贸易人民币结算试点和沿边金融改革试验示范区机遇，加大金融体制创新改革力度，面向南亚东南亚发展对外金融服务功能。2010年7月，中国人民银行批准在昆明建立区域性跨境人民币服务中心，自此成为跨境贸易人民币结算试点，目前初期成效显著；近期建议以人民币兑换泰国铢、老挝基普、越南盾等周边国家货币为突破口，逐步推进以人民币为核心货币的货币金融市场，继续扩大与周边国家签订人民币结算协议，鼓励云南省金融机构加大与境外金融机构的双边、多边合作，搭建多边、多层次跨境人民币结算、清算体系。

紧紧抓住沿边金融改革试验示范区政策机遇，以独特的地理区位条件和人民币跨境结算中心为基础，吸引孟中印缅及周边其他国家银行入驻，建设云南省本外币市场，向条件相对较好的外部地区开发人民币债券市场，通过发行债券为区域经济的发展提供资金支持。在巫家坝 CBD 建设沿边离岸金融中心，开展离岸银行、离岸证券等业务，支撑亚投行发展，拉动南亚东南亚地区金融市场，促进区域资金合理分配。通过离岸金融整合资源，为云南本土企业提供进出口信贷融资、境外发债、跨境投资和并购融资等金融服务，为跨国企业提供进出口贸易结算服务，同时提供内保外贷、出口买方信贷、海外并购贷款、财务顾问、海外现金管理等服务，重点发展"云电外送"等国际产能合作金融服务平台。

3）国际人文交流

重点面向南亚东南亚地区，充分利用滇池国际会展中心等平台载体，作为对外交流窗口，开展各种形式活动，推动区域民心相通。发挥宝华寺多年来的影响力，打造成为国内及南亚东南亚地区佛文化交流学习的最佳场所，结合传统节庆及历史传记，策划多种形式的佛文化交流体验活动，例如佛文化歌舞剧、南亚东南亚地区佛文化交流大会等，推动中国与南亚东南亚地区的民间交流活动。发挥昆明与南亚东南亚国家地理位置比邻、语言文化相近相通的优势，利用现有各类场馆，通过举办各类国际艺术节、民族艺术博览会、体育赛事等活动，强化其作为省会城市综合服务水平。

4）国际公共事务合作

通过设立国际公共事务区域性总部，举办相关国际会议和论坛，提升官渡区国际事务参与度和影响力。结合目前国家对南亚东南亚地区开展的对外援助事务，如防灾减灾、医疗卫生、环境治理、野生动植物保护等领域，争取在官渡区成立对外援助的区域性总部，重点打造对外援助经济合作基地和应急调度及配套服务中心，对接类似"国际反贪局"等国际性机构，在官渡召开相关主题国际会议，承包或创办相关国际安全主题的年度大会，例如"中外联合反腐合作大会"等，提升官渡的区域性国际影响力。

2. "跨区联动"战略

当前官渡区国土实际管辖面积相对较小，仅为 $128km^2$，建设成为昆明市新中心，需要与周边区域建立多层次跨区合作机制，为官渡区发展注入更多新动力。基于周边环境发展趋势以及昆明市作为省会城市的综合优势，官渡区未来需加强与五华区协同发展，促进与空港区、经开区融合互动，拓展与边境开发开放试验区合作的广度和深度，携手参与区域性国际发展竞争合作，提升区域发展整体竞争力。

1）与五华区等主城区协同互补

官渡区需要与五华区、西山区等主城区共同强化作为省会城市的综合服务功能，通过建设巫家坝 CBD、滇池国际会展中心等提升综合承载能力，与五华区、西山、盘龙区等主城片区协同发展，主动承接五华区功能溢出和人口疏解，尤其是跨国企业总部，鼓励其在巫家坝 CBD 集聚，实现对昆明市中心核心区域空间结构优化，形成多中心、组团式、网络型城市空间结构，支撑昆明市建设区域性国际中心城市。

2）与空港经济区、经开区产城互动

利用官渡区紧邻空港区、经开区的区位优势，共享区域交通和产业资源，实现基础设施一体化发展，逐步建立融合互动的发展机制。以巫家坝 CBD 等高端服务业聚集区为载体，为空港区、经开区提供生产性服务功能配套；推进与两大经济区的轨道交通网络建设，在官渡区打造昆明市中心城区主要的客流集散枢纽；借助经开区出口加工区的发展，撬动管辖边界区域的更新改造，实现与经开区产城融合。

3）与边境开放试验区拓展合作深度

基于昆明省会城市的综合优势和边界开放试验区的政策优势，拓展合作深度，共享优势资源，实现合作共赢。通过创新跨区域合作机制，借鉴深汕特别合作区经验，初步考虑与临沧边境经济合作区共建"官渡－临沧特别合作区"，与勐腊（磨憨）重点开发开放试验区共建"官渡－磨憨特别合作区"，探索构建"要素＋红利"跨区联动合作发展新模式。以官渡区和勐腊（磨憨）重点开发开放试验区共同打造"官渡－磨憨特别合作区"为例，以官渡区作为省会城市组成部分的综合优势吸引企业总部，以勐腊（磨憨）重点开发开放试验区的政策红利吸引进出口生产加工企业，实现企业总部与生产基地有机联动的发展格局。

3."中心培育"战略

近年来由于长水国际机场、高铁站、大学城、行政新中心等发展因子带动，出现了"呈贡新区、空港经济区、经开区"等活力功能区，城市框架向东、向南大幅延伸，在此发展过程中，官渡区逐步演变成昆明市地理几何中心，中心区位逐渐显现，区域价值的提高为官渡区发展"中心经济"创造出先天优势条件。

建立官渡区"中心－圈层"发展模式，构筑符合城市发展方向的优势产业集群，支撑其作为昆明市新中心的战略目标。以"互联网＋"提升产业层级，以园区化、平台化项目载体为抓手，培育产业内生动力源，推进产业集群化、集群基地化、基地园区化，通过构筑优势产业集群，实现中心经济效益。

中心经济的培育重点以总部经济、会展经济、结算经济、特色经济四大复合型经济模式为引擎，集聚相关产业功能，形成"专业化分工＋完整产业链"的集群化发展格局，同时作为整合区域内各类要素的中心，与周边产业集聚区协调互动，与外围边境试验区、种植生产基地有机联动，进一步强化官渡区中心集聚功能（图3-2）。

1）总部经济

根据"产业聚集效应、产业关联效应、消费带动效应、税收供应效应、资本放大效应、就业乘数效应"等关联发展模式，重点以总部商务办公和金融服务功能来进行承载，通过总部经济打造成为区域性经济运行中枢，

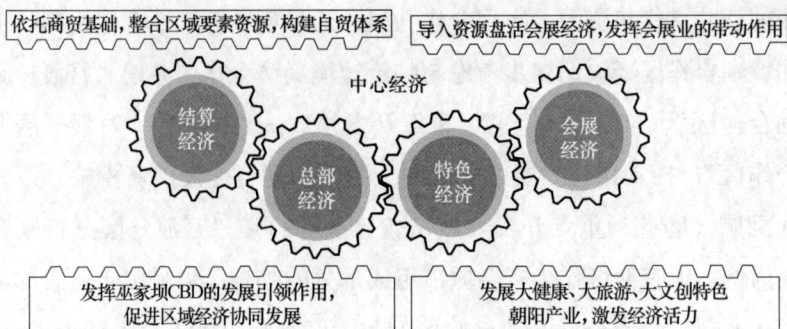

| 依托商贸基础,整合区域要素资源,构建自贸体系 | 导入资源盘活会展经济,发挥会展业的带动作用 |

中心经济

结算经济　总部经济　特色经济　会展经济

| 发挥巫家坝CBD的发展引领作用,促进区域经济协同发展 | 发展大健康、大旅游、大文创特色朝阳产业,激发经济活力 |

图 3-2　官渡区中心经济发展模式示意图

调配区域资源流通,整合区域优质发展要素。总部商务办公面向西南地区、云南省以及具有自贸功能的总部企业,在巫家坝 CBD 片区形成集聚;金融服务针对中外资大型银行、政策性金融机构、保险/证券企业等对象,发展绿色金融、结算金融、离岸金融等业务,集聚金融资本促进区域企业发展。

2）结算经济

加速对传统商贸业升级改造,引入现代新型交易业态,实现结算经济复合发展。与昆明市综合保税区联动,打造跨境贸易结算功能,包含大宗商品交易中心、跨境电商中心、股权交易中心、产权交易中心等内容,对目前官渡内部大型粮油批发市场（昆明凉亭粮食交易批发市场）进行全面提升,保留商脉,打造"区域性国际要素交易中心"。

3）会展经济

通过"会展＋"盘活官渡区内部以滇池国际会展中心为代表的会展设施,提升会展国际品牌。首先通过"会展＋区域"来提升现有南博会品牌,增强区域国际会展影响力;其次通过"会展＋产业"聚焦特色经济,做实特色产业增长引擎;最后通过"会展＋行业"来带动关联产业,做大会展经济的复合效益。对于现有南博会品牌的提升,需要扩大会展辐射区域,实现展出产品综合化和多样化,延长会展活动时间,以达到提升会展效益、增强会展品牌的目的。

4）特色经济

基于区域内优质的湖滨资源、生态资源、文化资源等资源要素,发展"大健康、大旅游、大文创"等复合型产业集群，成为促进官渡区快速发展的特色经济。立足国内市场，面向南亚东南亚欠发达地区，发展高端医疗服务、高原健体运动和养生养老等大健康服务功能；以文化旅游、城市旅游、健康旅游、生态旅游主题发展大旅游产业。落实国家文化引领战略，承载国际多元文化交流基地发展内涵，打造"3＋X"文化创意产业体系；通过创新绿色金融、探索海绵生态和城市双修发展湖滨生态经济。

4. "优化蓝图"战略

重新优化官渡区空间架构，从行政区和实际管辖区两个范围制定空间发展战略，承载昆明新中心的功能发展要求。对于官渡区国土行政区范围，将形成"3＋2"板块的生产力布局，支撑其未来能够重新崛起，引领云南省县域经济发展；对于官渡区管辖区范围，是官渡未来重点开发建设的功能区，需要创新空间发展战略，实现对官渡空间发展结构的优化。

1）国土行政区（552.21km²）

新时期新格局，官渡行政区域内未来将重点形成"3＋2"板块的生产力布局，成为昆明市中心城区未来主要增长极。"3"是指3大现代服务业集群，分别为巫家坝 CBD 板块、滇池国际会展板块、螺蛳湾国际商贸板块，"2"是指2大产业聚集区，分别为空港经济区板块和昆明经开区板块，新时期"3＋2"生产力布局将助力官渡实现新崛起。

2）实际管辖区（128km²）

整合提升现状 128km² 用地空间，规划提出"引轴聚心、显韵展脉、理络筑园、修城塑颜"四大空间策略，优化空间发展蓝图。"引轴聚心"是通过老城轴线延续与发展，塑造官渡功能新中心；"显韵展脉"重在彰显官渡生态、文化、都市等多种韵味，以水为脉、融入多种功能，构造多种主题的城市肌理；"理络筑园"通过梳理城市发展脉络、导入新经济新业态，实现产业集群化、集群基地化、基地园区化；"修城塑颜"是通过老城更新、城市修补、生态修复等手段，塑造街道界面、标志性节点等来展示城市新颜。

5. "智慧提升"战略

"智慧提升"是落实创新驱动最强有力的战略举措，从供给侧改革入手，围绕中心经济发展，创新打造线上和线下互动的产品市场、服务市场和要素市场，实现智慧产业化和产业智慧化，形成官渡区中心经济智慧化发展路径。具体是以"智慧城市全要素集聚创新模型"为指导，打通"智慧发展、智慧建设、智慧运营"一盘棋，提升总部经济、会展经济、结算经济、特色经济四大产业集群发展效益，构建中心经济智慧化发展模式。

1）智慧产业化

从昆明市全域智慧产业发展格局来看，昆明经开区电子信息产业园未来侧重发展智慧硬件研发制造和大数据设备制造等生产制造功能，呈贡信息产业园着重发展数据存储中心、云计算中心、智慧服务中心、技术研发中心等内容，而官渡区需要从全域出发，与它们实现产业联动、差异化发展，聚焦在数据交易服务、大数据分析服务、智慧平台方案设计、物联网应用服务等功能，最终重构昆明市智慧产业生态圈。

2）产业智慧化

以信息化手段提升官渡区优势产业的现代化水平，增强产业核心竞争力，主要形成智慧商务、智慧金融、智慧会展、智慧健康、智慧旅游等发展模式。智慧商务重点在巫家坝CBD的商务办公区推进智慧商务建设，提升总部办公效率，同时强化电子商务发展水平，升级商贸模式；智慧金融就是要联合泛亚国际金融港的金融机构，搭建"智慧金融服务平台"，形成信息化的创新金融中心；智慧会展主要是搭建智慧会展服务平台，为参展商和游客提供参展信息发布与查询、智慧准入、信息自动录入等服务；智慧健康着重在生命健康管理中心植入智慧服务体系，广泛应用远程医疗和数据监测；智慧旅游主要是创建"官渡旅游"智慧服务平台，利用信息化终端为游客提供服务，在景区内设立智慧旅游服务系统等内容。通过产业智慧化发展，加速传统产业转型升级，提升产业发展效率。

6."分类创新"战略

通过分类制订开发方案，系统提升官渡城市景观风貌，展示国际性现代都市魅力，强化其未来作为昆明市新中心的地位。由官渡区政府主导，对接国内外知名片区开发运营商或专业投资商，结合官渡区现状建设情况及片区功能定位，分类别、分片区制订不同的开发建设方案，具体开发模式可分为捆绑组合型、产业撬动型、政策保障型等三大类，通过整体统筹、分片开发，提升官渡区整体城市建设品质。

1）捆绑组合型

针对老旧小区改造、城中村建设、基础设施建设、生态环境整治等非营利性项目，重点引入社会资本，创新 PPP 模式，将区域内经营性和非经营性的项目统筹搭配实施，实现区块内的收益达到平衡，建议采用 BOO、BOOT、BOT 等多种方式，视具体情况而定。尤其是对于官渡区内部大量的老旧小区，建议由政府主导，社会资本与城投公司共同参与，创新 PPP 合作模式，分时序、分片区推进更新开发，具体根据不同街道行政区划特点及各老旧小区现状，将价值较低的地块与价值较高的地块打包，包装成为不同的开发建设项目，采用 PPP 模式进行统一开发。开发运营模式由官渡城投公司与项目投资公司共同出资设立官渡区老旧小区开发建设公司（SPV），官渡区政府将建设主体资格、土地优惠政策和专项政策资金注入 SPV 公司，房地产开发建设、保障房设计施工、物业管理环境维护、市政基础设施建设维护等开发运营收益归 SPV 公司，视采用 BOT、BOO、BOOT 等不同方式，或全社会公开销售，或有偿移交政府。

2）产业撬动型

对于官渡区内部巫家坝片区、螺蛳湾片区、金马片区、会展片区、文创片区等功能区都需要导入新兴产业，完善产业配套设施，激发片区经济发展活力。由政府主导，引入社会资本共同开发，在完善区域性市政基础设施、城市干道、场地拆迁平整的前提下，导入产业，提升区域土地价值。金马片区着重对传统商贸市场进行产业升级，通过打造区域性国际要素交易中心，带动产业升级，同时利用老旧厂房，融入文创产业业态，与中铁建产业园共同推动区域开发；巫家坝片区由市城投主导，采用"产业地产＋产业投资＋房地产"的综合开发模式；文创片区以宝华寺和官渡古镇为核心，发展文化旅游和创意产业，带动片区开发；螺蛳湾片区需要整体提升螺蛳湾商贸城产业发展品质，促进周边片区开发；会展片区应在提升国际会展品牌基础上，引入康体养生、休闲游乐等产业，加快片区开发。

3）政策保障型

采用"制度创新＋专项资金"的开发模式，重点针对矣六片区的历史遗留问题，综合考虑土地制度、生态保护、社会民生三大问题，通过制度创新，争取成为国家重点示范项目，由田园综合体专项资金和城市财政补贴等方式，共同推动片区开发。

三、产业规划转换动能

随着供给侧改革、新旧动能转换等国家战略的实施，"互联网＋"和新经济兴起对产业形态和产业模式产生了巨大的影响。随着产业复合程度的提高，产业结构延伸出现了第四产业即信息产业和第五产业即文化产业，尤其是面向广大县域经济的第六产业，叠加了围绕农业的种植、加工、服务等一、二、三产融合业态。近期产业形态呈现高度复合发展的趋势，农业"新六产"在围绕一、二、三产融合基础上，再与信息产业、文化产业再度复合，从发展的实质内容到发展的技术手段乃至商业模式都在快速变化，复合程度不断提高，通过政策资源、城乡资源、金融资源、信息资源及产业资源在生态空间的聚集，形成迭代融合的新经济业态，进而推进新旧动能转换。

（一）"中心经济"重塑官渡区动能架构

根据现代"中心经济"发展理念，围绕"大健康、大旅游、大文创、大数据"等复合型产业发展模式，加快落实官渡区"退二进三"转型工作，集聚国内外的高端资源，以总部经济为动力、楼宇经济为载体，打造现代服务业的核心竞争优势，继续巩固壮大金融业、商贸业和会展业的核心支撑作用，培育具有官渡特色的健康服务业、休闲旅游业、文化创意产业、信息服务业等新兴产业，形成现代服务业为主的产业置换思路。

1. 明确总部经济的龙头作用

巫家坝片区作为主城区仅存的具有一定规模可连片开发的重点功能区，通过打造 CBD 现代服务体系发展总部经济，将形成昆明市一个新的经济增长极，带动官渡区经济实现跨越式增长。因此，需要以巫家坝 CBD 的创建为契机，明确总部经济在未来官渡区发展格局中的龙头作用，立足云南省乃至区域内更大范围，面向南亚东南亚地区，加快引进一批世界 500 强、国内 500 强管理型总部，行业龙头的研发、销售等职能型总部，大型企业区域型总部以及二、三线城市企业总部，全面提升官渡区在中西部地区的产业聚集力和竞争力。

2. 打造差异化金融服务高地

从昆明市全市域金融业整体发展出发，官渡区起步相对晚于周边主城区，需要与它们实现差异化发展，借助巫家坝 CBD 建设，重点发展结算金融、绿色金融、离岸金融等业务，引入大型金融总部功能，积极对接中国银行在内的四大国有银行，兴业银行、浦发银行等商业银行，亚投行、丝路基金等政策性银行职能机构及业务中心，吸引中信证券、招商证券和平安集团、生命人寿等保险业服务机构，与本土发展壮大的金融类企业机构入驻巫家坝 CBD，形成以银行类金融机构为龙头引领，保险类、证券类、互联网金融等新兴金融机构有力支撑的金融服务企业总部集群。同时与南亚东南亚地区金融机构开展创新合作，加强金融创新，扩大涉外金融业务领域，争取开展离岸金融业务试点。发展多种形式的金融机构和组织，研究探索由民间资本发起设立自担风险的民营银行，打造与周边主城区差异化发展的金融服务高地。

3. 做强会展服务业国际品牌

以服务国家"一带一路"倡议和中国企业"走出去"为目标，依托现有南博会的国际影响力，充分利用滇池国际会展中心的大型会展设施，进一步深化会展服务功能，做强官渡区会展服务业国际品牌。面向南亚东南亚地区，着重在国际经贸往来、国际人文交流和国际事务合作等领域，提升专业会展服务能力，举办更多具有国际影响力的会展会议活动，逐步将会展服务品牌转化成官渡区城市品牌，增强官渡区的国际影响力。

4. 提升商贸服务业区域影响力

传统商贸物流服务业是官渡区优势支柱产业，通过引入现代化的"要素交易中心"功能，对传统商贸业进行升级改造，重点对"凉亭粮油批发市场和螺蛳湾商贸城"等功能区进行引导，打造现代化商品交易中心，面向国内外大市场，以此来整合区域内优质产品，对接南亚东南亚地区特色资源，将进一步提升官渡区商贸服务业的区域影响力。另外需要大力引入以现代购物中心、高端品牌百货为主的城市综合体，构建面向区域的市区级主力商圈，推动传统商贸大区向现代商贸强区转变。

5. 培育特色新兴产业集群

引入国际高端医疗机构，带动相关技术和人才的集聚，结合官渡区优越的湖滨资源发展特色健康服务功能，支撑昆明市"大健康产业示范区"建设；统筹湖滨生态环境、官渡古镇和宝华寺、滇池国际会展中心等资源，同时与周边城区进行联动，依托便利的交通基础条件，重点发展现代化的旅游服务功能，完善"多彩都市＋多元文化＋多样体验"发展模式，积极塑造官渡区都市型旅游品牌；依托特色文化元素，结合双创基地建设，重点发展云南非遗文化产品创意中心、智创空间、云南文化长廊、滇池文创旅游区、云南孔子学院就业服务中介等内容，培育官渡区文化创意产业体系，支撑文化旅游业发展；围绕"智慧发展、智慧建设、智慧运营"全面提升官渡区信息化发展水平，需要进一步完善基础设施建设，提升基础设施支撑能力，强化公共服务智慧化发展水平，重点发展"数据交易服务、大数据分析服务"等内容，培育官渡区信息服务业产业集群。

（二）官渡"144"现代都市型产业体系

在昆明市提出 188 产业构想和官渡区提出"9＋1"重点产业体系的基础上，泛华集团按照新经济产业发展规律和官渡区现实产业状况，从现实过渡和未来需求的角度，基于对官渡区发展阶段定位和产业引导方向的基本判断，加之昆明市城市发展的迅速扩张、巫家坝 CBD 开始建设等动态因素的变化，以开放型、高端型、创新型产业为发展目标，围绕总部经济带动都市型产业要素在此集聚，努力构建以总部经济为核心、以金融服务、会展会议、现代商贸、新型房地产为重点支撑，以健康服务、文化创意、休闲旅游、信息服务为特色的"144"现代都市产业体系。

1. 一个核心产业：聚焦"总部经济"核心引擎作用

官渡区要紧紧抓住现阶段昆明市还没有任何一个"总部基地""总部商务园"形态、竞争尚未形成的有利形势，围绕总部经济发展推动产业聚集。巫家坝作为未来若干年内昆明主城区仅存的具有一定规模可连片开发的重点功能区，通过打造 CBD 承载发展总部经济，形成昆明市新的经济增长极和官渡区实现跨越式发展的重要引擎，确立总部经济在未来官渡区发展格局中的龙头地位，结合昆明市新出台的关于加快总部、楼宇经济发展支持政策，加快研究、完善官渡相关政策，健全扶持政策体系。

基于省内外企业设立总部需求研究基础上，充分考虑资源禀赋、产业及政策导向、内培外引等不同维度，发挥沿边开放优势，规划布局西南企业总部商务园区作为产业载体，依托目前中铁建西南总部、景成大厦、中交集团等龙头企业的进驻意向，立足云南省乃至区域内更大范围，面向南亚东南亚地区，加快引进一批世界 500 强、国内 500 强管理型总部，行业龙头的研发、销售等职能型总部，大型企业区域型总部以及二、三线城市企业总部，进一步放大总部企业和楼宇的集聚效应，努力打造具有影响力和竞争力的总部经济聚集区，全面提升官渡区在中西部地区的产业聚集力和竞争力。

2. 四个支撑产业：重点发展会展会议、金融服务、现代商贸、新型房地产

1）金融服务

通过引入金融类区域性总部机构和推动民间金融机构壮大发展，不断完善金融组织体系，健全金融服务业的发展主体和载体。以吸引入驻巫家坝片区的中外资银行、商业银行，政策性银行职能机构及业务中心，知名

证券业、保险业服务机构和本土发展壮大的金融类企业机构，形成以银行类金融机构为龙头引领，保险类、证券类、互联网金融等新兴金融机构有力支撑的金融服务企业总部集群，支持发展跨境金融、绿色金融和离岸金融，形成与周边城区差异化发展的金融服务高地。

2）会展会议

通过"会展＋"盘活现有会展设施、提升会展国际品牌，发展会展经济。从区域角度出发，以国际经济、国际文化、国际事务三个方向入手，着力拓展做强南博会品牌，打造区域国际会展品牌；从产业角度聚焦特色经济，通过与云南本土优势企业以及外部专业协会合作，举办高原农业博览会、铁路装备博览会、大健康博览会等产业会展会议，实现会展业对产业的带动作用，做实特色产业增长引擎；从关联行业角度推动会展＋商务、会展＋商贸、会展＋旅游和会展＋娱乐发展，做大会展经济的复合效益。

根据《产业体系规划专题》中"塑品牌、系实业、引科技、促联动"的会展经济发展策略，结合片区内滇池国际会展中心项目的具体现状和发展思路，通过"三个打造"的具体措施，通过对云南自身特色的集中展示、对"一带一路"的契合发展、会展经济的集群化发展三个层面制订相应的策划方案，使会展经济在片区内形成具体的产业项目和业态（图3-3）。

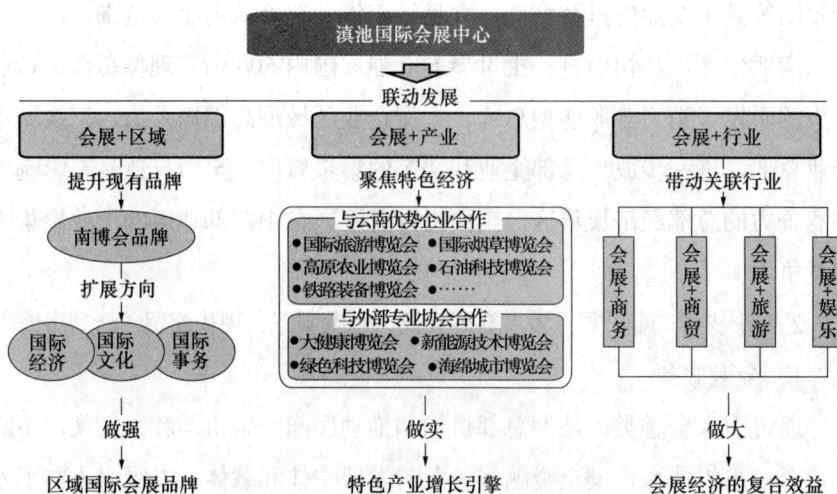

图3-3　官渡区会议会展业发展思路

3）现代商贸

未来融合昆明综合保税区建立官渡区自贸区体系，承接昆明市自贸企业总部基地、自贸区跨境电子交易中心等自贸区功能。以螺蛳湾商贸城为主要载体，发挥跨境电子商贸、小商品商贸等基础优势，进一步巩固发展跨境电子商务。结合 CBD 高端城市商圈打造，形成城市高端商业，依托官渡古镇旅游商贸、螺蛳湾旅游商贸改造升级发展特色旅游商贸，确立官渡区发展成为滇中商业中心，构建官渡区现代商贸业体系（图 3-4）。

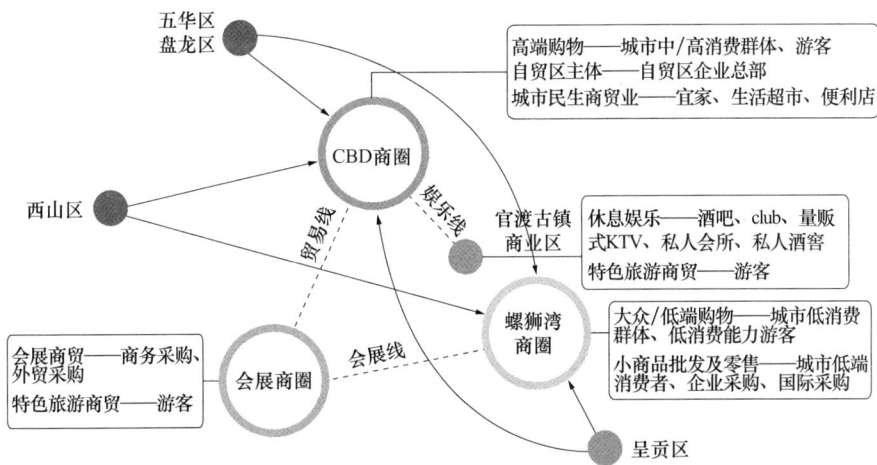

图 3-4　官渡区现代商贸业动线布局

4）新型房地产

房地产业是官渡区现状产业基础中比重较大的产业之一，是官渡区服务业的主要支撑门类。在国家及地方房地产调控政策和房地产市场的逐渐萎靡背景下，靠房地产拉动经济增长的方式已然不再可行，未来官渡区房地产业要创新发展思路，深度结合官渡区未来产业发展导向，引导房地产业向养生养老、旅游度假、文化体育等新兴领域进军，构建多元化的地产产品体系，推动房地产业持续发展与健康发展。

3.四个新兴产业：培育发展健康服务、文化创意、休闲旅游、信息服务

围绕"大健康、大旅游、大文创、大数据"培育四大复合型特色产业。其中，健康服务着重承载昆明市大健康产业示范区建设要求，加快

发展高端医疗服务、养生养老及高原健体等服务功能；休闲旅游重在打造"多元文化＋健康养生＋商务旅游"发展模式，加快发展古镇旅游、禅修度假、健康疗养、创意体验等功能；瞄准设计、营销、品牌等产业价值链高端环节，加快发展影视传媒、广告设计、民族文艺创作等文创产业；推进"互联网＋"战略，加快发展大数据应用领域的智慧服务产业。

1）健康服务

《昆明大健康规划（2016—2025）》中提出建设"健康春城"，要将昆明打造为包括高端医疗服务中心、民族健康文化中心、适度高原健体运动中心、候鸟式养生养老中心、健康产品制造中心和生命科学创新中心在内的六大中心。作为官渡打造"健康官渡"可以承接发展高端医疗服务、高原健体运动、候鸟养生养老，以及借助泛华美丽产业资源的导入发展美丽产业（图3-5）。

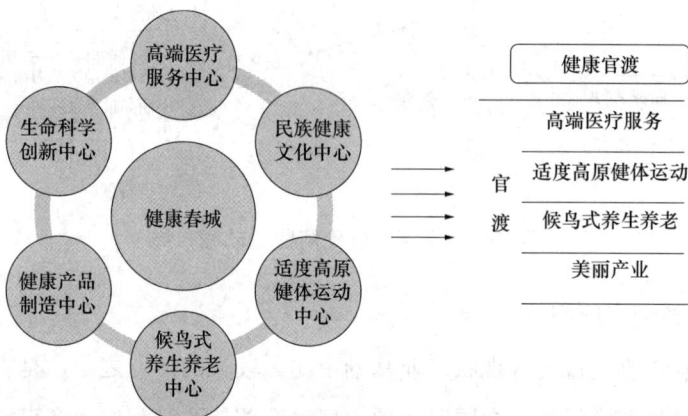

图 3-5　昆明大健康规划下官渡承载任务

以把官渡区整体建设成为国际健康城为发展蓝图，把官渡区打造成为集国内外高端医疗资源、云南特色中医药资源和其他各类健康要素的健康产业聚集区。结合区域内优秀的高原湖滨生态环境、宜居的城市空间，把区域创建成为国内具有较强影响力的旅游健康医疗示范区、高端健康养生示范区。

导入高端医疗资源和美丽产业资源，跨界融合"健康＋"，将健康官渡打造为大健康融合业态增长极。聚焦高端医疗服务，依托云南省优势医疗资源和南亚东南亚特色医疗资源，面向南亚东南亚高端国际市场，突破发展养生养老、高端医疗、康复疗养等健康服务。引入美丽产业资源及技术，整合升级区域关联业态，培育发展美丽产业。结合养老地产、度假养生地产、康复护理地产、绿色地产等养生养老地产项目，推进智慧社区、适老社区建设。打造环滇池马拉松、自行车赛、体育竞技项目等高原特色户外赛事，以及全民健身、体质监测中心等项目。

2）文化创意

实施文化引领战略，结合区域文化艺术、影视传媒、广告设计等优势行业，推进"文化＋"商贸、商务、旅游、教育行动计划，构建官渡区文化创意产业体系，把官渡区打造成多元文化交流基地，承接国际多元文化交流基地发展内涵。

以文化创意产业业态导入激活金马片区发展，整体推进片区旧城改造、片区开发，推动区域历史文化遗迹和传统街区风貌的传承与复兴，促进人才、技术等核心要素集聚融合，形成省内外、南亚东南亚的文化要素汇聚、交流和文化产品创作中心，推动区域创意设计、文化艺术中介服务、艺术工作室、艺术孵化器、创意工场、展览培训、文化艺术品交易业态发展。把区域打造成昆明市区域性国际中心城市重要旅游功能板块的文化要素集聚区、创新创意要素集聚交易区。依托巫家坝CBD未来昆明市中心城区的打造，集聚文化创意产业总部集群。打造广告服务企业总部集群，推动"大文创"产业、会展业发展；打造影视传媒企业总部集群，推动"大文创"产业、会展业发展。

3）休闲旅游

昆明是国内重要的旅游城市，官渡区境内拥有官渡古镇、宝华寺、金马寺等历史人文景观，而且随着巫家坝CBD的建设、滇池东岸沿线自然景观带改造提升，五甲塘湿地公园、宝丰湿地公园、福保文化城等系列旅游景点逐步打造完成。未来官渡区都市休闲旅游将有较大的发展机会。

以大旅游产业链作为盘活区域现状资源的重要链条，整合大旅游产业链，形成以文化旅游为主导引领城市旅游、健康旅游、生态旅游的大旅游产业体系。依托官渡古镇和宝华寺两大片区，以云南历史文化、佛教文化为内涵发展文化旅游业。结合中心城市建设和滇池沿岸生态环境，打造集城市旅游、健康旅游、生态旅游三位一体的旅游核心片区。城市旅游——现代化的城市建设和服务也是旅游业的吸引点之一。

4）信息服务

重点推进云南省或昆明市支柱产业的信息化改造，主要是面向传统生产制造的现代信息服务业、面向巫家坝 CBD 商务园区的信息服务、面向商贸流通与电子商务的信息服务、面向新型城镇化的现代信息技术服务。

四、空间优化提高效能

（一）"中心经济"优化官渡空间结构

结合官渡区"十三五"规划中确定的"一核两区一廊"布局特征，在四大空间策略的指导下，重构空间发展结构，新时期形成湖绿相连、城景交融的发展格局，构建"一T多团、一廊四心"的官渡区城市空间架构。

1. 一"T"："T"形现代都市产业聚集区

沿着飞虎大道和广福路形成垂直相交的 T 型空间区域的现代都市产业聚集区，以总部办公、金融服务、会展会议、现代商贸、文化旅游、创意创业、交易结算等现代服务功能为主，规模化集聚，整合区域内优质发展要素，是区域内人流、物流、信息流汇集中心区，是官渡区未来极具活力的产业功能区，能够确保官渡区经济首位度优势。

2. 多组团：多个配套功能组团

沿 T 型产业聚集区外围形成的多个配套功能组团，以生活居住功能为主的生态宜居组团，以农业休闲观光功能为主的田园综合体组团，以凤鳳山生态资源为基底的影视休闲组团，还有郊野游憩组团、湖滨度假组团等，与产业聚集区相互联动，实现职住平衡。

3. 一廊：湖滨生态休闲绿廊

对接西山区和呈贡区，串联滇池沿岸滨水景观和生态隔离带的湖滨生态休闲绿廊，是展示城市魅力，提升城市品质的重要生态功能区。

4. 四心：四个重点功能集聚中心

重点围绕巫家坝 CBD、滇池国际会展中心、螺蛳湾商贸城、官渡古镇及其他重大公共服务设施，聚合关联功能，分别形成金融商务中心、国际会展中心、特色商贸中心、文化行政中心等四大功能集聚中心（图 3-6）。

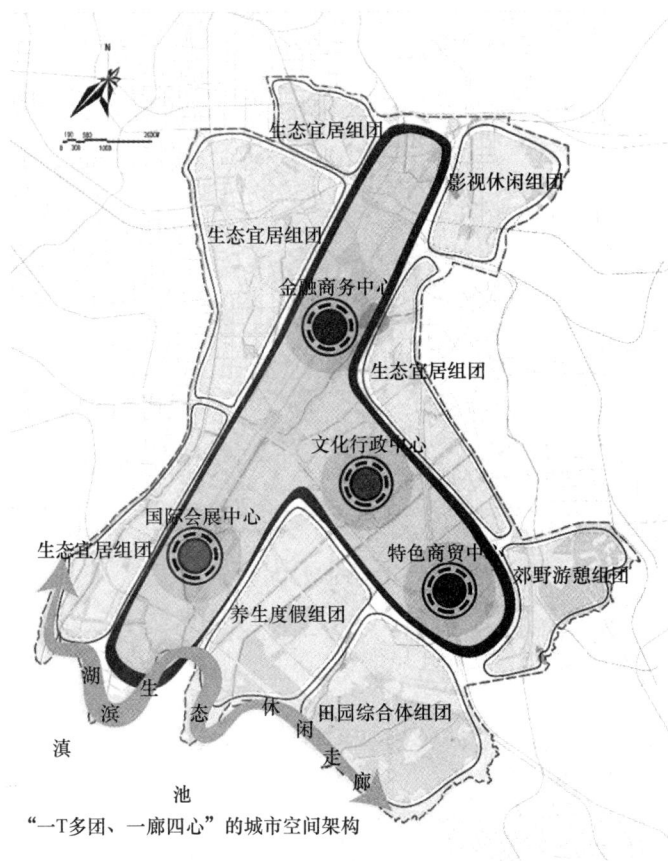

"一T多团、一廊四心"的城市空间架构

图 3-6 官渡区空间规划结构

（二）"中心经济"拓展官渡功能区

基于官渡区城市建设现状，从功能的集聚和关联性出发，以最大限度提高空间用地的利用率为目标，落实空间规划架构，形成能够统筹官渡区未来全区功能格局的七大功能分区，分别是：总部经济领航区、民族文创产业区、多元文化休闲区、国际会展康养区、国际商贸区、都市农业示范区、宜居统筹区（图 3-7）。

图 3-7　官渡区功能分区规划

1. 总部经济领航区

沿用最新版《巫家坝片区控制性详细规划优化》的用地布局方案，同时考虑到功能的关联性及规模化集聚发展趋势，本次规划划定的总部经济领航区除了原有控规范围，还包括了南北两侧部分用地，进一步扩大总部经济区空间规模，通过存量改造、业态优化、城市双修，实现区域重构、生态价值共享。

结合建材市场和机场迁移改造，以及中铁建西南区总部、中交建西南区总部等的入驻意向，总部经济领航区未来将形成"总部＋"的产业发展模式，打造"总部＋金融、总部＋商务、总部＋科技、总部＋国际事务"等产业集群，由管理型总部、职能型总部、区域型总部等集聚形成的总部区，带来绿色金融、结算金融、离岸金融等金融服务业和其他商务服务业态的汇集，形成官渡区未来新的经济增长引擎空间增长极。整个总部经济区可按四大组团进行打造，分别为金融商务组团、中央生态休闲组团、国际事务及应急合作组团、总部功能拓展组团。

金融商务组团以总部办公、金融服务为主导功能，配套相应的商务商业设施，采用高密度高强度的开发方式，营造现代化国际都市氛围，是官渡区未来城市新地标。中央生态休闲组团通过打造大面积湖面和公园绿地，融入文化娱乐、休闲创意和康体运动等业态，内部以绿化植被、雕塑景观为主，零散布局低层低密度公共建筑，将成为昆明市最大的城区公园。国际事务及应急合作组团是基于现有的领事馆，对现状部分需要拆除改建的用地，融入国家事务合作功能，如打造对外援助经济合作基地、应急调度及配套服务中心等项目，盘活现有建设区，提升土地价值，共享中央公园产生的生态价值。

2. 国际会展康养区

沿用最新版《会展片区周边片区控制性详细规划优化》的用地布局方案，同时考虑到功能的关联性及规模化集聚发展趋势，本次规划划定的国际会展康养区不包括北侧宝华寺片区，重点研究的是以滇池国际会展中心和滇池生态岸线为优势，带来与会展会议和大健康产业相关要素的集聚，形成辐射国内、面向南亚东南亚的国际会展康养区。

片区内部核心建筑滇池国际会展中心已经建成并投入使用，滇池三个半岛的开发处于初期阶段，五甲塘湿地尚未开发，基于区域内还有部分农田用地，以及部分城中村需要拆迁改造等问题，片区重点围绕"会展经济"形成"会展＋"的产业发展模式，打造"会展＋旅游、会展＋养生养老、会展＋商务、会展＋娱乐"等产业集群，形成"一心带五组团"的空间发展格局，即由滇池国际会展中心带动国际康养组团、会展商务组团、湖滨休闲组团、文体娱乐组团、高端居住组团等组团发展。

会展作为依附性产业，在官渡主要结合南博会品牌运营和提升城市影响力，围绕"大健康、大旅游"产业主线带动会展相关业态集聚，国际康养组团充分利用福保半岛优质生态资源，落实昆明市大健康产业发展思路，引入国际先进医疗技术和人才，打造国际医疗产业园和高原湖滨养生养老社区；会展商务组团重点为滇池国际会展中心作配套，打造商务休闲、会展物流、商业设施、生态居住等业态。湖滨休闲组团重点发展休闲度假、企业会所等高端服务功能。文体娱乐组团主要围绕地铁宝丰枢纽站，引入文化娱乐设施、大型商业设施和娱乐康体设施，集聚人流打造昆明市公共娱乐中心。高端居住组团充分利用滇池国际会展中心和滇池生态资源，建设高端居住功能，发展健康地产、休闲地产等新型房地产业态。

3. 多元文化休闲区

多元文化休闲区主要包括宝华寺、官渡古镇、云南省博物馆、云南大剧院、官渡区政府等重点项目及周边区域，由于官渡古镇和宝华寺片区尚有商业模式和佛文化交流的提升空间，将来形成"文旅＋"的复合产业发展模式，打造"文旅＋禅修、文旅＋商贸、文旅＋度假、文旅＋创意设计"等产业集群，具体发展宗教观光旅游、禅修旅游、精品古镇云南文化旅游等旅游业态，以民族旅游产品创意设计、专属定制设计、文艺作品创作等为特色的文创业态，凸显多元文化融合发展，提升区域发展品质。

4. 国际商贸区

国际商贸区主要是基于螺狮湾国际商贸城和新亚洲体育场等项目及周边区域，目前区域建设包括大面积现代居住和部分配套设施已经初具规模，但也存在产业功能单一的问题，需要对螺蛳湾商贸城进行改造提升，对新亚洲体育场进行盘活，并以"商贸＋"模式来推动片区发展，打造"商贸＋旅游、商贸＋文化、商贸＋体育、商贸＋休闲"等特色产业集群。具体对于螺蛳湾国际商贸城需要引入商品线上交易、跨境出口退税、报税物流配送等业态，实现线上和线下融合发展，推动跨国经贸业务升级。对于新亚洲体育场片区需要解决其运营问题，通过策划体育赛事活动和体育用品定制销售，带动片区发展。

5. 民族文创体验区

民族文创体验区主要位于金马片区，发展思路是基于改变现状用地功能混乱、业态分散糅杂的现实，聚焦云南省多元民族文化资源的深度挖掘并结合现代元素，借鉴北京 798 艺术区、上海 8 号桥成功案例的发展模式和经营方式，在金马片区整合利用现代厂房等设施，打造云南省民族文化创意展示新舞台和云南省现代文创产业新高地。以"文创＋"来推动片区改造提升，打造"文创＋交易、文创＋体验、文创＋影视、文创＋双创"等产业集群，具体包含民族文化展示、民族文化创意设计产品展销、现代文化艺术演艺及文化休闲体验等多种功能，同时对传统凉亭粮食批发市场进行改造，保留商脉，提升商气，打造现代化交易中心群落。

6. 宜居统筹区

宜居统筹区包含吴井、南窑、福德等片区，属于官渡区老城建成区，片区内居住用地占比较大，以老旧小区居多，改造更新规模较大，部分老旧小区改造项目正稳步推进，公共服务设施和城市绿化严重不足，可以引入"城市双修"建设理念，通过生态修复、城市修补打造老城更新示范区。

7. 都市农业示范区

都市农业示范区坐落于矣六片区，现状生态基底较好，片区及周边主要是滇池、生态湿地、基本农田和大面积生态居住用地、村庄用地。目前这个片区存在的问题是当地居民无法共享城市发展的成果，需要结合乡村振兴战略和斗南花卉产业发展情况，构建融合生态、旅游、居住功能于一体的田园综合体，打造都市农业示范区。

第二篇
新时代、新机遇

新时代中国城市发展面临新机遇和新挑战，从"一带一路、供给侧改革、新旧动能转换"到"新技术、新业态、新经济、新模式"和新的城乡规划体系改革，都将导致未来区域经济发展格局产生新的变化，区域间要素流动将更加频繁，需要以战略思维、系统思维和全寿命周期思维紧抓新时代城市发展新机遇，构建"中心经济"发展模式，围绕国家宏观战略要求和新经济发展特征，打造现代要素融合平台来集聚整合区域内更大范围的优质资源，打造区域经济发展新中心。

第二篇主要从对接国家战略的独特视角，分析新时代的相关国家战略部署，其实也是发展中心经济路径选择的必要性说明，同时更重要的是能从战略的视角为具有承载国家战略意愿的城市提供前所未有的发展机遇。

第四章 人类命运共同体与"一带一路"

中国的发展离不开世界的发展,中国城市的发展也不能摆脱全球经济发展趋势和格局的影响。目前国际上单边主义和贸易保护主义抬头,给全球经济一体化带来严重威胁,正是在全球价值体系出现严重分歧的背景下,中国提出人类命运共同体的全球价值主张,提出"一带一路"("新丝绸之路经济带"和"21世纪海上丝绸之路")的合作倡议,通过相互依存的国际权力观、共同的利益观、可持续的发展观和全球治理观,旨在依靠中国与有关国家既有的双多边机制,借助既有的、行之有效的区域合作平台,借用古代丝绸之路的历史符号,高举和平发展的旗帜,积极发展与沿线国家的经济合作伙伴关系,通过"政策沟通、设施连通、贸易畅通、资金融通、民心相通",共同打造政治互信、经济融合、文化包容的利益共同体、命运共同体和责任共同体,具有重大的世界历史意义。

一、"一带一路"加速区域要素集聚

(一)"一带一路"改变世界城市发展格局

"一带一路"合作倡议既是构建人类命运共同体的重要平台,也是影响国际格局与秩序演变的重要推动力量,更是推动中国参与全球经济治理并提供"全球公共产品"的中国方案。

"一带一路"贯穿亚欧非大陆，连接着东亚经济圈、欧洲经济圈以及中间广大腹地国家。丝绸之路经济带重点畅通中国经中亚、俄罗斯至欧洲（波罗的海），中国经中亚、西亚至波斯湾、地中海，中国至东南亚、南亚、印度洋。21世纪海上丝绸之路重点方向是从中国沿海港口过南海到印度洋，延伸至欧洲；从中国沿海港口过南海到南太平洋。"一带一路"以沿线中心城市为支撑，以重点经贸产业园区为合作平台，形成新亚欧大陆桥、中蒙俄、中国—中亚—西亚、中国—中南半岛等国际经济合作走廊（表4-1）。

"一带一路"线路   表4-1

名称	线路
北线A	北美洲（美国、加拿大）—北太平洋—日本、韩国—日本海—扎鲁比诺港（海参崴、斯拉夫扬卡等）—珲春—延吉—吉林—长春—蒙古国—俄罗斯—欧洲（北欧、中欧、东欧、西欧、南欧）
北线B	北京—俄罗斯—德国—北欧
南线	泉州—福州—广州—海口—北海—河内—吉隆坡—雅加达—科伦坡—加尔各答—内罗毕—雅典—威尼斯
中线	北京—西安—乌鲁木齐—阿富汗—哈萨克斯坦—匈牙利—巴黎
中心线	连云港—郑州—西安—兰州—新疆—中亚—欧洲

　　"一带一路"沿线国家及其城市发展势能各不相同，要素聚集能力和外部联系能力也处于不同层次。从"一带一路"沿线国家城市间的"中心性"和"联系度"两个角度分析城市格局现状，在聚集水平上，"一带一路"沿线地区的发展水平（人均GDP），总体上随着到上海（或伦敦）距离的增加而先递减、后递增的空间形态，出现东西两端凸起、中段凹陷的西提"U"形格局。东端（中国等）城市整体发展较快，地区间差距较大；西端（欧洲）城市发展层次高，经济增速相对滞缓；中段地区（中亚、西亚、南亚、东非等）城市发展水平总体较低，城市间发展进程不一。在联系水平上，"一带一路"沿线地区间具有由东西两端核心城市主导、跳跃过中段地区绝大多数城市的"过顶"联系形态。其中，东亚、东南亚、西欧、中欧等次区域核心城市，在生产性服务业全球网络联系上的地位及优势突出。伦敦、香港、巴黎、新加坡、上海、迪拜、北京、米兰、孟

买、莫斯科位居前十强。北非、东北亚和中亚等次区域城市与"一带一路"其他城市联系上相对较弱。

基于当前世界城市网络的中心分布在北美、西欧和东亚三大区域的现状，"一带一路"的推进，对改变世界城市发展格局具有较大的影响，并使世界城市体系向东亚南亚经济圈、欧洲经济圈、非洲经济圈为核心的欧亚非大三角格局方向发展，形成"三网四带"的欧亚非一体化新格局（表4-2）。目前，"一带一路"沿线地区的城市格局呈现出地理上和城市网络的中心和边缘相悖离的特征，新亚欧大陆桥、北方海航道、中间走廊等多模式综合走廊和国际骨干通道建设，在连通欧亚两端的同时也将穿越沿线"中段凹陷"区域，通过国际产能合作提高中部凹陷区域国家的产业经济势能，能够有效改变"U"形发展格局和"过顶"联系形态，中间区域内陆国家将获得基础设施投资、产能合作建设、开发金融创新的发展机会。

"三网四带"内容 表 4-2

布局		内容
三网	东亚城市网	以上海、北京、香港、东京、首尔等东亚特大型城市为核心，以周边中小城市（镇）及其腹地为辐射区的多层交叠联系的城市网
	欧洲城市网	不同规模、不同类型和不同功能的大、中、小城市构成的欧洲跨国城市群网
	南亚城市网	以孟买、新德里等中心城市以及曼谷、雅加达等全球联系度强的城市共同支撑、扩散辐射的南亚城市网
四带	第一欧亚大陆桥城市带	以第一欧亚大陆桥为交通干道，通过诸多交通支线串联交织，形成连接中国东北、俄罗斯南部与欧洲北部的点状分散、面状集聚的城市带
	第二欧亚大陆桥城市带	在原有陆上丝绸之路基础上，扩展形成以第二欧亚大陆桥国际化铁路交通干线及高速铁路为主轴，以沿途的中国、中亚、西亚与欧洲重点城市为支撑、各个支线串联城市为腹地的第二欧亚大陆桥城市带
	海上丝绸之路城市带	以海上航线为主轴，从中国东部沿海城市逐步延伸，连接东亚、南亚、西亚、东非、北非、欧洲等各大经济板块沿海区域，形成以点带线、以线扩面的海上丝绸之路城市带
	非洲西部沿海城市带	非洲西部沿海人口相对稠密、自然条件相对较好的地区的城市带

在"一带一路"的视野下，未来五大重点区域城市格局可能的演变趋势是：欧洲将出现网络化外溢，呈现向外延展发展态势。东亚城市数量、城市人口与经济产出在空间上将呈现加密之势。印非正处于持续发展的阶段，未来增长潜力将逐渐释放，并缓慢崛起。中亚具有由于自身条件制约出现短期下降的可能性，但长期将分享与"一带一路"两端连通带来的发展外溢好处。中东地区不同城市的既有优势、劣势将被固化、强化，呈现"好的更好、差的更差"的分化发展趋势。

分析重点区域城市发展格局的目的，是要清晰辨明这些区域及其城市在承接"一带一路"合作项目的必要性和可行性。"一带一路"国际间合作主要在交通、能源、信息等领域，形式是经济走廊建设、道路建设、跨国合作产业园区建设，交通节点城市和国际产能合作园区承载城市将会在新的城市格局中占据形成"一带一路"节点城市的机会，支撑所在国家融入世界产业分工体系中，并向产业链的中高端发展。随着亚洲地区城市化进程加快，世界经济地理的面貌也将随之演变。

随着新的世界城市网络格局变化趋势的发展，以及相对独立的丝绸之路城市带的逐渐形成，区域间的利益价值关系发生了很大的变化。由于"一带一路"的优先发展领域是国际间基础设施建设平台和经济合作平台的打造，合作的主要载体聚焦于各个国家的沿线节点城市，合作的方式是基础设施建设和国际产能合作园区建设，各国参与融入"一带一路"的程度和领域不同会对沿线国家及世界产业分工产生影响。那些能够在这种变局下形成跨国区域协同的要素聚集能力和全球联系优势的城市，就能占据中心经济的优势竞争地位。

（二）国内关键节点城市面临重新洗牌

争取成为"一带一路"倡议实施的重要组成部分，进而承接"一带一路"项目，是沿线国家主动对接"一带一路"的战略价值所在。中国作为"一带一路"发起国家，在加强与沿线国家的国际产能合作、区域发展合作、产业园区合作、新城建设合作、基础设施合作等方面，不断扩大资源要素配置空间，以"港产城""路产城""矿产城"一体化作为发展载体，提高资本和产能输出能力。"一带一路"合作和项目落地的机会首先会在沿线的关键节点城市中产生，主要合作项目领域聚焦在"一带一路"＋"区域开发开放"、"一带一路"＋"新型城镇化"、"一带一路"＋"国际项目合作"等方面。

要在"一带一路"中起到主导作用，必须具有区域性国际资源的整合能力和区域性国际市场的辐射能力，而这些能力需要通过中心经济统领来实现要素集聚、产业集群、区域发展。"一带一路"给沿线国家带来价值分享的同时，也给国内沿线城市带来五大机会：一是中国主导全球价值链体系的重构与发展的机会；二是产业升级和国际产能合作的机会；三是对发展中国家工业化、城镇化乃至信息化融合模式输出的机会；四是金融创新和人民币国际化的机会；五是区域合作和跨区域协同发展的机会。

"一带一路"的提出和实施推动形成了中国区域经济一体化的新格局，沿线省市都在抓住机遇构建对接"一带一路"倡议承载载体。

西北地区发挥新疆独特的区位优势和向西开放重要窗口作用，深化与中亚、南亚、西亚等国家交流合作，形成丝绸之路经济带上重要的交通枢纽、商贸物流和文化科教中心，打造丝绸之路经济带核心区。发挥陕西、甘肃综合经济文化和宁夏、青海民族人文优势，打造西安内陆型改革开放新高地，加快兰州、西宁开发开放，推进宁夏内陆开放型经济试验区建设，形成面向中亚、南亚、西亚国家的通道、商贸物流枢纽、重要产业和人文交流基地。

东北地区发挥内蒙古连通俄蒙的区位优势，完善黑龙江对俄铁路通道和区域铁路网，以及黑龙江、吉林、辽宁与俄远东地区陆海联运合作，推进构建北京—莫斯科欧亚高速运输走廊，建设向北开放的重要窗口。

西南地区发挥广西与东盟国家陆海相邻的独特优势，加快北部湾经济区和珠江－西江经济带开放发展，构建面向东盟区域的国际通道，打造西南、中南地区开放发展新的战略支点，形成21世纪海上丝绸之路与丝绸之路经济带有机衔接的重要门户。发挥云南区位优势，推进与周边国家的国际运输通道建设，打造大湄公河次区域经济合作新高地，建设成为面向南亚、东南亚的辐射中心。推进西藏与尼泊尔等国家边境贸易和旅游文化合作。

沿海和港澳台地区利用长三角、珠三角、海峡西岸、环渤海等经济区开放程度高、经济实力强、辐射带动作用大的优势，加快推进中国（上海）自由贸易试验区建设，支持福建建设 21 世纪海上丝绸之路核心区。充分发挥深圳前海、广州南沙、珠海横琴、福建平潭等开放合作区作用，深化与港澳台合作，打造粤港澳大湾区。推进浙江海洋经济发展示范区、福建海峡蓝色经济试验区和舟山群岛新区建设，加大海南国际旅游岛开发开放力度。加强上海、天津、宁波－舟山、广州、深圳、湛江、汕头、青岛、烟台、大连、福州、厦门、泉州、海口、三亚等沿海城市港口建设，强化上海、广州等国际枢纽机场功能。以扩大开放倒逼深层次改革，创新开放型经济体制机制，加大科技创新力度，形成参与和引领国际合作竞争新优势，成为"一带一路"特别是 21 世纪海上丝绸之路建设的排头兵和主力军。发挥海外侨胞以及香港、澳门特别行政区独特优势作用，积极参与和助力"一带一路"建设。为台湾地区参与"一带一路"建设作出妥善安排。

内陆地区利用内陆纵深广阔、人力资源丰富、产业基础较好等优势，依托长江中游城市群、成渝城市群、中原城市群、呼包鄂榆城市群、哈长城市群等重点区域，推动区域互动合作和产业集聚发展，打造重庆西部开发开放重要支撑和成都、郑州、武汉、长沙、南昌、合肥等内陆开放型经济高地。加快推动长江中上游地区和俄罗斯伏尔加河沿岸联邦区的合作。建立中欧通道铁路运输、口岸通关协调机制，打造"中欧班列"品牌，建设沟通境内外、连接东中西的运输通道。支持郑州、西安等内陆城市建设航空港、国际陆港，加强内陆口岸与沿海、沿边口岸通关合作，开展跨境贸易电子商务服务试点。优化海关特殊监管区域布局，创新加工贸易模式，深化与沿线国家的产业合作。

我国未来的全球城市体系及其所在城镇群的战略性节点识别见表4-3。

我国未来的全球城市体系及其所在城镇群的战略性节点　　表 4-3

城镇群	全球城市序列	战略性节点
京津冀	北京（主中心）、天津（次中心）、石家庄	北京中关村及海淀后山、首都新机场周边、天津滨海新区、正定新区（空港新区）、曹妃甸港区、张家口枢纽
长三角	上海（主中心）、南京（次中心）、杭州（次中心）、无锡、宁波、合肥、苏州、常州、温州、金华－义乌	上海浦东新区、虹桥枢纽地区、南京空港地区、杭州空港地区、宁波沿海地区、无锡东部地区、合肥空港地区、金东地区
珠三角	香港（主中心）、广州－深圳（主中心）、佛山、珠海－澳门	广州南沙新区、广州空港地区、深圳前海地区、横琴新区
成渝	重庆（主中心）、成都（主中心）	重庆两江新区、重庆西部铁路枢纽、成都天府新区、成都北部铁路枢纽
长江中游	武汉（主中心）、长沙、南昌	武汉东湖新区、武汉空港新区、武汉新港、长沙空港地区、南昌空港地区
关中—兰州	西安、兰州	西咸新区、兰州新区
中原	郑州、开封、洛阳	郑东新区、郑州空港地区
辽中南	沈阳、大连、营口	沈阳空港地区、铁路枢纽地区、大连港区
山东半岛	青岛、济南、烟台	青岛西海岸新区、青岛空港地区、济南铁路枢纽
海峡西岸	厦门、福州、泉州	平潭岛、厦门湾地区、泉州湾地区

二、昆明建设区域性国际中心城市

为贯彻习近平总书记考察云南重要讲话精神，《昆明市建设区域性国际中心城市实施纲要（2017—2030）》提出，要着力打造区域性国际综合枢纽，加快建设区域性国际经济贸易中心、科技创新中心、金融服务中心、人文交流中心，全面提升"世界春城花都、历史文化名城、中国健康之城"三大城市品牌，加快把昆明建设成为立足西南、面向全国、辐射南亚东南亚的区域性国际中心城市。

《中共昆明市委、昆明市人民政府关于昆明服务和融入"一带一路"倡议的实施意见》（昆发〔2016〕15号）明确了昆明定位："一带一路"和长江经济带战略的重要支点和枢纽城市；面向南亚东南亚开放的新高地；面向南亚东南亚辐射中心的核心区。构建"三大枢纽"，完善互联互通设施打造"四个中心"，提升辐射服务能力；着力构建昆明会展平台，稳步推进电子商务平台建设，巩固提升要素交易平台，加快产权交易、有色金属（矿业）交易、生物医药交易和国际花卉拍卖交易等区域性要素交易中心建设，尽快形成以昆明泛亚联合产权交易所为龙头，以土地交易所、房产交易所、专利技术展示交易所和若干个专业交易平台为支撑的产权交易市场新格局。

昆明打造区域性国际中心城市，意味着昆明城市的发展定位上升到国家战略层面，将塑造区域性国际中心城市核心价值，打造国际功能中心，将在全国发展大格局中担当起战略支撑作用，在面向南亚东南亚及西部区域的发展格局中将发挥引领作用，带动整个西南区域发展，成为打造我国新一轮改革开放的新高地。

区域性国际中心城市作为区域性的国际中心，如何体现国家意志、肩负国家使命、引领区域发展、跻身国际竞争领域、代表国家形象，需要以产业优化升级、国际化提升、社会价值引领，区域协调为重点，促进产业优化升级和区域分工，打造"国家角色"，同时打造国家创新中心、国家先进制造业中心、国家商贸物流中心三大国家职能，不断增强中心城市的功能和作用，努力提高城市综合竞争力，确立昆明作为"西部地区核心增长极、国家系统创新高地、区域统筹发展示范区、中国社会风尚新标杆"的国家战略地位。

昆明将按照"设施连通、贸易畅通、资金融通、政策沟通、民心相通"的要求，主动服务和融入国家战略，坚持对内开放和对外开放并举、"走出去"和"引进来"并重，加速拓宽大通道、聚集大产业、深化大通关、构建大平台、做优大环境，增强对南亚东南亚地区的经贸影响力、金融服务力、创新带动力、人文亲和力，把昆明建设成为我国面向南亚东南亚的区域性国际中心城市。

"'三大枢纽''四个中心''五大基地'将是昆明致力于推动云南建设面向南亚东南亚辐射中心的重要举措和奋斗目标"，昆明将构建面向南亚东南亚交通枢纽、跨区域能源互联互通枢纽、区域性国际信息枢纽"三大枢纽"，以完善互联互通设施；打造经济贸易中心、科技创新中心、金融服务中心和人文交流中心"四个中心"，以提升辐射服务能力；建设先进装备制造基地、生物制药产业基地等"五大基地"，做大优势特色产业。

三、官渡"战略引领"新机遇

"一带一路"的经济要义是对"中心经济"的强化和解读。"一带一路"的战略意图是在沿线范围经济内重新进行产业分工，进而带动"一带一路"沿线构建中心经济的节点城市。正因为昆明是"一带一路"的重要节点，承载着构建"一带一路"面向南亚东南亚辐射中心的国家使命。昆明在"一带一路"中的担当就是要通过中心经济的打造，使"一带一路"倡导合作领域的产业和功能能够快速在昆明聚集，真正形成面向南亚东南亚的区域性国际中心城市。而官渡作为突破千亿级经济体量的城区，又具有巫家坝机场搬迁腾退的建设空间，其首位度和空间承载能力都具备了讲好"昆明故事"的条件，昆明其他城区主要是存量运营，而官渡则是发展中心经济实现增量创新的最有效的现实载体，官渡对昆明打造区域性国际中心城市的支撑作用具有典型借鉴意义和示范价值。

官渡作为昆明市"区域性国际中心城市"背景下的"城市新中心"，将在未来承担起辐射南亚东南亚等国际区域，进而通过"一带一路"将其影响力带到世界范围的核心节点，官渡的经济也将由内向型经济转型为外向型经转变。目前以巫家坝 CBD 为代表的国际总部基地和国际金融港，以南博会和滇池国际会展中心为代表的国际会展业，以螺蛳湾为代表的商贸物流业带来了现代服务业聚集的发展机会，同时也会产生通过"人民币国际化"集聚国际金融业、贸易结算平台、自由贸易功能，从而带动国际文化交流及创意、小微企业走出去、中国标准输出的机会，以及重塑官渡区域品牌和影响力的机会。

第五章　人民美好生活需求与供给侧改革

党的十九大报告对新时代社会主要矛盾作出了科学判断，"中国特色社会主义进入新时代，我国社会主要矛盾已经转化为人民日益增长的美好生活需要和不平衡不充分的发展之间的矛盾"。经济发展正进入"新常态"，中国经济的结构性分化正趋于明显。在正视传统的需求管理还有一定优化提升空间的同时，迫切需要改善供给侧环境、优化供给侧机制，通过改革制度供给，大力激发微观经济主体活力，增强我国经济长期稳定发展的新动力，并通过增量改革促进存量调整，实现经济可持续发展与人民生活水平不断提高。

一、供给侧改革释放新需求

1. 供给侧改革引领有效需求高端化

按照马克思理论，供给和需求是辩证平衡关系，而有效供给和有效需求是双向的，两者相互依存，互为因果，相互促进。没有有效供给，有效需求就会萎缩或外溢；没有有效需求，有效供给无从谈起。在新的发展阶段推进经济可持续发展，政府的传统做法要么转向供给学派所强调的财政（减税）和货币政策（货币供应），要么转向建设新的更具规模的市场平台（超区域市场）。

供给与需求是市场经济内在关系的两个基本方面，供需两侧也是管理和调控宏观经济的两个基本手段。经济政策是以供给侧为重点还是以需求侧为重点，要依据宏观经济形势作出选择。需求侧管理重在解决总量性问题，注重短期调控；供给侧改革重在解决结构性问题，注重激发经济增长动力。我国经济运行中出现的问题，虽有周期性、总量性因素，但根源是重大结构性失衡。

中国经济增长曾经过多依赖"三驾马车"来拉动，特别是过度依赖投资拉动。其实，"三驾马车"只是GDP的三大组成部分，是应对宏观经济波动的需求侧短期动力，只是经济增长的结果而非原因，制度变革、结构优化和要素升级（对应着改革、转型、创新）"三大发动机"才是经济发展的根本动力。随着我国发展阶段由重化工时代进入生态文明时代，将来的发展更多地要依靠改革、转型、创新，来提升全要素增长率，培育新的增长点，形成新的增长动力。也就是说，当前和今后一个时期，我国经济发展的面临的问题在供给侧和需求侧都存在，但矛盾的主要方面在供给侧。

目前中国的供需矛盾，一方面传统产业满足不了高端消费需求，另一方面供给侧对消费需求的引领作用不够。我国一些行业和传统产业产能过剩，同时大量关键装备、核心技术、高端产品还在依赖进口。事实证明我国供给与需求错配导致大量高端有效需求"外溢"消费能力严重外流。

供给侧改革的五大任务涵盖了"去产能、去库存、去杠杆、降成本、补短板"，对企业来说是降低税收创造环境，对城市来说，城市与产业互为供给和需求，需求带动产业集聚，产业创新需求，是通过需求侧和供给侧两端同时发力，传统存量重化工业产能尤其是煤炭、钢铁等升级提高质量，新经济增量大数据、云计算、物联网、移动互联网、人工智能等产业扩展规模，平台经济、共享经济等新业态提高潜力。通过构建要素中心、特色小镇、田园综合体等新型载体，并通过智慧城市、海绵城市、装配式建筑、绿色建筑等城市建设新技术、新载体，打造产城融合的全域城市结构性新形态。

人类的产业发展经历了蒸汽机（机械）、电气化、信息化、人工智能四个发展阶段，人类的消费需求也由短缺经济的以供给主导的市场消费需求转向过剩经济的以个性化、碎片化为特征的市场消费需求，尤其是中国的城镇化发展直接进入了农业现代化、工业化、信息化、城镇化四化高度融合的发展阶段，俗称中国"新四大发明"的高铁、网购、移动支付、共享单车，以"互联网＋"和新经济创造着新的市场需求，这已经颠覆性地改变着人们生活、生产方式，相应的产业发展也出现满足人们新需求的趋势。

供给侧改革是城市产业集群和创新产业模式的必要路径。根据供给侧结构改革对产业消费和大众消费结构的升级，会有两类产业集群形态出现，一类是传统产业与"互联网＋"及新经济的融合，另一类是新技术本身形成新的产业形态，但具有行业属性和依附性产业特征。产业集聚升级需要与"互联网＋"及新经济结合，衍生共享经济等创新业态，针对目前消费的个性化和碎片化特征，通过中国制造2025，运用区块链等技术，实现分布式产业布局。一个地区的产业导入需要经过市场招商引资环节，当前的投资倾向一般是龙头企业带动的产业集群投资，区块链技术实质上解决了产业集群化、集群基地化、基地园区化的路径问题。产业集群是产业结构和核心产业问题，集群基地化是核心产业带动的或集中或分散的产业基地，基地园区化形成核心城区要素中心、城镇加工园区、乡村种植基地的三圈结构的产业空间布局体系。

目前国内产业发展主要还是基于"互联网＋"和新经济方式产生的业态需求。中国政府试图通过供给侧改革改变外延发展的动力，形成高端产业的内生动力机制，产业主要发展要素经济、特色经济，主要还是中心经济引领下的经济结构协调化和产业结构高端化。"321"一、二、三产融合发展路径，成为城市产业供给端发展新趋势，即通过要素中心（认证中心、交易中心、产业基金、双创中心、电商中心）形成结算经济，带动工商资本投资产业集聚区（特色消费、博览展示、生产加工、商贸配套、仓储物流），稳定种养殖结构整合更大范围的农业资源形成整合辐射区（综合示范区、配套供应基地、外埠协作区）。

2. 供给侧改革引发城市发展新形态

中国新型城镇化是处于农业现代化、工业化、信息化、城镇化"四化"高度融合的历史发展新阶段，已经进入破解深层矛盾的关键期，国家乡村振兴战略的提出既是新型城镇化发展的有效载体，也是国家推进实现小康社会的政治发力点。中小城市作为我国城市群网络体系的关键节点和基础构架，但大量中小城市由于产业发展滞后，大量人口持续净流出，城镇的有效需求和有效供给存在着失衡、错配等问题，导致基础设施过剩和新型城镇化基础建设不能满足需求的悖论。

城市供给侧改革的关键在于城市发展需求端与供给端的衔接。作为城市的主要功能来讲，产业是供给、城市（新城、旧城）是需求、智慧生态是标准。供给侧结构性改革旨在调整经济结构，使要素实现最优配置，提升经济增长的质量。经济社会发展体现在城市方面，主要是城市建设的"城经济"和产业投资的"市经济"。

经历近40年的大规模城市建设，中国的城市无论在城市面貌还是各种开发区园区建设上都取得了巨大的进展，同时也出现了园区的产业聚集力普遍降低、新城的文化聚集力难以构建，造成了大量"空城""鬼城"现象。所以，随着经济总量的积累演变到质的变化，需求端的"三驾马车"逐渐出现不适应引领经济发展的趋势，国家提出在适当保证总需求规模的基础上，推进供给侧结构性改革，需要供给侧和需求侧同时发力，通过供给管理释放新需求，创造新供给，促进产业迈向中高端，但动力源主要还是在供给侧。一方面，需要发展新型领域创造新的经济增长点；另一方面，也要求改革现行的一些抑制供给的体制或政策。在这种背景，泛华集团提出城市供给侧改革，应该从需求侧和供给侧双向发力，推进新型城镇化，使之成为区域经济增长的重要源泉。

中小城市通过打造三融小镇与海绵城市3.0体系，从供给侧和需求侧双向发力，在产城融合视野下推进产业发展与基础设施系统建设的有机融合。其中，"三融小镇"从供给端入手，通过特色产业挖掘打造复合产业体系，扩大基础设施建设需求，最终带动产业升级和社会转型。海绵城市3.0体系是从产业与城建、财税与土地融合的视角，关注产业、社会、基础设施彼此之间的协同，从需求端入手，构建基于全社会投入产出模型的基础设施建设项目投资需求。

1.增加有效供给创造有效需求——泛华·三融小镇

三融小镇是选择有大健康、大文化、大旅游复合开发价值的名优特产品区域，以结算经济为核心牵引，区域品牌塑造为重点，构建要素中心、产业聚集区、整合辐射区的"中心＋园区＋基地"的三圈产业体系，带动区域特色农业、大健康、大文化、大旅游、商贸物流复合发展的"产业与城市、产业与金融、产地与市场"融合发展的主题特色小镇。

三融小镇从供给端入手，通过特色产业挖掘，打造出特色农业、大健康、大文化、大旅游、商贸物流复合产业发展体系，三融小镇虽然强调以结算经济为牵引，而非一定强求交易结算功能，它实质是特色挖掘，进行品牌孵化，和地方政府构建行业标准，通过溯源、跟踪、认证、商标赋牌、对特色资源的整合、盘活和价值创新，使区域特色产业既能够形象展示区域的总体风格和特征，有历史传统、文化积淀、经济支柱等要素凝聚而成的区域灵魂。特色产业实现产业化或政策红利落地，其发展的重点在于解放和发展社会生产力，减少无效和低端供给，扩大有效和中高端供给，增强供给对需求变化的适应性和灵活性，提高全要素生产率。

2.扩大有效需求创造有效供给——泛华·海绵城市3.0体系

海绵城市是"新型城镇化"体系下的重要内容，与新型城镇化发展一样，是关系民生、关系社会及城市发展的城市基础建设发展理念，泛华·海绵城市3.0体系既要关注农田水利、江河湖泊、生态湿地等"城市生态圈"，又要统筹产业、环境、水源、水厂等"城市生产圈"，同时又需要兼顾城市水务、都市产业、市政道路、景观园林、城市复兴等"城市生活圈"。

泛华·海绵城市3.0体系从全社会投入产出模型的基础设施建设投资需求入手，对城乡生态、水系、空间、文化、产业、金融、技术等各类城市发展要素的有机统一，是对城市生态系统的深入认知，是城市文脉的再挖掘，也是城市生产、生活性服务业的再发展；它从水产业、水文化、水经济、水环境的角度解析城市，利用信息、互联网的智慧技术手段，实现了物流、信息流、资金流、人流的有效聚集与协同发展，通过有效需求的提供创造了供给，是引导城市经济可持发展的创新驱动力之一。

从城市供给侧结构改革的角度看，新的功能具体体现在城市基础设施和公共服务等方面，城市形态升级需要按照绿色发展理念，融合智慧城市、海绵城市、地下综合管廊、建筑产业现代化、绿色建筑等城市发展载体技术，在智慧产业、智慧交通、智慧教育、智慧医疗等产业和功能载体上综合利用城市建设新技术。这些新的载体无论从建设投资的角度还是运营管理的角度，都需要通过创新发展模式和商业模式，使城市建设的智慧化手段由成本中心变为效益中心。

二、新需求创造新中心

供给侧改革的关键是形成高端有效供给，有效引导需求实现新旧动能转换，这就需要"产业、金融、科技、人才、互联网大数据、生态、交通、土地、制度、品牌"等要素集聚和优化配置，新需求和新产业模式使城市功能具有了产业属性和跨界融合的特征，基于新需求集中在传统产业升级和新经济产业培育两个方面，需要形成产业赋能中心和产业功能中心。

新技术中心包括云计算中心、物联网中心、大数据中心、移动互联网中心、人工智能中心等。新产业中心包括新能源产业中心、新材料产业中心、研发中心、信息中心、结算中心、认证中心、溯源中心、赋牌中心等。新业态中心包括共享经济中心、平台经济中心、康美经济中心、生态经济中心等。新模式中心包括要素中心、电商平台中心、呼叫中心、双创中心、供应链管理中心、产权交易中心、品牌中心、个性化定制中心、云智造中心等。

三、官渡"结构转型"新机遇

官渡发展中心经济是适应城市供给侧改革及实现新旧动能转换的重大

历史机遇。站在昆明市区域竞合发展格局中，官渡区希望通过重塑价值高地，对接"一带一路"倡议，从战略次区域变成战略新高地。通过引入新经济新功能，从功能次区域变成功能新中心，围绕新的功能中心分层次打造产业增长极和空间增长极载体。

从外部环境看，"一带一路"的国家战略布局要求昆明成为面向南亚东南亚开放的桥头堡，从时代要求看，中心经济已经成为官渡区打造昆明新中心的必要手段；从内部条件看，官渡已经具备了发展总部经济、会展经济、结算经济的发展基础；从竞争趋势看，官渡在现代服务业产业招商方面已经初现优势；从物理空间看，官渡在昆明市整体空间已经由哑铃形转向纺锤形，而且具有巫家坝机场搬迁腾退的连片规模空间。另外官渡区通过战略驱动、创新发展系统规划形成了"智慧发展、智慧建设、智慧运营"一盘棋的发展思路。所有这些都为官渡区打造中心经济并形成昆明市新中心创造了新的机遇。

未来的产业集聚主要也是以中心经济的逻辑来构建，在产业与功能的边界日益跨界融合而变得不清的情况下，产业集群既有产业属性，也有功能属性。供给侧改革给官渡带来转型升级的新机遇，主要是以总部经济、金融业、会议会展、商贸物流等高端服务业经济要素，与互联网、大数据、云计算、人工智能以及共享经济、互联网经济等新商业模式结合，形成新的产业模式和业态模式（表5-1）。新的业态模式有需要 IDC 等信息自身技术产业和实体经济产业融合发展，并形成相应的基础设施配套。

未来产业中心构建   表 5-1

角度	中心
产业升级	总部经济、会展经济和结算经济
金融创新	跨境人民币结算、绿色金融、碳排放交易所
科技进步	研发中心、互联网中心、云计算中心
人才整合	双创中心
信息服务	大数据中心

角度	中心
生态文明	智慧产业生态新城
交通畅通	智慧交通枢纽
土地价值	产业地产、总部经济、金融港
制度安排	金融改革试验区
品牌塑造	品牌中心、赋牌中心、认证中心

第二篇 新时代、新机遇

第六章 "互联网＋"与新经济

"互联网＋"是一场新的发展变革和一种新的发展模式，旨在将互联网、云计算、大数据、物联网等信息与现代传统行业进行结合，为传统行业带来新的发展机遇和动力，并形成以新技术、新产业、新业态和新模式为特征的新经济。"互联网＋"与各行业融合发展，将产生新经济新模式并改变产业业态模式，引导消费方式和技术的跨界融合发展及城市功能形态的创新，未来各类发展要素将通过产业智慧化和智慧产业化两种方式进一步向新经济中心集聚。

一、"互联网＋"将主导新时代发展

（一）"互联网＋"赋能传统产业新形态

"互联网＋"是基于互联网技术背景提出的新的发展理念，将大数据、云计算、移动互联网等信息技术结合，对现有传统行业进行资源整合和配置优化，提高传统经济行业的整体活力，从而在整体上带动经济发展并提升经济实力，实现创新驱动力和产业变革。

"互联网＋"与传统行业结合将催生新经济并开创经济新时代。党的十九大报告明确提出，要建设网络强国、数字中国、智慧社会，推动互联网、大数据、人工智能和实体经济深度融合，发展数字经济、共享经济，培育新增长点，形成新动能。"互联网＋"的核心价值是让企业和商业的资产和活动形成可存储、可分析、可连接的海量数据，基于这些数据又可开发出新的客户、新的需求、提供新的服务，延伸服务链条，形成新业态。"互联网＋"与传统产业的结合，出现了大量的新业态、新模式、新产品、新服务。这不仅仅是技术的进步，还包括商业模式的进步和创新，比如共享经济、物流、农业"新六产"等模式的出现。这极大地提高了传统产业效率，改变了传统制造业、传统农业、传统服务业等产业生产、分配、交换、消费等社会再生产各个环节的模式，为旧动能改造注入了新的活力与动力。

当前互联网正在重新定义制造业的研发设计、生产制造、经营管理、销售服务等全生命周期，以生产者、产品和技术为中心的制造模式加速向社会化和用户深度参与转变。"互联网＋"也同时改变着人们的生活方式和各行各业的发展层次，通过相互融合，创造出新技术，促进新产业、新业态、新模式等不断成长，成为传统产业升级结构转型的赋能手段。

到 2025 年，网络化、智能化、服务化、协同化的"互联网＋"产业生态体系基本完善，"互联网＋"新经济形态初步形成，"互联网＋"成为经济社会创新发展的重要驱动力量。国务院发布《关于积极推进"互联网＋"行动的指导意见》给出了明确的指向，在未来"互联网＋"将会涉足 12个风口行业。

"互联网＋"创业创新，促进创新工场、创客空间、社会实验室、智慧小企业创业基地等新型众创空间发展。"互联网＋"协同制造，打造大规模定制的智能制造平台和网络化协同制造平台。"互联网＋"现代农业，构建精准化农业生产经营体系和农副产品质量安全追溯体系。"互联网＋"智慧能源，推进能源生产智能化和分布式能源网络建设。"互联网＋"普惠金融，探索推进互联网金融云服务平台建设。"互联网＋"益民服务，创新政府网络化管理服务和便民服务新业态。"互联网＋"高效物流，建设智能仓储系统和冷链物流体系。"互联网＋"电子商务，发展农村电商、行业电商和跨境电商。"互联网＋"便捷交通，推广车联网、船联网建设。"互联网＋"绿色生态，形成覆盖主要生态要素的资源环境承载能力动态监测网络和废旧资源回收利用体系及在线交易系统。"互联网＋"人工智能，促进人工智能在智能家居、智能终端、智能汽车、机器人等领域的推广应用。

（二）"互联网＋"衍生创新产业新经济

在农业、制造业、能源和物流四个转型升级任务迫切的领域，"互联网＋"与供给侧改革相结合，推动传统产业的数字化、网络化和智能化转型，打造"互联网＋"现代产业新体系。在普惠金融、电子商务等两个新兴融合业态领域，"互联网＋"创新服务业态，降低交易成本，延伸服务半径，提升服务效率。在交通、益民服务和生态等三个人民群众最为关切的领域，重点是运用互联网思维，创新服务模式，拓展服务渠道，开放服务资源，完善信息发布，促进生活方式绿色化。在人工智能、创业创新等两个基础支撑领域，建立和完善"互联网＋"领域技术创新平台，构建支撑"互联网＋"行动实施的创新网络，加快人工智能等技术率先应用，为推动我国新经济发展汇聚新动能。

以"互联网＋"为代表的信息技术在各行业各领域的应用日益广泛深入，已经并将继续催生大量新业态，这些新业态已成为引领经济增长的重要力量，这些新业态包括由于互联网的技术创新直接催生的新业态，比较典型的如移动互联网、云计算、大数据、物联网等，也包括互联网和其他行业融合产生的新业态，比如"互联网＋制造"带来的生产性服务业的发展，"互联网＋商贸"催生了移动支付、电子商务等新业态的快速发展

随着"互联网＋"发展的逐步深入，移动终端、物联网、云计算的普及和发展，一种以共享、分享行为为基本特征的共享经济模式发展迅猛，通过共享平台和人人参与的大众化市场，将原本在线下难以对接的供给与需求有效衔接，实现闲置资源使用权的共享。分享经济模式正在从交通出行和住宿行业延伸到其他领域，广泛渗入到从消费到生产的各类行业，有力地推进了产业创新与转型升级。

通过将互联网技术运用到传统产品上，催生了大量的智能化、数字化、时尚化的新产品，例如苹果互联网的科技企业＋传统的手表行业，就催生出了苹果智能手表，类似的还有小米运动手环等可穿戴设备的蓬勃兴起，又如互联网和家居家电行业结合出现的智能家居家电近来也异常火爆，智能空气净化器、智能彩电、智能空调等各种智能化家电产品陆续推出并进入我们的生活。

二、新经济改变城市发展方式

伴随着新经济的发展，生产关系和生产要素都将发生深刻的变化，这种变化最终会带来全新的经济运行机制和企业运营模式，推动生产、管理和营销模式变革，而这其中平台共享经济模式成为新经济时代经济社会运行模式的变革方向。在平台共享模式的推动下，经济社会参与主体、经济社会运行流程和经济社会资源等全员全程的共享联系，使得社会经济分工更加精细化，传统的企业边界被打破，产业链合作模式不断革新，促进了生产、消费各层面资源和能力的重新组合与优化配置。

新经济是新技术、新要素、新产品、新模式、新业态、新产业的集合，它的发展是以信息、知识、人才等高端要素为基础，是科学技术进步、生产力发展、社会变革和经济全球化的产物。新经济的发展改变了城市发展依靠廉价的土地、劳动力和资源能源等物质要素投入为主的传统增长模式，推动城市增长方式由要素驱动向创新驱动转变，实现城市绿色化、智慧化发展。

新经济的发展突破了传统经济模式下各行业各领域"单兵突进"的局限，通过"互联网＋"、智能制造等新的技术路线实现了与传统经济的良性互动，通过分享经济、移动互联、移动支付等发展模式全方位、多角度、深层次地向经济社会各领域渗透，实现各行业的融合发展，重塑产业链、供应链、价值链，推动区域经济生态系统的全面优化。基于新技术、新产业、新业态、新模式为特征的新经济，通过"互联网＋"把互联网的创新成果与经济社会各领域深度融合，推动技术进步、效率提升和组织变革，提升实体经济创新力和生产力，形成更广泛的以互联网为基础设施和创新要素的经济社会发展新形态，对引领经济发展新常态，形成经济发展新动能，实现中国经济提质增效升级具有重要意义。通过大数据、云计算、移动互联网新产业形成传统产能赋能平台和新经济产业集群。通过平台经济、共享经济、个性化定制、云智造、"线上和线下"等新业态新模式，形成新的产业模式和城市发展方式。

智慧城市是基于互联网数字技术背景发展起来的，利用互联网技术将传统实体行业与互联网技术结合在一起，实现行业的便捷性，同时利用互联网的大数据等特征，为经济发展、城市管理和公众提供各种智能化的服务，而对智能化服务功能的集成正是打造智慧城市的主要内容。

目前全球已经有多个区域在发展智慧城市，不同的城市都结合其自身的特点进行发展。智慧城市是以互联网、物联网、电信网、广电网、无线宽带网等网络的多样化组合为基础，以智慧技术、智慧产业、智慧人文、智慧服务、智慧管理、智慧生活等为重要内容的城市发展的新模式。智慧城市主要有这几种形式：其一是以建设智慧基础设施为中心，让城市建设成为一座感知城市；其二是结合城市自身特点，结合互联网技术，发展城市新型产业结构，建立新型的城市发展产业；其三是围绕现今的环境问题，建立环保型城市，改善城市生态环境。

我国智慧城市的建设始于 2013 年，智慧城市建设成为重要的国家发展战略，是资源要素重新配置的重要载体。"互联网＋"、云计算、大数据、物联网等技术是实现智慧城市建设的关键支撑要素。智慧城市建设涉及人们日常生活的方方面面，包括医疗健康、公共卫生、教育服务等多方面，通过利用互联网大数据、云计算、物联网、移动互联网为核心的新一代网络信息，实现城市生活的智能化，使人们的生活更加智能便捷。

案例：杭州——中国"新经济"代名词

得益于阿里巴巴的成长，杭州成为新时代创新活力之城的代表、中国

"新经济"创业的明星和热点，2016年全年和2017年上半年，杭州的人均创业密度已超过北京，位列全国第一，企业服务、电商等与互联网深度结合的领域，在杭州创业市场中占据关键地位，杭州初创企业的活跃，展现出"知识和信息门户"城市独特的魅力。

在移动互联网时代的开端，杭州是国内第一个4G网络商用化的城市，在智能时代的开端，杭州诞生了两个国家级人工智能平台，其中一个就是依托阿里云建设的城市大脑——国家新一代人工智能开放创新平台。

杭州已是一个城市新经济发展的代表，热钱不断地由外入内，各大商业的领军人物均想在此留有自己的一片"商业土地"，从而分得一杯"甜羹"。

三、官渡"智慧提升"新机遇

在官渡形成"互联网＋"为基础的新经济，为官渡打造中心经济"赋能中心"创造了新的机遇。伴随现代信息技术的突破和普及，大数据技术的全面渗透和"互联网＋"平台的强力支撑，以及营销模式的革新，都极大地提升了商务发展的空间范围和能级。商务服务业中科技信息服务业、会展服务业、软件服务业、跨境电子商务业等已日益成为全球商务产业发展的重点，大数据分析、云计算技术也进入了相对成熟的主流应用期，这些商务服务领域未来的发展都离不开技术革新和基于技术的模式创新的有力支撑。

官渡在"互联网＋"和新经济发展趋势下，最大的机遇是智慧提升的机遇。智慧提升是落实创新驱动最强有力的战略举措，从供给侧改革入手，围绕"中心经济"发展，创新打造线上和线下互动的产品市场、服务市场、要素市场，实现智慧产业化和产业智慧化，形成官渡区"中心经济"智慧化发展路径。

第七章　国家新旧动能转换与创新驱动

　　当今世界，新一轮科技革命和产业变革呈现多领域、跨学科、群体性突破新态势，正在向经济社会各领域广泛深入渗透。我国经济发展进入新常态，创新驱动发展战略深入实施，大众创业万众创新蓬勃兴起，诸多新产业、新业态蕴含巨大发展潜力，呈现技术更迭快、业态多元化、产业融合化、组织网络化、发展个性化、要素成果分享化等新特征，以技术创新为引领，以新技术、新产业、新业态、新模式为核心，以知识、技术、信息、数据等新生产要素为支撑的经济发展新动能正在形成。加快培育壮大新动能、改造提升传统动能是促进经济结构转型和实体经济升级的重要途径，也是推进供给侧结构性改革的重要着力点。

一、全球视野下的新旧动能转换

（一）国际产业分工深刻变化新趋势

　　从国际看，新旧动能转换成为世界经济复苏繁荣的关键。全球金融危机爆发以来，世界经济进入长周期深度调整阶段，深层次结构性矛盾集中显现，潜在增长率持续下降，全球经济一体化进程曲折，面临诸多不确定性因素。同时，创新正成为全球经济增长的新引擎，新一轮科技革命和产业变革加速孕育、集聚迸发，特别是信息技术、生物技术、制造技术、新材料技术、新能源技术等广泛渗透到各领域，正在引发国际产业分工深刻变化，重塑世界经济格局。主要发达国家和新兴经济体纷纷调整发展战略，超前部署面向未来的创新行动，积极抢占发展制高点。

处在人类大发展、大变革、大调整的时期，全球经济领域面临四个大的矛盾：一是资源要素的配置矛盾，世界资源要素包括资金、土地、自然资源、劳动力、技术和管理等，特别是资金、资源和技术配置不合理、错位缺位，矛盾比较突出。二是产业结构如何由资源密集向技术密集转变、由工业主导向服务业主导转变的问题日益突出。三是国际市场的需求有萎缩的趋势。四是全球金融风险有所积聚。这四个矛盾是中国和世界面临的共性问题。中国在全球视野下的新旧动能转换格局中，需要抓住世界新一轮科技革命和产业变革机遇，主动参与国际竞争，积极培育对外开放新优势，拓展发展空间，形成产业体系结构与各种国际交易制度安排的衔接。

随着人才、知识、技术、资本等创新资源全球流动的速度、范围和规模达到空前水平，创新模式发生重大变化，生产、流通、分配、消费的新模式快速形成。全球经济的增长动能呈现出由资金、土地、自然资源、劳动力、技术和管理等，转向以科技和人才、资本为主的趋势；要素的重新组合由主要依靠土地、资本、低价劳动力以及环境，转向主要依靠创新、管理、高素质人力资本。"科技"和"人才资本"越来越成为"中心经济"的核心要素。在新要素的驱动下，国际范围里内形成了以德国法兰克福、中国香港、日本东京、英国伦敦、美国纽约为代表的信息中心；形成了以得克萨斯州奥斯汀、印度班加罗尔、美国马萨诸塞州波士顿、英国剑桥、芬兰赫尔辛基、新加坡、以色列特拉维夫，以及中国北京中关村为代表的科技中心。

（二）中国抢占国际产业分工价值链制高点

国际金融危机之后，中国的工业化进程又到了转折关头：以 2015 年底美联储加息、美国解禁石油出口、联合国气候峰会巴黎会议为标志，国际产业分工进入第四次转型时期，中国工业如何才能占领国际产业分工的制高点，如何在信息化时代抢占现代服务业环节，是供给侧改革和新旧动能转换需要着重考虑的问题。

尽管本轮国际产业分工调整的趋势中，从产业发展、贸易规则、金融体系，整个国际产业分工格局的变化对我国工业发展有诸多利好，但有利的发展格局不会自动地转换成我国工业发展和服务业拓展的优势，也蕴含国际市场动荡萎缩、产能过剩、区域发展不平衡风险和金融环境系统性风险。

我国的工业在国际产业分工中处于中下游，面临欧盟、日本强大的制造能力和美国工业标准控制能力的双重挤压。主要问题是工业标准控制能力比较弱，需要突破关键技术。产业链是工业发展的纵深，上下游延伸不够，短板比较明显，尤其是服务型生产和生产性服务业发展不充分，导致工业生产低水平重复建设比较突出，很多工业产品只有规模经济而没有范围经济。资金链是工业发展的短期制约因素，我国工业企业资本结构问题突出表现为负债率过高、杠杆率过高。

中国要在全球新旧动能转换格局中占据世界产业分工的有利地位，需要以供给侧改革为主线，重塑中国工业新动能，创新中国产业新模式。

短期来看，供给侧结构性改革可以从工业发展的资金链入手，改善工业企业的资本结构。对外加强国际金融政策协调，主动参与全球治理；对内根据国际资本市场走向，逐步实现人民币自由浮动，推进企业债券市场发展，鼓励资产证券化等金融创新，化解由于短期资金链收紧带来的风险。

中期来看，供给侧结构性改革以打造工业发展坚实的产业链入手。在"一带一路"发展倡议指引下，加强资本输出，尤其是中国西北的土库曼斯坦、吉尔吉斯斯坦、乌兹别克斯坦、塔吉克斯坦、哈萨克斯坦，为中国工业未来发展奠定良好的资源能源基础。未来3～5年，以亚洲基础设施投资银行为抓手，推动与中国北部的中亚国家展开产能合作，为中国工业产业链向上延伸打下基础，拓展中国发展空间，同时在国内推动企业兼并重组，鼓励企业向上下游产业链延伸，以并购重组推动"去产能"对工业发展持续性最为有利。以"互联网＋"实业，推动三产融合，尤其是工业与服务业的融合，发展服务化制造业和生产型服务业。以"核心制造＋成套服务"的模式，实现从卖产品到卖服务的跨越，从而为中国装备制造企业闯出一条"智造"之路。发展新业态，可以从横向拓展我国工业的产业链，推动我国工业从规模经济发展型向范围经济型发展，有效化解过剩产能。

长期而言，供给侧结构性改革，需要在未来 5 年内更深层次地内外发力，抢占国际产业分工价值链制高点。面对即将到来的国际产业分工第四次格局变化，中国工业发展面临空前发展机遇，抢占国际产业分工价值链的制高点，中国工业"补短板"可以三条路径同时进行：一是传统制造业的智能化、制造环节补工业 3.0 和工业 4.0 的课；二是发展绿色产业和绿色金融，从国土整治、水源治理入手发展绿色产业，在全球日渐兴起的低碳经济发展浪潮中，从绿色制造到绿色金融的国际产业标准、国际贸易规则、金融体系方面营造国际合作良好环境；三是亚投行和丝路基金打出组合拳，积极输出人民币资本，在中亚国家发行人民币债券，输出人民币信用，牢牢掌握欧亚大陆 20 多亿人口的大市场。

二、政策牵引下的新旧动能转换

新旧动能转换是指培育新动能、改造旧动能。所谓新动能，是指新一轮科技革命和产业变革中形成的经济社会发展新动力，包括新技术、新产业、新业态和新模式。所谓旧动能，是指传统产业，包括采用传统生产经营方式的农业、工业和服务业。具体而言，新旧动能转换有三层含义：一是通过新动能的增量来对冲传统动能的减弱，加快培育新技术、新产业，找到新的经济增长点；二是通过大众创业万众创新、"互联网＋"等创造出新业态、新模式来改造传统动能；三是通过新动能创造的"战略纵深"为传统动能升级赢得空间。

目前我国经济发展进入新常态，创新驱动发展战略深入实施，大众创业、万众创新蓬勃兴起，诸多新产业、新业态蕴含巨大发展潜力，呈现技术更迭快、业态多元化、产业融合化、组织网络化、发展个性化、要素成果分享化等新特征。以技术创新为引领，以新技术、新产业、新业态、新模式为核心，以知识、技术、信息、数据等新生产要素为支撑的经济发展新动能正在形成。加快培育壮大新动能、改造提升传统动能是促进经济结构转型和实体经济升级的重要途径，也是推进供给侧结构性改革的重要着力点。

国家新旧动能转换具有政策引导背景，培育壮大新动能、促进新旧动能接续转换是贯彻落实新发展理念、全面建成小康社会的战略选择，也是推进供给侧结构性改革、加快产业转型升级的现实需要。"新旧动能转换"政策体系产生背景，一是消费和服务业将取代投资、出口成为拉动经济增长的主要动力。二是新经济对中国经济发展支撑力逐步提升。新旧动能转换既来自"无中生有"的新技术、新业态、新模式，也来自"有中出新"的传统产业改造升级。

由于新旧动能转换还没有足够的实践经验和政策供给，2017年3月6日两会期间，李克强总理参加山东代表团审议时指出，山东发展得益于动能转换，希望山东在国家发展中继续挑大梁，在新旧动能转换中继续打头阵。2018年2月13日，山东省在国务院批复的基础上，出台了《山东省新旧动能转换重大工程实施规划》，指出"把握全球科技革命和产业变革趋势，加快推动新技术异军突起、新产业培育壮大、新业态层出迭现、新模式蓬勃涌现，积极培育新的经济增长点，形成引领支撑经济发展的强大动能"。明确了山东新旧动能转换的主攻方向是产业智慧化、智慧产业化、跨界融合化、品牌高端化。

案例：山东新旧动能转换综合试验区

济南：山东省将济南市列为新旧动能转换示范先行区，实施济南新区和携河"北跨"等重大战略，并在章丘区设立济南新旧动能转换先行区管理委员会（筹），明水经济技术开发区管理委员会加挂济南新旧动能转换先行区管理委员会（筹）牌子，实行"一个机构两块牌子"的管理体制，仍为市政府派出机构，规格由正处级调整为正局级。

青岛崂山区：形成"一个目标"，实施"五大行动"，实现以"四新"促"四化"。"一个目标"即打造青岛高端产业创新发展引领区，创建国内一流的新旧动能转换示范区。在青岛中央创新区，重点构建"5＋1"产业体系，"5"就是打造智能制造、智慧产业、虚拟现实、生物医药、新能源新材料等五条百亿级战略性新兴产业链；"1"就是发展研发设计、人力资源、知识产权、检验检测等高端生产性服务业。

西海岸新区：建设十大工程。

存量变革工程包括组建家电电子、汽车、船舶海工、石油化工四个产业联盟，推动航运物流向高端物流业态转型，船舶海工向特种船舶、深远海装备转型，家电电子向电子核心产业转型，汽车制造向新能源汽车转型，机械装备向智能装备制造转型，打造千亿级产业链。

增量崛起工程包括重点培育大数据和信息技术、生命健康、新能源、新材料、旅游度假、国际会展等新兴产业。

特色壮大工程，着力发展港口贸易、海洋生物、军民融合、影视文化、跨境电商、高新农业等特色产业。提升12个特色小镇，在城区节点规划建设智慧、健康、电竞、文化、设计、金融等一批产业小镇。

品牌创建工程，将加大"琅琊榜"系列品牌推广力度，实施明星企业培育工程，培育100家明星企业。创新驱动工程，打造具有全球影响力的海洋科技创新中心，组建海工装备、海洋能等10大协同创新中心，建设10个国家级重点实验室、50个企业技术中心，突破100项重大技术，培育500家国家高新技术企业。

开放带动工程，促进前湾港区与董家口港区联动发展、向枢纽港转型，打造东北亚国际航运中心；依托青岛开发区、前湾保税港区、中德生态园等开放园区，复制国家自贸试验区经验；扩大影视、教育、医疗、金融等服务业重点领域开放。

人才支撑工程，加快引进建设中国科学院大学、复旦大学、中央美术学院、哈尔滨工程大学、清华大学等11所高校和10个世界一流国内领先科研院所。

园区引领工程，经济技术开发区加速建设转型区、打造国家级智能化园区，保税港区着力建设国际化的物流中心、自贸中心和大宗商品交易中心，董家口经济区着力建设第四代港口、国家循环经济示范区，中德生态园打造践行新发展理念的示范区，古镇口创建国家级军民融合创新示范区，灵山湾影视文化区建成东方影都、打造中国数都，国际旅游度假区打造黄金海岸、啤酒新城，海洋高新区建设海洋新兴产业园、打造中央活力区，现代农业示范区创建国家级农业高新区，交通商务区建设融综合交通、高端商务等功能于一体的国家级综合客运枢纽。

项目落地工程，将建立新旧动能转换重大项目库，突出抓好27个百亿级项目建设；统筹推进青连铁路、青岛至丝路大通道、第二条海底隧道、5条轨道交通项目等十余个重大基础设施项目建设。

软实力提升工程，建设大气洋气、时尚魅力新城区，打造活力之城、品质之城、绿色之城、智慧之城、人文之城；健全开放包容的市场环境、高效透明的政务环境、公平正义的法治环境、和谐稳定的社会环境，营造与国际接轨的营商环境。

目前新旧动能转换示范城市有广州、宁波、苏南城市群、珠江西岸城市群、成都、长株潭衡城市群、武汉、泉州、长春、沈阳、青岛、吴忠、湖州、郑洛新城市群、合肥、赣州等。

三、现状盘活下的新旧动能转换

在生态文明的大背景下，大规模建设的逻辑已经不成立，支持大规模建设的金融体制机制也不复存在，在这种情况下，更重要的是存量的运营和增量的创新，即围绕中心经济实现"增量崛起"与"存量变革"并举，把培育新兴产业、淘汰落后产能、改造传统产业结合起来，将有效投资和消费升级结合起来，转换产业驱动力，实现更高水平上供需结构的匹配优化。

新技术：以移动互联网、云计算、大数据、物联网、移动支付等现代信息技术的创新和应用为基础，其他相关新技术迅速向其靠拢，并集成了可植入技术、无人驾驶、3D打印、基因测序等一批颠覆性创新的技术体系。新技术具备可以推广或者实现替代的特点，且迅速能够形成市场力量、产生较为显著的经济效益和赋能效果。

新产业：运用新成果、新技术产生或延伸出一定规模的新型经济活动，具体有三种表现形式：一是新技术直接催生的新的产业；二是运用新成果、新技术改造提升传统产业，衍生出新的产业；三是将新的科技成果，信息推广应用，推动产业分化裂变、升级换代、跨界融合而衍生出新产业。如大数据产业、创意产业、智能制造产业等。

新业态：顺应多元化、多样化、个性化的产品或服务需求，依托技术创新和应用，从现有产业和领域衍生叠加出的新环节、新链条、新活动形态。具体表现为：一是以互联网为依托开展的经营活动；二是商业流程、服务模式或产品形态的创新；三是提供更加灵活、快捷的个性化服务，如分享经济、信息经济、生物经济、绿色经济、创意经济等。

新模式：以市场需求为中心，为实现用户价值和企业持续赢利目标，对企业经营的各种内外要素进行整合和重组，形成高效并具有独特竞争力的商业运行模式。它具体表现为三种形式：一是将互联网与产业创新融合；二是把硬件融入服务；三是提供生产、消费、娱乐、休闲等一站式全链服务。

案例：山东连城·济北智造小镇

位于济南新旧动能转换先行区内，其定位是打造集"智能制造、创意研发、服务配套、绿色生态"于一体的现代化城市工业综合体。积极实施创新驱动发展战略、推进大众创业、万众创新，承接一些产业转移、促进产业转型升级、科技成果转化，打造高新企业孵化、创新成长企业辅导基地，打造双创基地。

产品定位：搭建创新服务平台，着力发展"互联网＋"、智能制造、装备制造业、创意研发、总部经济，打造中小企业"梦工厂"平台，助力实体经济发展。

创新模式：主要包括打造"金融＋""科技＋""企业＋"特色园区，共享经济和配套服务；打造"金融＋""科技＋""企业＋"特色园区主要为"金融＋"入驻企业提供发展奖励基金和资金支持。连城济北智造小镇将专门设立产业基金，为企业提供服务。"科技＋"引入国家级院士创业创新孵化。"企业＋"为企业发展提供多种便利，助力企业"做大"。共享经济主要规划综合服务楼为整个产业园区提供综合配套服务，包括千人食堂、超市、医务中心、会议中心、创新孵化中心、信息中心、职工娱乐活动中心、图书馆、咖啡厅、办证服务中心、企业产品展览馆、路演中心、翻译、货代、物流等。配套服务主要配套住宅、幼儿园、精品酒店、甲级写字间、电影院＋、街区商业等，用市场行为聚焦低成本生产、生活、居住，让产业迅速集聚在一起，打造绿色生态宜城宜居特色小镇，实现产城融合。

四、官渡"创新驱动"新机遇

总体来看，官渡区目前最具代表性且发展较为成熟的第三产业为会展业、商贸业，未来也将作为官渡区的重点发展内容；官渡区目前的高端服务业总体水平较低，服务业以基础类的生活服务业和以农产品商贸物流为代表的生活服务业为主，金融业、总部经济等高端服务业项目较少，目前不足以支撑昆明城市新中心和现代服务业集聚区的职能，但未来的发展潜力和发展空间很大，也是官渡区实现跨越式发展的必然抓手；旅游业还未能通过充分挖掘地区文化和自然资源创造出旅游产品，结合未来发展愿景、人气的聚集，提供高端化、个性化、多元化的旅游服务还有很多领域等待发掘。

新旧动能转换在产业方面是产业创新升级，是供给侧结构改革的实现路径方式，在城市方面是战略驱动、国际视野、金融创新、政策红利示范。昆明在省会城市中属于欠发达城市，官渡作为支撑昆明区域性国际中心城市的核心节点，需要在参与国际分工体系、国际产能合作、新旧动能综合改革试点、存量产能升级及城市双修等方面争取先行先试的机会。

参与国际产业分工体系：构建面向南亚东南亚的总部基地、金融中心、会展中心、交易结算中心。随着昆明市的城市扩张和官渡区快速的城市化发展，目前辖区范围内的种植业、养殖业几乎均已腾退或迁出，仅有六甲街道、三个半岛及矣六街道南部区域的村庄仍存在第一产业生产。随着官渡区支撑昆明"区域性国际中心城市"新中心功能逐渐摆上议事日程，总部经济、金融业、会展业等要素集聚形态渐成趋势，将来的辐射力和影响力将扩展到南亚东南亚范围。国际产能合作主要是云电外送。依托昆明申报新旧动能综合改革试点，或以官渡区为主体按照战略驱动创新发展系统规划，形成官渡区新旧动能转换规划，并向上级申报争取获得先行先试的发展权。存量产能升级聚焦于铁路养护设备。城市的存量优化以城市双修对城市结构布局和"市经济"进行调整优化。

案例：城市双修、内涵发展推动新旧动能转换案例——杭州城市有机更新历程与实践总结

1. 杭州"城市双修"背景下的规划体系构建

总规引领层面：《杭州市城市总体规划》中指出，杭州现阶段的更新重点是在历史文化遗存保护和延续下的棚户区和城中村改造，并提出了具体的实施策略。在总规引领下，杭州以生态和城市为两大更新对象，制定了一系列专项规划、详细规划来引导实施。

专项指导层面：在生态修复方面，包含生态格局、生态环境和生态景观三个层次空间的更新修复。通过《杭州市城市总体规划》，开发边界实施规划，划定开发边界，提出具体实施方法，引导生态格局的保护和修复；一系列专项规划，推动水环境、大气环境、土壤环境等生态环境修复；编制"四边三化"专项规划，引导生态景观修复等。

详规实施层面：专项规划里针对城市不同类型空间的规划策略，最终还是落实到地区详细规划中指导实施。如城中村改造，在《杭州市区城中村改造规划技术导则》的基础上，区级层面制定"一区一规划"，一方面为区内各村改造提供思路，另一方面作为市级部门监督考核的依据；村级层面，面向工程建设，编制"一村一规划"。而历史街区保护规划、工业园区提升改造规划等，也要落实到控规调整中予以实施。此外，由分区为主体编制重点地区城市设计，深化城市更新中对城市生态、建筑形态、景观风貌的细节要求。

政策推动层面：杭州目前的有机更新政策同样集中于分类的政策引导。如涉及内容比较多的城市产业用地的更新政策、城中村改造规划技术导则、工业遗产建筑保护规划管理规定等，全市性针对城市有机更新全面系统的政策法规尚未推出。在产业用地更新政策上有较大创新，《杭州市推进"空间换地"实施"亩产倍增"规划管理意见》等创新型产业政策即提出以容积率指标提升倒逼转型的思路。

2. 杭州城市有机更新规划体系存在问题与优化思考

内涵优化：从现行杭州城市更新规划体系来看，更强调工作效能而相对忽视对上阶段城市工作成功经验的总结和批判继承，在城市更新的内涵上少有深化与突破。杭州应当对城市更新进行从个体到整体、物质到文化的内涵进行深化研究，丰富和扩大城市更新的理论基础。

手段优化：在更新手段的选择上，杭州需要更加慎重。一方面在一系列城市国际化大事件助推下，杭州需要采取拆除重建的方式来嵌入更高级别的城市功能；另一方面，随着杭州人口增长和用地扩张，大型制造业外溢搬迁和产业提升转型，非核心功能的外迁成为城市更新的内生动力。采取什么样的更新手段，才能在空间更新的同时做好社会结构、文化体系的修复与更新，延续城市文化传承，展现独特韵味，是新时期杭州城市更新面临的核心问题。杭州如何把握"大更新"和"微更新"之间的尺度选择，也有待于进一步深化。

保障优化：杭州对重要的分类工作，都设立了专门的管理机构，以多主体来推动多类型的更新。但统筹协调土地、财税、商贸、规划、房管等多部门，推动全市性城市更新工作的体制机制有待建立。一方面应当推动规土合一的城市更新机构的建立，另一方面应完善政策覆盖，把握容量、功能和产权的"更新三要素"，推出相应政策以促进政府、市场和社区的"三力合一"来驱动更新。

第八章　中国制造 2025 与分布式产业布局

制造业是国民经济的主体，是立国之本、兴国之器、强国之基。中国制造在国家综合国力提升中功不可没，但要看到，我们在国际产业分工中总体还处于中低端水平，在自主创新能力、资源利用效率、产业结构水平、信息化程度、质量效益等方面差距明显，转型升级和跨越发展的任务紧迫而艰巨。新形势下，新一轮科技革命和产业变革与我国加快转变经济发展方式形成历史性交会，国际产业分工格局正在重塑。

一、中国制造 2025 加速产业升级

我国经济发展进入新常态，资源环境和要素成本约束日益趋紧，经济发展环境发生重大变化。2014 年中央经济工作会议指出："我国经济正在向形态更高级、分工更复杂、结构更合理的阶段演化，经济发展进入新常态。"我国的经济发展已不再是总量扩张的过程，而主要是结构升级转型的过程，增速下降可能带来某些难以预料的挑战，这对我国制造业发展方式转变提出了紧迫要求。我国制造业传统竞争优势赖以保持的多种要素约束日益趋紧，已经使粗放式的发展道路越走越窄。经济发展新常态下，在原有比较优势逐步削弱、新的竞争优势尚未形成的新旧交替期，我国制造业必须加快转型升级步伐。

在短缺经济发展阶段，不断扩大产能满足已知需求是主要手段。但在

产能结构性过剩的发展阶段，需要供给侧对个性化、碎片化、高端化的有效需求加以引导，是发现需求创造需求的过程。中国制造2025推动制造业向智能制造转型升级，传统制造在技术上利用互联网实现新的工业革命，离散生产模式，所有这些都为满足个性化高端有效需求创造了条件，也为中心经济的实现提供了内在逻辑。

中国制造2025的目标是用三个十年的时间实现"迈入制造强国行列、制造业整体达到世界制造强国阵营中等水平、制造业大国地位更加巩固"阶段性目标。

新一代信息技术与制造技术融合，将给世界范围内的制造业带来深刻变革。当前，信息技术、新能源、新材料、生物技术等重要领域和前沿方向的革命性突破和交叉融合，正在引发新一轮产业变革，将对全球制造业产生颠覆性的影响，并改变全球制造业的发展格局。特别是新一代信息技术与制造业的深度融合，将促进制造模式、生产组织方式和产业形态的深刻变革，智能化、服务化成为制造业发展新趋势。当今，我国在相当一些领域与世界前沿科技的差距都处于历史最小时期，已经有能力并行跟进这一轮科技革命和产业变革，实现制造业的转型升级和创新发展。

全球产业格局重大调整，国际贸易规则正在重构，我国制造业发展面临严峻的外部形势。发达国家高端制造回流与中低收入国家争夺中低端制造转移同时发生，对我国形成"双向挤压"的严峻挑战。一方面，高端制造领域出现向发达国家"逆转移"的态势。制造业重新成为全球经济竞争的制高点，各国纷纷制定以重振制造业为核心的再工业化战略。总的来看，我国制造业正面临着发达国家"高端回流"和发展中国家"中低端分流"的双向挤压。

部分发达国家近年来发布的再工业战略，中国制造2025与德国工业4.0全面对接。2015年12月23日，国务院发布了关于《中德（沈阳）高端装备制造产业园建设方案》的批复文件。作为中国制造2025与德国工业4.0战略对接合作的重要载体，中德产业园成为国家批复的第一个以中德高端装备制造产业合作为主题的战略平台（表8-1）。

智能制造是中德高端装备制造产业园建设中的一个亮点。通过智能模拟和传感让企业更有指向性地从事个性化生产。智能制造绝不仅仅是工业化和自动化这么简单，智能制造是要给客户提供高附加值的服务。

部分发达国家战略内容与目标　　　　　　　　　　表 8-1

发布时间	战略名称	主要内容	战略目标
2011 年	美国先进制造业伙伴关系计划	创造高品质制造业工作机会以及对新兴技术进行投资	提高美国制造业全球竞争力
2012 年	美国先进制造业国家战略计划	围绕中小企业、劳动力、伙伴关系、联邦投资以及研发投资等提出五大目标和具体建议	促进美国先进制造业的发展
2013 年	美国制造业创新网络计划	计划建设由 45 个制造创新中心和一个协调性网络足额挂全国性创新网络，专注研究 3D 打印等有潜在革命性影响的关键制造技术	打造成世界先进技术和服务的区域中心，持续关注制造业技术创新，并将技术转化为面向市场的生产制造
2013 年	德国工业 4.0 战略实施建议	建设一个网络：信息物理系统网络。研究两大主题：智能工厂和智能生产。实现三项集成：横向集成、纵向集成与端对端的集成。实施八项保障计划	通过信息网络与物理生产系统的融合来改变当前的工业生产与服务模式，使德国成为先进智能制造技术的创造者和供应者
2014 年	日本制造业白皮书	重点发展机器人、下一代清洁能源汽车、再生医疗以及 3D 打印技术	重振国内制造业，复苏日本经济
2015 年	英国制造业 2050	推进服务＋再制造（以生产为中心的价值链）；致力于更快速、更敏锐地响应消费者需求，把握新的市场机遇，可持续发展，加大力度培养高素质劳动力	重振英国制造业，提升国际竞争力
2015 年	"新工业法国"战略	解决能源、数字革命和经济生活三大问题，确定 34 个优先发展的工业项目，如新一代高速列车、节能建筑、智能纺织等	通过创新重塑工业实力，使法国处于全球工业竞争力第一梯队

中国制造 2025 发展出现新趋势：一是智能制造成为"两化"深度融合主攻方向；二是智能机器人和高端装备制造业爆发式增长；三是工业互

联网发展拉开序幕；四是传统企业加快拥抱互联网新模式；五是工业大数据应用初步发展；六是制造业服务化步伐将进一步加快；七是多地探索协同高效制造业创新平台；八是越来越多的制造业将涉足跨境电子商务。

二、新时代分布式产业布局模式

中国制造 2025 是支撑供给侧结构改革和新旧动能转换的生产制造模式，也是全程供应链管理之后的新型产业运营模式。这种模式的创新为研发、设计、创意、生产、结算的空间分布式布局创造了条件，而且避免了中心经济在空间的高度集聚带来的城市病。我们所说的中心经济是空间分布式的中心经济，主要载体是要素的中心，平台的中心。中国制造 2025 的特征是研发、设计、创意、交易、结算、制造的分散布局与所有程序环节的系统集成的有机结合。基于这种制造模式创新，打造中心经济进而赋能并集成产业链环节整合技术才有了可能。

中国制造 2025 利用"互联网＋"思维重新优化配置资源，以新一代信息技术进一步释放生产力，最大限度挖掘资源潜力，引领运行方式和生产关系的变革。这种变革将生产与消费、企业与市场以及制造商、供应商、销售商、消费者等利益相关方互联互通，实现无缝连接，集聚交会产生新的动能，支持"互联网＋"衍生的个性化规模定制、共享经济、网络协同制造、众包众创研发设计、众投众筹资本运作等新产业、新模式、新业态，提升运营效率效能。

为适应目前个性化、碎片化消费需求增长的趋势，需要有新的产业模式能够在大规模定制的基础上，继续向个性化、小众化定制的产业模式发展。新经济的消费模式能够多大程度上得到满足，主要取决于现代智能制造技术的突破和区块链去中心化产业模式的创新。

分析分布式智能生产网络，需要先了解制造业迁移的历史，全球范围内出现过四次大规模的制造业迁移。第一次是 20 世纪初英国将部分"过剩产能"向美国转移；第二次是 20 世纪 50 年代，美国将钢铁、纺织等传统产业向日本、德国这些战败国转移；第三次是 20 世纪 60—70 年代，日本、德国向亚洲"四小龙"和部分拉美国家转移轻工、纺织等劳动密集型加工产业；第四次是 20 世纪 80 年代初，欧美日等发达国家和亚洲"四小龙"等新兴工业化国家，把劳动密集型产业和低技术高消耗产业向发展中国家转移，于是，30 多年来中国逐渐成为第三次世界产业转移的最大承接地和受益者。

目前，中国的产业升级和劳动力成本的升高，导致劳动密集型和低技术高消耗产业向南亚东南亚国家转移，中国在国际产业链的位置逐渐前移。在保证技术升级和制造产业规模的基础上，如何实现技术中心、生产园区、生产基地的有效关联，使制造的价值虚拟环节和实体部分不是通过物理空间的集聚而联系在一起，而是通过区块链、互联网形成新的产业组织模式。

市场 1.0 到市场 4.0 的发展，市场由自给自足、区域贸易、互联网全球经济到现在的碎片化经济，整个社会的生产正在从品牌驱动的规模经济向 IP 驱动的范围经济迁移，工业 4.0 框架下的数字制造设计正是应对这种变化的有效手段。分布式生产是目前产能和现代服务业在城市空间发展的层次逻辑，需要在分散的物理空间通过工业云将研发、设计、生产、制造、销售等环节数据打通，使串行生产模式向并行生产模式转变。工业云需要中心化的云服务、大规模的服务器集群和网络设备来支撑。区块链为代表的分布式技术，才是真正第四次工业革命的底层技术。

从目前生产环节的整合技术发展情况看，基本上是通过融合工业以太网技术、人工智能技术、3D 打印技术、产品全生命周期管理技术以及区块链技术，建立一种全新的分布式智能生产网络，给传统社会的生产模式带来颠覆性的变革。这将开创一个全新的扁平式、合作性的全球新工业市场，而非传统意义上的层级式、自上而下的企业结构。一个由数千万人组成的分布式制造网络代替了从设计到制造在内的所有环节，大幅降低产品的生产成本，从而使数以万计的个人与中小型生产商对传统上处于优势地位的大型生产者提出挑战。

分布式智能生产网络用工厂端"数字制造与设计"快速响应需求端创造的碎片化市场需求，以"市场4.0"倒逼"工业4.0"升级。在"品牌驱动的规模经济"向"IP驱动的范围经济"迁移的社会生产大趋势下，分布式智能生产网络将帮助互联网能够更好地对接工业以太网，解决工业生产的智能合约构建、价值流转和数据互信问题，以分布式智能生产方式让区块链技术真正融合于工业制造和社会生产，将会为实体经济的转型升级创造价值。

分布式产业布局本质是生产要素的物理空间离散与"互联网+产业"模式的关联集聚之间的有机结合。中国产业大迁移并没有发生在传统产业，而是发生在新兴产业。传统制造在出清过程中向低成本、高效率地区集聚。新兴制造向地理纵深发展的过程中，中西部核心二线城市群逐渐崛起。中国一线城市的最终产业发展形态可能类似于纽约和东京，成为一个服务型和消费型社会。同时中高端制造业（半导体、通信设备、电子元件）向地理纵深发展，不同程度地出现了从沿海向中部区域的核心城市迁移的特征。

全国产业布局及整体判断如表8-2所示。

全国产业布局及整体判断　　　　　　　　　　　表8-2

地区	产业现状	整体判断
东北	• 吉林的支柱是汽车（一汽）和建材（亚泰）。 • 辽宁的支柱是钢铁（鞍钢、本钢）。 • 黑龙江的支柱是电气（哈电）、制药（哈药）、汽配（哈飞）、航空（哈飞）	• 黑龙江的产业结构相对平衡，在动态发展上仍能保持原有优势。 • 吉林和辽宁的支柱产业的优势在迅速消失（辽宁的钢铁和石化、吉林的汽车和建材），高端制造和高端服务也没有发展出来
京津冀鲁	• 北京有全国最多的总部，中字头企业贡献了全北京上市公司的一半以上收入。拥有百度、网易、新浪、搜狐和各大互联网企业的北京，互联网软件与服务在其产业结构中排不进前十。北京的支柱就是金融，银行保险占了全北京上市公司收入的近1/4。	• 北京天津以服务业为主，河北山东以传统制造业为主。产业结构转型上，河北山东都降低了钢铁煤炭建材等高能耗重排放工业的比重。

新时代要素融合创新与中心经济发展

地区	产业现状	整体判断
京津冀鲁	·河北的支柱是钢铁（河北钢铁集团）、汽车制造（长城汽车）、房地产。 ·天津的支柱是海运、汽车零售、房地产、贸易、油服，这是典型的港口经济。 ·山东的支柱是家电（海尔、九阳）、工程机械与重卡（潍柴动力、中国重汽）、金属冶炼（山东宏桥、山东魏桥、山东黄金）、化工（基础化工、农用化工），5～10名还有造纸化肥煤炭	·河北承接了疏解北京"非首都功能"的任务，过去三年在基建和地产等大处着墨。 ·山东则微微转向了技术密集度相对较高的电子制造，但占比微乎其微
长三角	·浙江的支柱是贸易（物产中大）、互联网（阿里）、汽配（超威动力、均胜电子、宁波华翔、万向）、房地产（绿城）。 ·江苏的支柱是电子零售（苏宁）、贸易（远大控股）、半导体（阿特斯太阳能）、电气设备（宝胜股份、国电南瑞）。 ·上海的工业支柱只剩下汽车制造（上汽），传统的船舶钢铁等占比都不高，产业结构以房地产（绿地）、金融、健康、电信服务等第三产业为主	·长三角的优势是产业链的完备，重工、轻工、资源型、技术型、传统、新兴，各种产业在长三角都能找到
珠三角	·广东是中国制造的核心，也是房地产龙头最扎堆的地区。广东的支柱是房地产（万保招金恒碧富）、保险（平安）、家电（美的、格力、海信科龙）、通信设备、电子元件。综合来看，重工业在广东的占比很低，经济结构以电子电器制造和地产金融服务为主	·珠三角的优势是产业链集中在电子、通信、半导体等电子信息化产业
中部五省	·安徽的支柱是金属采矿（铜陵有色）、汽车制造（江淮汽车）、建材（海螺）、钢铁（马钢）等传统产业。 ·河南的支柱是食品加工（双汇）、铝（神火、中孚实业）、汽车制造（宇通客车）、煤炭（平煤股份）、金属非金属（豫光金铅、洛阳钼业）。 ·湖北的支柱是汽车制造（东风集团）、建筑工程（葛洲坝）、药品零售（九州通）、通信设备（烽火通信、闻泰科技）。 ·湖南的支柱是钢铁（华菱）、食品加工、电气（中车时代电气）、工程机械（三一重工）。 ·江西的绝对支柱是金属采矿（江西铜业、赣峰锂业），钢铁（新余钢铁）和汽车制造（江铃汽车）也占小部分份额	·中部地区表现出了产业结构同进同退的协同效应，绝对是中国经济的亮点：中部地区的汽车制造整体上升，电气部件与设备制造整体上升，电子元件制造整体上升，食品加工整体上升，航空物流与铁路运输整体上升，而钢铁、煤炭、化工、建材等传统资源型行业的占比整体下降

地区	产业现状	整体判断
中西部	• 陕西的支柱是航空航天国防（中航飞机）、煤炭（陕西煤业）、电气设备（西电）、金属非金属（金钼股份）、半导体（隆基股份）。 • 四川以农业和制造业为主，支柱是农产品（新希望）、消费电子（四川长虹）、工程机械（中铁工业）、电气设备（东方电气）、白酒（五粮液、泸州老窖）。 • 重庆作为直辖市，第三产业在中西部地区较为发达，主要产业既有汽车制造（长安汽车）、建筑工程（重庆建工），也有地产（金科股份）、百货（重庆百货）、银行（重庆农村商业银行）。 • 云南主要依托资源优势，支柱是金属和非金属采掘（铜、铝）、化肥（云天化）、中药（云南白药）等资源类产业。 • 贵州的支柱是白酒（贵州茅台）、房地产（中天金融）、中药（信邦制药），后进优势发展出了电子元件（振华科技）新支柱	• 过去三年中国大西南地区的房地产发展很快；云贵川三省的房地产收入占比提升排第一，重庆排第二。 • 中西部地区各省的发展方向并没有共性，陕西的方向是航空航天、半导体，四川的方向是消费电子、物流中心，重庆的方向是汽车制造、电子制造，云南的方向是医药、旅游，贵州的方向是大数据、云计算等电子信息产业。四川、陕西、重庆加速向第三产业转型，云南、贵州除了利用自身资源优势发展中药、白酒等产业，也加大了第三产业布局
能源大省	• 内蒙古，以煤炭为支柱产业，并依托能源优势发展了钢铁、基础化工、电力等产业。 • 山西作为能源大省，煤炭（山煤国际）是绝对支柱，钢铁（太钢不锈）、铁路运输（大秦铁路）、化肥化工（阳煤化工）也是主要产业	• 三个能源大省的煤炭、钢铁、建材等传统高耗能高排放行业的占比都有所下降，但工业发展半径主要还是以能源为核心的周边行业

121

第二篇　新时代、新机遇

三、官渡"产能置换"新机遇

官渡现代服务业的辐射范围在滇中新区、南亚东南亚，中国制造2025的现代制造业在离散制造 ERP 以及"研究中心—公共服务平台—生产基地"的布局逻辑下，使官渡的现代服务业与辐射范围的产业形成有机关联。官渡区应着眼于周边主要园区争取中国制造 2025 试点示范，加紧进行数字化、智能化配套，形成现代服务业创新园区为龙头，带动专业化骨干园区为支撑、特色卫星园区为基地的产业载体新体系，重构昆明市乃至滇中新区产业发展空间，推动数字经济和实体经济融合发展，打造国际科技创新、现代服务业创新中心。

第九章　城市规划迎来历史性变革

　　为解决现有各类规划自成体系、内容冲突、缺乏衔接等问题和痼疾，通过"多规合一"将国民经济和社会发展规划、城乡规划、土地利用规划、生态环境保护规划等多个规划融合到一个区域上，实现一个市县一本规划、一张蓝图。随着自然资源部的成立，城市规划迎来历史性变革，城市规划体系将进行重大调整，自然资源管理转向自然资源资产管理。将来的国土空间规划是指涉及国土空间合理布局和开发利用的规划，在社会主义市场经济体制下，国土空间规划是政府统筹安排区域空间开发、优化配置国土资源、调控经济社会发展的重要手段。

一、城市规划体系将进行重大调整

　　近年来，经济社会发展无论是从发展模式还是技术进步都呈现出颠覆性的发展态势，生态文明由以前的"虚置状态"提到了现在"前所未有"的高度。尤其是党的十九大提出了两个发展阶段及其发展目标的战略安排，创新、跨界、融合已经体现在国家和城市发展的各个方面。城市规划也在规划体系、规划方法和规划内容及规划深度等方面发生着深刻的变化。一是发展导向从 GDP 导向向"GDP ＋ GEP"导向转变，二是编制方法和规范从传统的分割管控式规划向以生态规划为前提的"多规合一"规划方法转变，三是城市发展的技术支撑手段向智慧城市、海绵城市、特色小镇、田园综合体、地下综合管廊、"城市双修"、"互联网＋"等更具体的载体和技术形态转变，四是项目形态和投融资模式向产城融合 PPP 模式转变。

目前的规划应该注重"规划系统集成逻辑－智慧生态理念技术融合－产城融合 PPP 投融资体制机制创新－规划与实施的有效衔接"之间的关联关系。

一是规划体系向"多规合一"转变。我国传统规划体制长期以来处于"纵向控制"有余、"横向衔接"不足的状态，使规划在操作层面难以协调，需要"多规合一"来系统统筹。"多规合一"是由理念融合与技术融合两部分组成，且理念融合应优先于技术融合。泛华创立的系统规划是具有"多规合一"思想的概念性规划，主要是争取国家战略节点、形成内生动力和自身造血机能、体制机制创新等方面对接国家战略红利，提升区域价值、形成资源整合能力、一体化综合运营能力和城市发展势能。而"多规合一"是概念性规划在项目化、数量化基础上系统协调方案，是在技术层面衔接各个规划和保证高效承载的纽带。我们目前的系统规划，是运用"多规合一"的思想划定三类空间，然后把产业、城镇化、基础设施、公共服务、生态保护落实到三类空间，形成经济社会发展任务与功能区和承载能力的有效关联，同时保证国土空间规划在协调城市和土地的基础上，使重大项目布局效率最大化。"多规合一"理念下的系统规划主要是要协调好规划期限的"长度"、空间尺度的"宽度"、规划内容的"高度"之间的关系。

二是系统规划包括战略、产业、空间、重大项目和投融资五大板块，并保证板块之间的协同一致性和相互依据性。系统规划的方法，首先是在基础调研基础上的战略定位和发展目标的确定，发展目标需要通过盘活存量和创新增量共同支撑，盘活存量和创新增量形成的项目需要与空间承载能力相匹配。承载力够的情况下是空间优化提高效率的过程，承载能力不够的情况下是基于市场研究调整"不同亩产"产业规模的过程，同时也是存量优化或减量优化的过程。然后通过结构化金融和产城融合 PPP 形成自身造血机能，针对规划出的重大项目形成投融资体制机制创新，保证项目落地。

三是多领域技术尤其是生态智慧等技术手段的有效融入。生态文明背景下的规划是"传统规划的生态化＋生态规划的前置化"，是生态理念和智慧技术在系统规划顶层设计层面中"融合""分层"，进而体现在"规划"和"实施"两个层面，循环经济、低碳经济、绿色经济、互联网技术、绿色建筑等要更多地融入产业增长极和空间增长极，发展的诉求、产业集群、空间承载能力、项目布局需要互为前提互为条件加以考虑。

四是系统规划深度要做到规划和方案能够二次转化的程度。做到宏观、中观、观"实"的程度，战略构想要有技术层面的支撑和国家战略及国家部委政策接口。

规划内容创新体现在以下方面：

一是战略驱动为城市发展构建战略机会。首先要准确把握党的十九大发展导向，围绕供给侧结构性改革、创新型国家建设、乡村振兴战略、区域协调发展战略、市场经济体制、全面开放等方面提出的新要求，准确把握区域发展格局及其发展趋势，找准国家战略和政策的下一个"风口"，通过规划条件的完善更多地进入各种国家试点体系来承载国家战略，提升区域价值和城市发展势能。通过创造区域"排他性"战略优势创造战略机会和投资价值，通过规划的资源要素配置功能争取与国家战略红利挂钩，研究形势政策的演变和角色创新的内生需求，并承接过去的努力和工作成果，在对发展格局和政策要求准确把握的基础上，通过战略破题、制度破题、产业破题和金融破题等不同破题方式突破发展瓶颈。

二是产城融合发展创新发展载体。产业规划要带着空间视角注重承载能力和布局规律的研究。通过产业集群构建产业增长极和产业生态圈，与空间选址集聚结合形成园区（开发区、高新技术区）、特色小镇、田园综合体等空间增长极，根据产业增长极和空间增长极发展的需要配套交通管网等基础设施和公共服务设施，再通过三类空间进行布局优化调整。

三是投融资体制机制创新形成自身造血机能和持续放大基础。基于目前大多数城市投融资平台缺位、信用单一、杠杆不足的实际，以及国家对政府债务和金融风险控制日趋严格的大背景，需要形成与城市战略发展相适应的结构性投融资体系，要淡化财政资金和政府信用在投融资过程中的作用，充分发挥企业投融资主体地位，分层打造一批既具有投资属性又具有金融服务属性的投融资平台，发挥政府和国有资本的主导作用，通过资本引导平台和结构化基金的搭建，按照产城融合 PPP 开发模式，投资一批有要素融合作用的平台和载体，并通过这些平台和载体沉淀资源、资产和资本，并有效剥离特许权、所有权、管理权、经营权，通过这些权益化的资本化入股相关的行业平台和企业机构，以投资、改组、兼并的方式布局增量投资机会、带动存量资产增值，整合潜力企业发展，撬动优势机构联合。

以前的规划之所以难以协调的主要原因还是规划体制问题，各种规划的主管部门不一致，基础资料和统计数据不一致，坐标系不一致，规划期限不一致，规划成果不一致，这些都导致规划落到操作层面无法实施或实施的成本放大。主体功能区规划侧重于规范空间开发秩序；土地利用总体规划侧重于保护有限的土地资源；城乡体系规划侧重于将城市放到更大的区域发展格局；环境保护规划则侧重于保护生态环境等等。国土空间规划体系的构建不仅要将各种"保护性要素"叠加形成"生态底线思维"，更应该坚持"以人为本"，建立"社会公平思维"以及"经济竞争思维"，对国土空间要素进行统筹规划，实现对资源的保护和合理利用，优化土地资源结构，充分发挥其利用价值，这样才能保证国土空间规划体系的实效性。国土空间规划作为各种规划的上位规划，具备了经济社会空间生态的综合属性。"多规合一"要在国土空间规划的引导下切实体现地方发展阶段特点和发展要求，着力消除城乡差距，创新城市发展内生动力，提高土地利用的集约性，改变"各管一块，互不兼容，影响实施"的规划工作局面。

顶层设计是系统思维下的城市战略规划。将来的规划既不是国土规划，也不是城乡规划，而是国土空间规划。国土空间规划在城市发展中起着战略引领和刚性控制的重要作用，做好系统性的战略规划，是任何一个城市发展的首要任务。随着党的十九大召开，国务院机构改革方案公布，成立自然资源部，体现了新时代下国家治理体系与思维逻辑转变，是2018年中央经济工作会议提出的我国经济已由高速增长阶段转向高质量发展阶段的内在要求体现，彰显了国家在发展上强调统筹、协同、统一、绿色的理念。城市发展的顶层设计尤其是从空间治理现代化的角度重新认识规划的作用，深化规划体制改革，创新规划理念，改进规划方法，把绿色低碳等理念融入城市规划全过程，增强规划的前瞻性、严肃性和连续性，通过"多规合一"实现一张蓝图干到底。坚持协调发展理念，从区域、城乡整体协调的高度确定城市定位、谋划城市发展。

顶层设计或战略规划作为统领性规划，在研究方法上主要是注重经济社会发展目标、产业发展支撑、空间承载能力之间的关联研究，使城镇化、产业、基础设施、公共服务、生态环境五大发展任务既能支撑发展目标，又能在空间承载能力范围内，规划编制的过程其实是产业结构、规模和空间承载能力、优化布局之间不断动态调整的过程，以保证规划的一致性和依据性。因此在这样的新时代背景下，作为城市供给的公共产品之一的城市规划，更应当从顶层设计入手，在系统思维下集成区域战略、产业和空间规划各系统，注重战略的指引和空间的承载，强调规划的实操性，有针对性地破解城市发展问题，整体谋划城市价值创新的发展路径，系统制定城市发展策略，实现城市内外部资源的有效整合，进而实现城市效率和资源价值的最大化。

顶层设计的综合引导属性要求规划的全过程需要有"多规合一"的系统支持。一是制作空间规划底图。收集梳理现状基础资料和统计数据，依据"国家技术导则（试行）"的具体要求，将空间数据统一落实到一个坐标系统（2000国家大地坐标系），制作空间规划底图，成为后续分析的基础底图。二是划分三类空间。基于空间规划底图，开展空间开发适宜性评价，对现状地表分区进行归类划分，同时参照现有规划成果，最终划出三类空间方案。在三类空间基础上，进一步划定农业和生态保护最小边界、城镇发展最大边界。三是确定发展定位和目标愿景。综合宏观发展背景和内部发展条件，构建发展定位模型，确定城市发展总体定位、发展思路和目标愿景。四是将定性描述的定位目标转化成定量化指标体系。将定性描述的发展定位、目标愿景转化成定量化的发展指标，形成一套指导城市发展的量化指标体系，用以管控城市发展建设各个环节。五是把指标体系落实成发展任务并在空间布局。将指导未来发展的指标体系落实成统筹各个领域发展的具体发展任务，并在三类空间中进行布局。六是梳理土地利用总体规划，主要梳理土地利用目标、结构调整与布局优化、土地用途管制和重大项目安排。七是"多规"差异比对分析，主要分析目标差异和空间布局差异。八是"多规"衔接与协调，构架一套规划体系，共享一套可靠的基础数据，遵循一套通用的技术标准，并联一套协同的信息平台。对目标进行整合优化，对空间差异进行处理，并对"多规"项目进行统筹。九是形成"多规合一"控制线方案，主要包括建设用地规模控制线、建设用地增长边界控制线、产业区块控制线、基本农田控制线、生态控制线，并对城乡规划和土地利用规划提出修改意见。

国土空间规划作为综合性和战略性规划，要有战略高度，体现宏观背景下对经济社会发展的要求。国土空间规划指标应结合发展环境和本地发展需求，体现中央的战略发展要求和部署，重点是对经济社会发展规划、土地利用规划、城市总体规划和环境保护规划的协同和完善。国土空间规划指标体系要体现规划的要求和特点，发挥经济社会发展规划对经济发展和社会民生方面的统领作用，突出土地利用总体规划对全域土地资源的保护、利用和管理，强化耕地和基本农田保护，严格控制建设用地和提高土地集约利用水平的要求。

二、昆明市全面启动"多规合一"工作

昆明市全面启动"多规合一"工作，既是国家治理体系改革的需要，

同时也是打造中心经济的全要素在空间的聚集方案，是在生态文明的背景下，自然资源要素重新配置的重要依据。昆明是国家首批"多规合一"试点城市，目前，此项工作已经全面启动。

2015年，昆明市委常委会审议通过《昆明市"多规合一"工作方案》，昆明全面启动"多规合一"工作，通过建立统一的空间规划体系"一张图"、统一的规划信息管理"一个平台"、多部门参与规划的"一个协调机制"，实现发改、规划、国土、环保、林业、文化、教育、体育、卫生、绿化、交通、市政、水利等各专业规划的"多规融合"，最终实现全市"一张蓝图干到底"。

《昆明市"多规合一"工作方案》的制定，明确了昆明市"多规合一"的具体工作内容。建立"三个一"基本体系，即建立统一的空间规划体系"一张图"、建立统一的规划信息管理"一个平台"、建立多部门参与规划的"一个协调机制"。整合规划，形成"一张图"，全面梳理"多规"内容，将"多规"所涉及的保护空间、用地边界、空间信息和建设项目等内容融合到"一张图"上，以实现发展目标、人口规模、建设用地指标、城乡增长边界、功能布局、土地开发强度"六统一"为目标，充分考虑环保、文化、教育、体育、卫生、农业、林业、园林、水务、交通、电力、消防、城市管理等部门的专业规划，进行图斑比对和方案优化，形成"多规合一"成果，最终在"一张图"中划定基本生态控制线（含基本农田保护控制线）、城乡建设用地规模控制线和城市增长边界控制线"三线"，形成完整的空间规划控制线体系。

昆明"多规合一"工作将按照前期准备、全面推进、实施应用和总结推广四个阶段开展。昆明市"多规合一"工作将分两期实施。第一期在滇池流域地区（包括五华、盘龙、西山、官渡、呈贡、晋宁六县区和高新、经开、度假区范围，不含官渡大板桥办事处和呈贡七甸办事处范围）开展，石林县列为全省"多规合一"工作试点；第二期在其他各县（区）、管委会（包括宜良县、禄劝县、富民县、寻甸县、东川区、阳宗海管委会和倘甸"两区"管委会等，不包括嵩明县和安宁市）开展。各县区及市域内滇中新区托管区的"多规合一"工作完成后，成果统一纳入全市"多规合一"信息平台。

昆明市还成立"多规合一"工作领导小组，统筹和指导全市"多规合一"工作的开展。同时，加强部门联动，建立"一个协调机制"，建立"多规合一"部门协同工作流程，消除"多规"编制和管理过程中的矛盾；制定"多规合一"控制线管理规章，明确管理主体、管控规则、修改条件和程序，强化规划的严肃性和权威性；形成"多规合一"信息平台动态更新和维护工作机制。

《昆明市"多规合一"工作方案》要求各县（区）和有关部门把"多规合一"工作作为推进新型城镇化、拓展城市发展空间、落实项目落地和加快昆明跨越式发展的一项重要工作，制定工作方案，扎实推进工作。

三、官渡"规划集成"新机遇

官渡区历来是昆明市县域经济发展的排头兵，是全省首个 GDP 突破千亿的县级单位，各种属性经济体众多而活跃，培育了大量的专业市场，成为新的经济增长点。但从长远发展来看，面临严峻的竞争，为进一步明确官渡区发展战略及产业发展方向，盘活现有资源和设施，推动产业项目落地，指导控制性详细规划开展修编，引导老旧小区更新改造，官渡区政府聘请泛华集团编制涵盖"战略、产业、空间、重大项目、投融资"等"五位一体"的《官渡区战略驱动及创新发展系统规划》，各项子规划的具体内涵如下：

战略规划：也是区域顶层设计，解决的是目标区域适合承载何种国家战略、创造或引入何种政策红利、区域战略定位和发展趋势、未来投资方向和投资愿景等问题。通过战略规划为政府、投资人明确未来预期，打造区域投资价值"高地"。具体内容包括：战略定位、战略目标、战略方案和机制体制设计建议。

产业规划：研究区域的特色禀赋和产业基础，形成产业比较优势，打造要素集聚的动力源，结合政策引导、市场需求、科技前沿趋势等因素选择和明确适合目标区域发展的产业，打造具有差异化竞争力和内生增长动力的产业生态体系和区域产业发展路径。合理构建产业功能区，进行业态组合，为产业载体（厂房、楼宇）提供有市场前景和核心竞争优势的产业内容和产业集聚策略建议。具体内容包括：产业定位、产业生态体系（产业结构）、功能区的业态组合、招商方向和政策。

空间规划：是概念性规划，研究规划区域的空间机理和发展走向，在统筹区域内外协调发展和优化空间格局的基础上，将产业功能区、产业重大项目合理布局在有限的空间上，力求实现土地价值最大化和可持续利用，为产业功能和业态布局配套的基础设施和公益设施，打造产业集聚区。根据产业发展战略制定空间投资开发或优化时序，形成统一"作战蓝图"。空间概念性规划是城市总规和重点片区控制性规划的上位规划，将有效指导这些法定规划按照区域经济发展战略制定，增强可操作性和历史延续性。主要内容包括：空间土地利用及出地效率、产业功能和重大项目的空间布局、建设开发时序。

重大项目规划：根据产业的空间布局和配套的基础设施及空间开发时序，策划包装产业类、基础设施类和公益设施类大项目，形成大项目池，为战略落地实施提供重要抓手，撬动区域投资开发建设，形成区域投资热点。主要内容包括：重大项目的孵化、包装，项目投资方向、规模和时序。

投融资规划：结合政府信用、市场信用，构建投资运营主体，设计投资主体和交易结构。以战略预期牵引，以重大项目为抓手，集聚多方资金，设计投融资方案，打造可持续的投资—回报现金流，形成规划区域投资开发的投资发展计划和商业技术书。主要内容包括：投资主体设计，投资主体的运营模式、盈利模式设计，具体项目的投融资现金流和投融资方案设计，风险防范措施建议。

官渡区顶层设计编制技术路线图如图 9-1 所示。

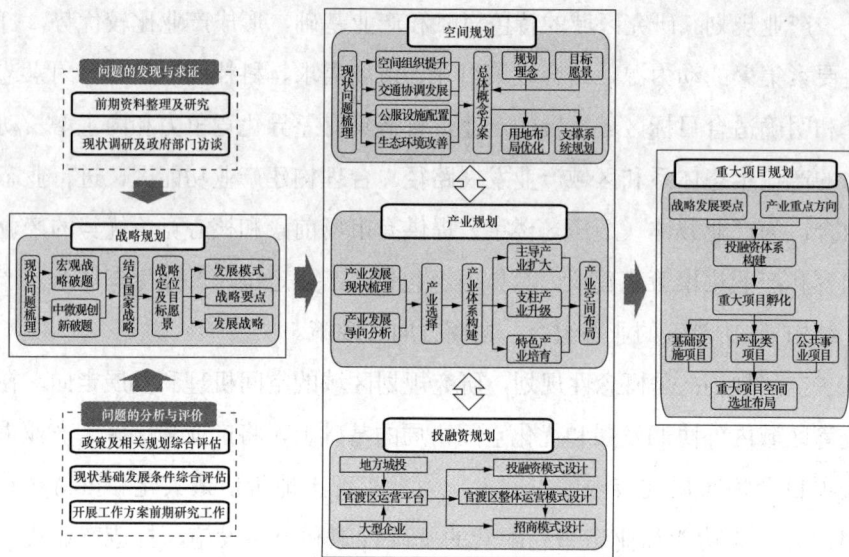

图 9-1　官渡区顶层设计编制技术路线图

第三篇
破译"中心经济"

　　通过全域思维和平台思维来解读何为"中心经济"。首先，梳理当前经济社会发展中哪些产业、功能、业态、要素等属于"中心经济"发展范畴；其次，基于"中心经济"的发展内涵，总结提炼出其对区域经济和城市发展的特征和价值，最终在未来城市转型当中，"中心经济"通过构建聚集力模型和辐射力模型来增强自身综合竞争力，全面提升城市发展的效益、效能和效率。

第十章 "中心经济"的逻辑

中心经济的主要作用是集聚和辐射。集聚和辐射是中心和周边区域发展时序和要素流动机制的动态辩证发展过程。聚集力形成竞争力，辐射力形成影响力，中心经济需要通过聚集力和辐射力的打造，提升区域增长极和腹地的经济结构相互带动支撑关系。城市作为不同层级区域要素、资源、功能的主要载体，通过集聚形成规模化产业集群、科技研发能力、便捷的交通体系、现代服务业市场体系，辐射带动周边区域技术升级基础上的产业转移及分布式产业布局，形成产业梯度，在这个过程中伴随着信息技术传播、管理技术、人才扩散以及资本输出等生产要素的辐射。

中心经济主要包括三个方面内涵：一是经济空间上的主导产业（关键产业），通过放大规模体量进而形成增长极核，吸引周围其他经济活动向其集中，并带动其他产业的发展，最终实现整个区域的经济增长。二是新兴产业的集聚，面向新时代的大数据、大健康、大旅游、大文创、大结算等新兴产业，构筑优势产业集群实现中心经济效益。三是空间集聚中心，产业新城（科技园、开发区、高新区）、特色小镇、田园综合体等是新时代城市发展和县域经济发展的新型载体。在经济新常态下，作为经济、产业、人口主要载体，特色小镇、产业新城也将成为中国新时期经济发展的增长极。以上三个方面通过各类要素融合，形成多个要素中心，构筑产业集群，根据增长极效应发展形成规模，逐步发展为多个园区，不同产业集群间相互关联支撑、协同互促，共同又形成一个大的增长极（图 10-1）。

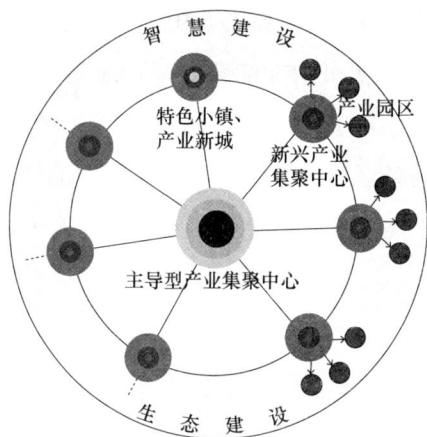

图 10-1　中心经济模式图解

中心经济是在增长极的理论基础之上，伴随新时代带来的新经济、新业态，以及城市发展建设中面临的新问题，提出的一种新的经济发展模式。新时代诞生的中心经济包括各种集聚中心，各个中心通过多种要素融合（人才、科技、资金、金融、土地等）构建产业集群，以带动经济发展。中心经济的物质载体多表现为基地、园区、产业新城等新时代背景下的物质存在空间，即通过产业集群进一步的聚集效应不断扩大规模，最终形成基地化、园区化的发展过程，这个发展过程始终伴随着智慧化、生态化的现代建设方式。

中心经济辐射作用的路径是：①提高城市经济实力和技术实力；②建立区域市场机制体系；③建立大交通体系；④搭建交流信息平台；⑤加强区域金融合作。

产业集群化、集群基地化、基地园区化路径如图 10-2 所示。

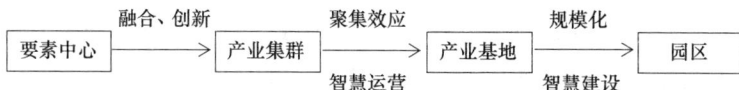

图 10-2　产业集群化、集群基地化、基地园区化路径

中心经济建立在县域、市域、省内、国家甚至是国际生产要素聚集、商务信息汇聚、交通运输枢纽的基础上，是一定范围内的经济、政治、社

会、文化、交流以及区域辐射的中心。中心经济通过政策开放、现代要素集聚、特色产业导入、城市功能配套等某个或是多个核心驱动，集聚制度、城市品牌、科技、人才、金融、生态、信息、土地等要素，形成核心圈层的经济形态，具备区域范围内甚至是国际上的经济组织和配置功能，形成政策高地、产业集聚区、高端发展区，增强城市发展的聚集力和辐射力（图10-3）。

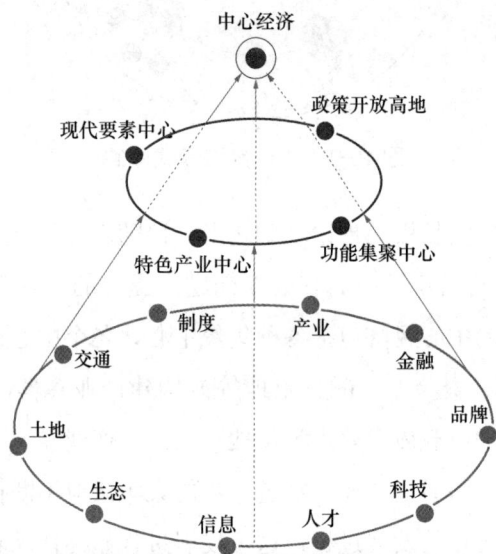

图 10-3　中心经济集聚力建构模型

　　中心经济发展形成的过程，伴随着产业、金融、科技、人才、信息、交通、土地、生态、制度、品牌等要素的输入和集聚，通过集聚和整合相关要素资源，形成城市的现代要素中心、特色产业中心、功能集聚中心、政策开放高地等发展动力引擎，最终由单个或是多个中心集聚发展成为中心经济形态。要素资源的集聚融合促进了中心经济的发展壮大，产生要素集聚的乘数效应反作用于中心经济发展，产生二次要素集聚，吸引更多、更高质量的各类要素集聚。要素集聚与中心经济发展具有双向作用，新要素的不断集聚和增加，在集成的基础上创新又会形成新的要素，从而促进中心经济的持续发展（图10-4）。

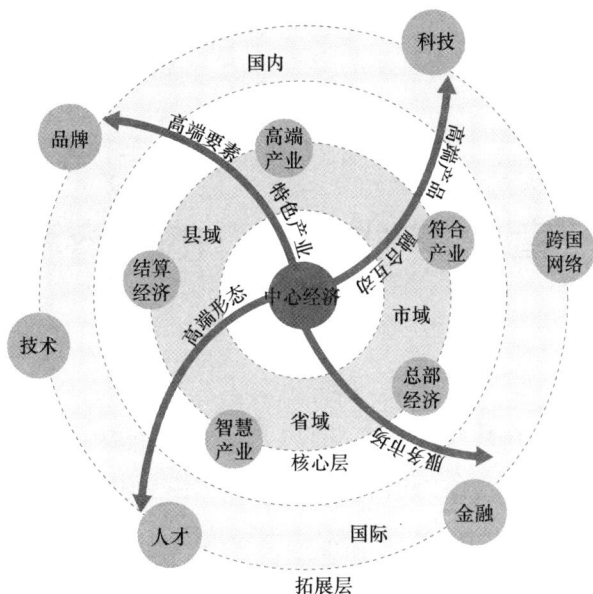

图 10-4　中心经济辐射力辐射模型

中心经济在自身不断创新发展的过程中增强聚集力，同时聚集力达到一定的能级后便会对外辐射，形成中心经济辐射能力。中心经济具有明显的经济外部性，由于其自身强大的集聚能力和明确的中心定位，对周边县域、市域、省域等空间范围内，通过特色产业、高端业态等进行有效的辐射，借助中心经济的核心能力通过高端产业、结算经济、智慧产业、复合产业、总部经济等对其赋能。同时，发展到某种程度的中心经济对国内甚至是国际都具有一定的辐射能力，其依托技术、人才、金融、科技、跨国网络、品牌等高端要素、服务市场、高端产品等核心要素，产生广泛和深远的辐射影响力。高端要素具有更强的流动性，因此集聚更多高端要素的中心经济具有较强的辐射力是中心经济的自身属性。

第三篇　破译『中心经济』

第十一章 "中心经济"的内容和分类

中心经济建立在县域、市域、省内、国家甚至是国际生产要素聚集、商务信息汇聚、交通运输枢纽的基础上，是一定范围内的经济、政治、社会、文化、交流以及区域辐射的中心。下面从国家九大国家中心城市的功能定位分析中心经济的价值功能。国家中心城市是国家战略、国家意志的体现，肩负国家带动和辐射一方经济发展的重要使命，区域中心城市在承担国家经济、政治、社会、文化、国际交往、区域辐射等领域承担国家战略职能，具有全国性重要影响。一方面，区域中心城市是城市群、一定地域范围内的中心城市；另一方面，区域中心城市则依托其所处的经济区、城市群，集中对区域内生产力布局和城市功能调整产生影响，具备较强的集聚扩散、服务、创新等职能，区域中心城市承载的一定是中心经济，是中心经济项目化和空间化载体。

全国九大国家中心城市定位如表 11-1 所示。

全国九大国家中心城市定位   表 11-1

城市	定位
北京	首都，全国政治中心、文化中心、国际交往中心、科技创新中心，世界级城市
上海	国际经济、金融、贸易、航运中心和国际大都市
天津	中国北方经济中心、环渤海地区经济中心、中国北方国际航运中心、中国北方国际物流中心、国际港口城市和生态城市
广州	国家历史文化名城，重要的中心城市、国家商贸中心和综合交通枢纽、综合性门户城市和区域文化教育中心

城市	定位
重庆	西部开发开放战略支撑和长江经济带西部中心枢纽载体，长江上游地区经济中心、金融中心、对外交往中心和综合交通枢纽
成都	西部地区重要的经济中心、科技中心、文创中心、对外交往中心和综合交通枢纽
武汉	国家历史文化名城，中部地区中心城市，国家重要工业基地、科教基地和综合交通枢纽
郑州	国家历史文化名城，中部地区重要的中心城市，国家重要的综合交通枢纽
西安	西部地区重要的经济中心、对外交往中心、丝路科创中心、丝路文化高地、内陆开放高地、国家综合交通枢纽

资料来源：根据网上信息整理。

从九大国家中心城市核心功能看，北京定位为政治中心、文化中心、国际交往中心、科技创新中心，上海定位为国际经济中心、金融中心、贸易中心、航运中心，天津定位为中国北方经济中心、环渤海地区经济中心、中国北方国际航运中心、中国北方国际物流中心，广州定位为重要的中心城市、国家商贸中心、全国综合交通枢纽、区域文化教育中心，重庆定位为长江上游地区经济中心、金融中心、对外交往中心、综合交通枢纽，成都定位为西部地区重要的经济中心、科技中心、文创中心、对外交往中心和综合交通枢纽，西安定位为西部地区重要的经济中心、对外交往中心、丝路中心。

九大中心城市均试图从政策、文化、科技、金融、交通枢纽等领域，打造国家级别区域中心，发展中心经济。下面我们从政策开放、现代要素、特色产业、功能集聚四个维度，阐述中心经济的分类和主要内容，全景展现中心经济。

一、政策开放高地

通过省市层面、国家层面等不同层级的政策导入，实行先行先试，在区域起到引领示范作用，以政策红利集聚发展要素，成为区域战略高地，打造出有别于其他地区的政策开放高地，构建出"政策中心"驱动的中心经济发展模式，以政策作为驱动力和突破口，实现与其他地区的差异化发展，打造出全新的中心经济形态，如保税中心、跨境合作中心、示范中心、试验区、内陆港、综合保税区、经济特区、开放城市、自贸区等（图11-1）。

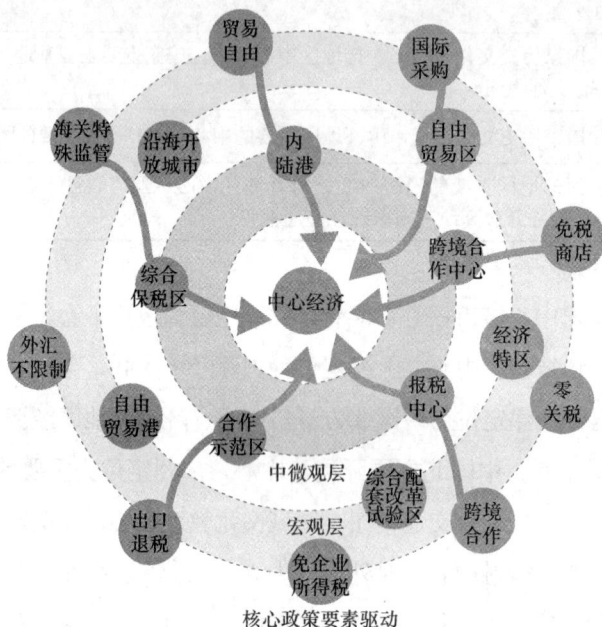

图11-1　政策集聚主导型中心经济发展模式

（一）中微观层面

从中微观层面看，通过划定一定的特殊区域，在税收、监管、企业工商管理、甚至是一些大的法律法规方面，都给予一定的特殊政策，与其他区域实行差异化的对待，对特殊区域内的口岸、物流、加工、国际中转、贸易、国际采购、分销和配送、研发、仓储等领域实施特殊的政策倾斜，利于集中优势要素资源打造新的发展高地，形成新的增长极。中微观层面政策开放高地主要包括保税中心、跨境合作中心（合作区）、内陆港、综合保税区等。

代表性的中微观层面政策开放高地见表 11-2。

代表性的中微观层面政策开放高地　　　　　　　　　　表 11-2

综合保税区	目前全国已有超过 50 个综合保税区（包括保税区分区）。代表性保税区包括山西太原武宿综合保税区、四川成都保税区、北京天竺保税区、浙江宁波保税区、重庆西永保税区、陕西西安保税区、天津保税区、新疆保税区、上海外高桥保税区、内蒙古赤峰保税区、江苏苏州工业园综合保税港区、湖北武汉保税区、海南海口保税区、浙江舟山港保税区、黑龙江绥芬河保税区、江苏南通保税区、广西保税港区、辽宁大连保税区、广东深圳福田保税区、贵州贵阳综合保税区、广东深圳沙头角保税区、广西凭祥保税区、广东深圳盐田港保税区、河南郑州新郑综合保税区、广东汕头保税区、河南焦作孟州德众保税区、山东青岛保税区、河南南阳卧龙综合保税区、山东烟台保税区、江西赣州综合保税区、潍坊综合保税区等
内陆港	西安国际港务区（国内最早建立、最大国际内陆港）、石家庄内陆港、青岛港沂南内陆港、邯郸国际陆港
跨境合作中心（合作区）	中俄绥芬河－波格拉尼奇内贸易综合体、中哈霍尔果斯国际边境合作中心、中越凭祥—同登跨境经济合作区、中国东兴—越南芒街跨境经济合作区
保税中心	截至目前，全国税物流中心超过 50 个。代表性税物流中心包括：苏州工业园区保税物流中心、苏州高新保税物流中心、南京龙潭保税物流中心、北京空港保税物流中心、天津经济技术开发区保税物流中心、上海西北物流园区保税物流中心、东莞保税物流中心、中山保税物流中心、广州空港保税物流中心、江阴保税物流中心、太仓保税物流中心、杭州保税物流中心、青岛保税物流中心、日照保税物流中心、厦门火炬保税物流中心、营口港保税物流中心、西安保税物流中心、成都保税物流中心、长沙金霞保税物流中心、南昌保税物流中心、山西方略保税物流中心、武汉东西湖保税物流中心、南宁保税物流中心、盘锦保税物流中心、波栎社保税物流中心、连云港保税物流中心、深圳机场保税物流中心等

综合保税区：综合保税区是国内目前开放层次较高、优惠政策多、功能齐全、手续简化的特殊的海关特殊监管开放区域，由海关参照有关规定对综合保税区进行管理，执行保税港区的税收和外汇政策集保税区、出口加工区、保税物流区、港口的功能于一身，可以发展国际中转、配送、采购、转口贸易和出口加工等业务。海关对保税区实行封闭管理，境外货物进入保税区，实行保税管理；境内其他地区货物进入保税区，视同出境；同时，外经贸、外汇管理部门也对保税区实行相对优惠的政策。企业在综合保税区开展口岸作业业务，海关、商检等部门在园区内查验货物后，可在任何口岸（海港或空港）转关出口，无须再开箱查验。

保税物流中心：保税物流中心是由海关监管，其具备口岸功能，分A型和B型两种。A型保税物流中心经海关批准，由中国境内企业法人经营，专门从事保税仓储物流业务的海关监管场所；B型保税物流中心经海关批准，由中国境内一家企业法人经营，可有多家企业进入并从事保税仓储物流业务。

跨境经济合作中心（合作区）：中国跨境经济合作区主要以东北边境地区与东北亚国家，西北边境地区与中亚五国，西南边境地区与东南亚开展的跨境经济合作为主。在双边经贸合作的探索中，基本上遵循了一条"边境经济合作区→边民互市贸易区→跨境经济合作区"的发展路径，以突破国家边界效应影响。

内陆港：内陆港一般设在内陆经济中心城市铁路、公路交会处，便于货物装卸、暂存的车站，依照有关国内运输法规、条约和惯例设立，也是沿海港口在内陆经济中心城市的支线港口和现代物流的操作平台，为内陆地区经济发展提供方便快捷的国内港口服务。

案例：霍尔果斯边境合作中心

1. 边境合作中心概况

中心管控面积 5.28km^2，其中中方区域 3.43km^2，哈方区域 1.85km^2。主要功能包括贸易洽谈、商品展示和销售、仓储运输、宾馆饭店、商业服务设施、金融服务、举办各类区域性国际经贸洽谈会等。实行封闭式管理，中哈双方共同运营，免签证合法停留 30 天的管理模式。

2. 税收政策——政策集聚

（1）在先封闭后进行基础设施建设的前提下，对由中方境内进入中心的基础设施（公共基础设施除外）建设物资和区内设施自用设备，视同出口，实行退税。

（2）对由哈方进入中心中方区域的基础设施（公共基础设施除外）建设物资和区内设施自用设施免征关税及进出口增值税。由中心进入境内的货物按一般贸易税收管理规定办理。

（3）对旅客每人每日一次携带物品免税额提高到 8000 元人民币。

（4）企业所得税：五年内全免，免税期满可再减五年。

（5）财政奖励：增值税、企业所得税及附加税等最高享地方提留50%的奖励企业。

（6）个人所得税：地方留存部分返还90%。

（7）其他奖励：信息科技类企业固定资产投资总额5000万元以上，给予50元/m²补贴；高新技术产业投入设备成本，返还总投入1%财政补贴；总部经济类企业最高享500万元办公用房补贴。鼓励类十大产业：金融服务业、影视、文化传媒、信息科技产业、旅游业、专业服务业、农副产品深加工、新型建材加工、节能环保产业、生物制药类、进口资源深加工。

3. 开放成效

形成中国西部最大免税购物区、西部影视产业新中心：目前中哈霍尔果斯国际边境合作中心已进驻免税店超过45家。日均人流在2万左右，日均采购量超500万元人民币，成为中国西部最大免税购物区。截至目前，影视传媒企业已经超过了7000家，形成了国内规模较大的影视传媒产业集群。

（二）宏观层面

宏观层面，国家通过实施深化改革开放等战略，打造了一批不同层次的对外开放合作的平台，包括开放城市、经济特区、自由贸易区、国家综合配套改革试验区等，通过对大区域范围内的政策导入，以集聚税收、财政、土地使用、外汇管制、工商管理等诸多的便利优惠政策，打造出具有发展优势的区域发展体系，形成区域发展新动能。

代表性的宏观层面政策开放高地如表11-3所示。

代表性的宏观层面政策开放高地　　　　　　　　　　表11-3

沿海开放城市	大连、秦皇岛、天津、烟台、青岛、连云港、南通、上海、宁波、温州、福州、广州、湛江、北海
经济特区	深圳、珠海、汕头、厦门
国家综合配套改革试验区	包括各类综合型、专项型改革试验区，代表性试验区包括上海浦东新区、天津滨海新区、黑龙江省的两大平原国家综合配套改革试验区、浙江省温州市金融试验区、广东省珠江三角洲金融试验区、广西北部湾经济区

自由贸易区（港）	中国（上海）自由贸易试验区、中国（广东）自由贸易试验区、中国（天津）自由贸易试验区、中国（福建）自由贸易试验区、中国（辽宁）自由贸易试验区、中国（浙江）自由贸易试验区、中国（河南）自由贸易试验区、中国（湖北）自由贸易试验区、中国（重庆）自由贸易试验区、中国（四川）自由贸易试验区、中国（陕西）自由贸易试验区
其他各类示范区	中关村国家自主创新示范区、北戴河生命健康产业创新示范区、古镇口军民融合创新示范区、北京市房山区国家现代农业示范区、辽宁中部（沈阳－鞍山－抚顺）老工业城市和资源型城市产业转型升级示范区、延庆县国家级生态示范区、丰台产城融合示范区（中关村丰台园西区）国家级产城融合示范区、国家级海洋牧场示范区、"中国制造2025"国家级示范区

经济特区：经济特区在改革开放过程中发挥了重要的作用，其是改革开放初期国内对外的重要窗口，在体制改革中发挥"试验田"作用，在自主创新中发挥重要的排头兵作用，在现代化建设中发挥"示范区"作用。经济特区通过先行先试，发挥政策的特殊作用，在利用外资引进技术，提高产品质量，增强产品竞争力；利用外商销售渠道，适应国际市场需要和惯例，从而扩大出口，增加外汇收入；引进先进技术，了解世界经济信息；学习现代经营管理经验，培训管理人才等诸多方面取得了卓有成效的成就。

沿海开放城市：沿海开放城市普遍交通方便，工业基础较好，技术水平和管理水平比较高，科研文教事业比较发达，既有开展对外贸易的经验，又有进行对内协作的网络。其政策支持主要有放宽利用外资建设项目的审批权限；积极支持利用外资、引进先进技术改造老企业；对中外合资、合作经营及外商独资企业，给予优惠待遇；增加外汇使用额度和外汇贷款等。

自由贸易区（港）：全球目前拥有600多个自贸港，世界著名的自由贸易港有香港、纽约、新加坡、亚丁、贝鲁特、汉堡、巴拿马、迪拜等20多个。首先，自由贸港的精髓在于打破和取消很多限制，实行最大化的开放政策。自由贸易区（港）开放范围大，新加坡、中国香港和迪拜全境实行自由贸易政策，整个城市兼具转口贸易、出口加工、金融、商业、旅游等多种功能，外商可以自由居留和从事有关业务，所有居民和旅客均享受关税优惠；其次，贸易自由度高。香港除为履行国际义务及维护安全外，不对进出口商品的种类、价格、贸易主体身份进行管制，对一般商品不征收关税，没有主动的进出口配额；再次，开放领域广。几乎所有投资领域均允许私人和外来投资者参与，资本项目完全开放，国际贸易可以使用任何货币进行结算，国际航运进出不受海关限制。最后，税负水平低，爱尔兰香农自由贸易港企业所得税率为12.5%，有不少国际自贸区（港）关税甚至是有一定的免税期。

案例1：迪拜杰贝阿里自由区

1. 概况

杰贝阿里自由区（JAFZA）位于迪拜市西南50km处，总面积达48km^2，是中东地区最大的自由区。自由区注册企业营业额年均增长34%，对迪拜GDP贡献率达25%，占迪拜出口总额50%。自由区2000年后开始吸引大量企业入驻，企业数量从2001年的1521家增长至2010年的6576家，年均增长17.7%。至2011年底，企业数量已达到7000多家。世界财富500强企业有150家落户自由区。2016年贸易总额802亿美元。

2. 税收政策——政策集聚

自由区企业可拥有100%的所有权，无须当地保人，并可免交公司所得税和个人所得税。企业生产所需的原材料和设备免税进口，货物转口零关税。企业雇工没有当地用工限制。自由区无外汇管制措施，对园区企业利润和资本的调拨回国不加限制。

案例2：海南自贸区

1. 概况

2018年4月国家确定建设海南自由贸易试验区和海南中国特色自由贸易港，提出在海南全境建设自由贸易试验区。

2. 政策系统集成支持

实施更加开放便利的离岛免税购物政策，支持海南开通跨国邮轮旅游航线，落实完善博鳌乐城国际医疗旅游先行区政策，允许外资在海南省内经批准的文化旅游产业集聚区设立演出场所经营单位，探索发展竞猜型体育彩票和大型国际赛事即开彩票。

二、现代要素中心

现代要素中心是区域内交通、信息、科技、教育、文化、医疗、制度、品牌等要素资源高度集聚的区域。城市通过组织经济活动和配置资源，打造平台和项目，集聚现代生产要素，打造形成区域内科教中心、文化中心、创新中心、文创中心、医疗中心、信息中心、交易中心、结算中心等中心经济形态，形成现代要素中心。城市经济的本质是各种要素的集聚，现代要素集聚是经济活动主体在空间距离上的接近而产生的成本节约，现代要素集聚形成现代要素中心是现代城市发展的必然结果（图11-2）。

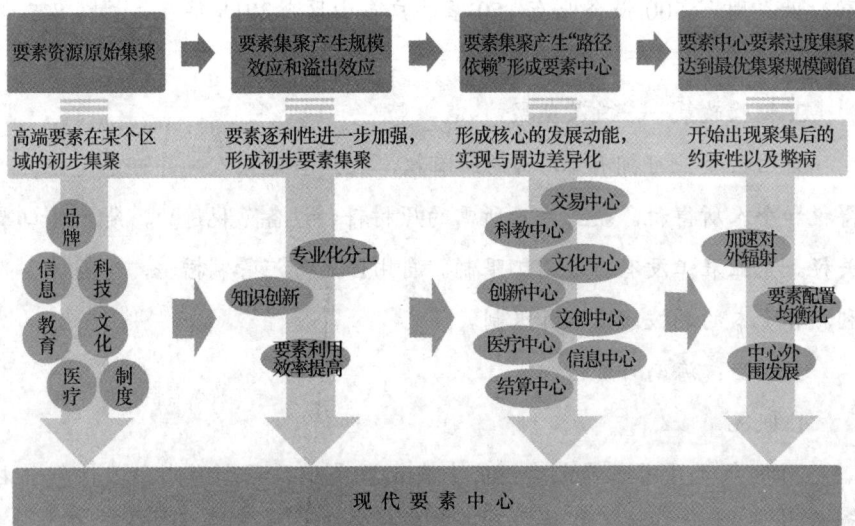

图 11-2 现代要素中心发展模式

（一）金融要素中心

金融要素主要是指货币资金、金融机构、金融人力资源、金融产品、金融工具体系等构成金融业发展的各种要素，金融要素是现代经济的核心。金融要素的"空间运动"以及选择性"空间组织"在中心城市集聚，形成金融要素集聚的节点以及金融要素中心。金融要素中心包括支付结算中心、资产管理中心、交易中心、金融决策监管中心、证券交易中心等。

案例：北京金融街：全国性金融中心

1.基本概况

北京金融街占地 1.18km²，聚集了中国人民银行和中国银保监会、中国证监会等金融监管部门及众多国内外大型金融机构和国企总部，是北京资金、技术、知识密集度最高、税收增长最快的地区和全国一平方公里高端产业最聚集、创造价值最大的区域。

2.主要特征

国内资本高度集聚的区域；各类高端金融人才高度集聚；全国主要金融政策制定、发出地区；金融机构总部集聚。

3.主要资源集聚

企业管理的资产达到 18 万亿元人民币，占全国金融资产总额的 60%，控制着全国 90% 以上的信贷资金、65% 的保费资金，每天的资金流量超过 100 亿元人民币。

（二）科技要素中心

科技创新逐步成为城市发展的核心动力和决定性内生增长力量，城市间的竞争在某种程度上已经发展成为科技创新的竞争。科技创新资源集聚是在特定条件下自发形成并不断增强的，风险投资及其他科技服务和政府科研院所、创新人才等的集中配置都是促进科技创新资源集聚的重要因素，高校、高新技术企业、科研机构等科技创新资源的集聚，能够有效降低获取知识的成本，促进知识溢出，实现知识与科技成果的快速转化，提升生产力水平和经济发展水平层次，增强区域社会经济收益，以此带动城市发展，提升城市竞争力。科技要素中心如美国硅谷、印度的班加罗尔、英国的剑桥科技园、北京中关村产业园、上海市张江高科技园等。

案例：科技中心——美国硅谷

1. 基本概况

硅谷（Silicon Valley）位于美国加利福尼亚州北部、旧金山湾区南部，硅谷是美国科技技术创新和发展的开创者，该地区的风险投资占全美风险投资总额的1/3，硅谷集聚了大约1500家计算机公司，科技巨头英特尔、苹果公司、谷歌、脸书、雅虎、惠普、思科、英伟达、甲骨文、特斯拉等都把总部或是区域总部、科技研发机构等设置在硅谷，区域内同时集聚了斯坦福大学（Stanford University）和加利福尼亚州大学伯克利分校（UC Berkeley）等当今科技创新领域的世界顶尖高校。

2. 主要特征

高科技人才集聚、高科技产业化、全球创新能力。

3. 主要资源集聚

高校、研发机构、创新资源、高端科技创新人才。

（三）交通要素中心

交通要素中心集聚铁路、高速公路、海运港口、机场等交通要素，依托其较好的区位优势以及其他产业支撑、功能配套等，能够吸引周围各类生产要素向要素中心集聚。交通要素中心是一种或多种运输方式在交通干线的交叉与衔接的节点，能够满足人员、货物等的中转、发送、到达等功能。交通运输条件的改善以及交通要素中心的形成，能够成为引导城市发展的重要力量，交通要素中心的形成可能对城市的发展起到至关重要的作用。纽约、伦敦、上海等国际性城市均是以交通要素中心为前提和发轫点，发展壮大形成的。国内石家庄、株洲、烟台、青岛、宁波等城市，均是典型的因为交通要素发展壮大而形成的城市。

（四）人才要素中心

高层次人才具有高稀缺性、高创造性、高投入高回报性、大协作性、强时效性、相对性、地域不均衡性、高流动性等特征，人才高度集聚形成人才要素中心。人才要素中心的人才要素集聚主要依托收益优势、产业集聚、"领头羊效应"、政府引导等路径实现。人才要素中心的人才集聚能够产生正反馈效应、引力场效应、群体效应、联动效应等诸多的连锁反应，人才要素的集聚带动其他各类要素集中和产业集聚，推动技术升级和产业发展。美国加利福尼亚州好莱坞、艺术中心、艺术村、艺术家街区等都是由人才要素高度集聚形成的人才要素中心。

案例：美国加利福尼亚州好莱坞

1. 基本概况

好莱坞是全球电影产业的中心，拥有着世界顶级的娱乐产业和奢侈品牌，引领并代表着全球时尚的最高水平，集聚了梦工厂、迪士尼、20世纪福克斯、哥伦比亚影业公司、索尼公司、环球影片公司、WB（华纳兄弟）、派拉蒙等电影巨头，还有像 RCAJIVE Interscope Records 这样的顶级唱片公司都汇集在好莱坞的范畴内。

2. 主要特征

影视拍摄中心、影视演员集聚中心、影视公司集聚中心、影视作品处理加工中心。

3. 主要资源集聚

世界影都，集聚各类影视核心要素资源。

4. 人才要素中心形成过程

20世纪10年代初，Biograph 影视公司导演大卫·格里菲斯及演员丽莲·吉许、玛丽·璧克馥到好莱坞。

1911年10月，一批从新泽西来的电影工作者到好莱坞，创建了好莱坞的第一家电影制片厂——内斯特影片公司，15个其他的制片厂紧随其后落户好莱坞。

包括米高梅公司（Metro Goldwyn Mayer，简称MGM）、派拉蒙公司（Paramount）、20世纪福克斯公司（20th Century Fox）、华纳兄弟公司（Warner Brothers）、雷电华公司（Radio Keith Orpheum，简称RKO）、环球公司（Universal）、联美公司（United Artists）、哥伦比亚公司（Columbia Pictures）等知名影视公司落户好莱坞。

好莱坞集聚众多的导演、演员、制片人、经纪人、摄影、美术、特效等影视人才要素。

三、特色产业中心

以特色产品、特色资源等资源禀赋为基础，以现代工业、农业技术为依托，以园区和基地为载体，围绕特色产品、特色资源进行综合开发形成特色产业集聚，最终发展形成优势明显的特色产业高度集聚区，形成特色产业中心。特色产业有别于传统产业，具有鲜明的地域性、不可替代性、可持续发展性和竞争性优势，且经济效益较高，发展前景广阔，能生产开发满足个性化、多样化需求的特色产品、特色服务。例如康养中心、美丽产业中心、绿色金融中心等。

案例1：昆明市官渡区通过发展总部经济、会展经济、结算经济等经济形态，打造总部中心、碳交易中心、会展中心、结算中心等特色产业中心

1. 总部产业中心

根据"产业聚集效应、产业关联效应、消费带动效应、税收供应效应、资本放大效应、就业乘数效应"等关联发展模式，重点以总部商务办公和金融服务功能来进行承载，通过总部经济打造成为区域性经济运行中

枢，调配区域资源流通，整合区域优质发展要素。总部商务办公面向西南地区、云南省以及具有自贸功能的总部企业，在亚家坝CBD片区进行集聚；金融服务针对中外资大型银行、政策性金融机构、保险\证券企业等对象，发展绿色金融、结算金融、离岸金融等业务，集聚金融资本促进区域企业发展。

2. 区域国际要素交易中心

加速对传统商贸业升级改造，引入现代新型交易业态，实现结算经济复合发展。与昆明市综合保税区联动，打造跨境贸易结算功能，包含大宗商品交易中心、跨境电商中心、股权交易中心、产权交易中心等内容，对目前官渡区内部大型粮油批发市场（昆明凉亭粮食交易批发市场）进行全面提升，保留商脉，打造"区域国际要素交易中心"。

3. 会展产业中心

通过"会展＋"盘活官渡区内部以滇池国际会展中心为代表的会展设施，提升会展国际品牌。首先通过"会展＋区域"来提升现有南博会品牌，增强区域国际会展影响力；其次通过"会展＋产业"聚焦特色经济，做实特色产业增长引擎；最后通过"会展＋行业"来带动关联产业，做大会展经济的复合效益。对于现有南博会品牌的提升，需要扩大会展辐射区域，实现展出产品综合化和多样化，延长会展活动时间，以达到提升会展效益、增强会展品牌的目的。

4. 绿色生态文化旅游经济

特色经济基于区域内优质的湖滨资源、生态资源、文化资源等资源要素，发展"大健康、大文创、大旅游"等复合型产业集群，成为促进官渡区快速发展的特色经济。立足国内市场，面向南亚东南亚欠发达地区，发展高端医疗服务、高原健体运动和养生养老等大健康服务功能；以文化旅游、城市旅游、健康旅游、生态旅游主题发展大旅游产业；落实国家文化引领战略，承载国际多元文化交流基地发展内涵，打造"3＋X"文化创意产业体系；通过创新绿色金融、探索海绵生态和城市双修发展湖滨生态经济。

案例2：全国以构建特色产业打造特色产业中心为核心，全力推动特色小镇建设发展

目前发展较好较为成功的特色小镇，均有鲜明特色、较高品牌认知度以及良好经营基础的特色产业。根据中央政策要求，特色小镇培育的关键在于特色产业的培育，比如环保、旅游、信息、健康、时尚、金融、高端装备制造等战略性的新兴产业。因此特色小镇首先突出"特"字，即要有一个与众不同的产业，或是说有明确的主题，并能围绕其打造与之契合的小镇整体风貌，以达到对主题的强化，增强小镇的辨识度。例如景德镇的瓷器产业和茅台镇的茅台酒产业。

同时，这一特色产业应该已在小镇有一定发展基础和品牌积淀。例如柯南小镇、诸暨袜业小镇，在打造之初都已在同领域市场中拥有较高知名度和品牌效应。对于文化旅游类小镇，知名IP将有助其吸引游客，特别是实现粉丝变现。对于产业类小镇，如产业运营已具有一定历史、规模和品牌知名度，则不仅能体现相关文化的传承（本身即可成为一大亮点），还可吸引人才、同类优秀企业及产业链相关企业入驻，形成聚集效应，增强整体竞争力。

以浙江省为例，改革开放30多年来，浙江形成了一批产业特色较强、区域优势明显的经济体，为现在以特色小镇建设为出口的经济转型升级提供了强大的特色产业基础和区位优势。如依托阿里巴巴、富士康等优势平台资源，集聚各类涉云企业近300家，涵盖APP开发、互联网金融、数据挖掘等多个领域而落地的杭州西湖云栖小镇;以高端海洋工程动力装备制造业为主导产业，发展新材料、机电与电子、信息与控制、新能源等上下游配套产业，打造了国内一流的高端海洋工程动力装备制造业的宁波市江北动力小镇。

四、功能集聚中心

城市功能是由城市特定的组织形式的各种结构性因素决定的城市机能

或能力，通过集聚区域内政治、经济、文化、社会活动等某个或多个要素，形成城市的功能集聚中心。功能集聚中心在城市经营管理过程中，发挥某项支配作用。功能集聚中心也是城市运营对城市自身发展和区域发展所产生的重要功能中心，功能集聚中心必须依赖于特定的城市实体地域及其经营管理过程，同时表现在其对国家或地区及其自身的政治、经济、文化生活中所产生的关系、能力及作用，是城市发展的重要的生命力。根据生产、生活需要，城市发展过程种能够形成较强竞争力的功能中心，例如行政中心、总部基地、大学城、科研中心、养老中心、区域性金融中心、航运中心等。

一直以来，以行政中心迁移，带动新区发展，打造城市新中心、新增长极是当前国内重要片区发展措施。大学城建设对城市空间拓展具有显著的正向外部效应，通过大学城建设形成新的功能集聚中心，能够激活片区发展，形成城市新的增长极。国内目前建成较早、较为知名的大学城包括上海松江大学城、广州大学城等，截至目前全国大学城的数量已经超过 70 个。大学城建设通过对教育资源的重组与开发利用，带动城市其他产业发展和城市空间扩张。一方面，大学城能有力促进郊区城市化、教育文化素质提升、商业开发与人文环境改善，催生城市新的增长点。另一方面，深圳、南京大学城的实证表明，大学城建设将促使一些重要的城市基础设施选址在周边，进而造成片区土地的增值，促进了片区整体性发展的可行性。

第十二章 "中心经济"的内涵和特征

一、要素集聚的引领作用

不同区域之间要素禀赋差异客观存在，导致不同区域之间分工方面的差异性，因此不同区域的战略发力点、产业导向、发展空间布局、文化异质性、制度等要素的着力点也有所差异。结合不同城市的要素禀赋，依据不同城市的比较优势，通过打造区域战略聚集力、产业聚集力、空间聚集力、文化聚集力、制度聚集力等，集聚各类发展要素，在城市层面进行战略性融合，形成城市发展合力，驱动城市创新发展是当前城市发展的主要形式。城市在区域经济社会发展中起着重要的作用，其通过聚集效应和扩散辐射效应实现城市的核心功能，利用优势条件吸引企业、社会机构和人口在其有限的空间中聚集，带来人口聚集、同业聚集、系统聚集等效益；通过输出各类生产要素向临近地区扩散其经济成果，以其自身优势的提高带动周边地区的经济协同发展。

要素集聚增强城市战略聚集力。战略聚集力主要体现在城市管理决策层面，通过城市管理层具有高水平的决策，从战略层面集聚高端要素，为城市未来长远发展提供战略支撑。城市是同类行政单位内政府或者行使区域管理职能的机构所在地，是社会管理决策的中枢，能够直接有效贯彻落实国家战略政策意图，具有显著的资源配置功能和管理决策功能。通过指挥控制中心、创新中心和商贸中心等主体功能设置，实现区域内管理决策的落实。总部经济、高端人才、高端知识、创新研发等是中心城市的重要标签。同时，区域内的中心城市是区域内人们生产、生活和文娱活动的中心，其具备综合服务能力和高端的专业服务能力，城市本身则提供生产服务和生活服务配套。通过战略聚集力为城市管理服务创造更好的战略引擎，为城市创造更多的金融、会计、广告、法律等专业性服务岗位，提高第三产业对城市的支撑能力；生活服务方面，集聚各类高端公共服务配套，以高水平的公共基础设施和娱乐休闲等生活服务为核心要素，满足大量高素质人才对提高生活质量、生命质量的要求。

昆明市官渡区立足自身基础，挖掘特色资源禀赋价值，向上对接国家"全面开放、深化改革、经济转型、民族团结"等宏观战略，根据云南省成为面向南亚东南亚辐射中心的战略谋划，承载昆明市建设"区域性国际中心城市和大健康产业示范区"的发展使命，以"中心经济"支撑官渡区建设成为"区域性国际中心城市核心区"的战略目标。通过集聚面向南亚东南亚的国际开放高地、国际区域性要素融合创新中心、春城大健康高端服务引领区、环滇池生态文明建设样板区四大战略定位，形成官渡区对外开放、创新发展、中心经济、生态文明、深化改革、经济转型、多元文化交流、民族地区融合发展等的战略聚集力（图12-1）。

图 12-1 昆明市官渡区战略集聚力示意

要素集聚增强产业聚集力。产业聚集力主要体现在通过发挥经济组织中枢作用，行使好某个领域或某个区域组织经济活动和配置资源的中枢功能，利用好、行使好金融和贸易战略平台、综合交通物流和信息网络枢纽、科技创新中心和服务中心等职能，形成产业集聚合力，是区域产业经济发展的引擎。通过对土地、能源、金融、人才、科技创新和制度等核心资源组成的综合性、全要素资源进行整合，形成城市全要素资源聚集能力，不同城市之间存在着资源禀赋、集聚能力、区域差异等客观因素，因此导致了不同城市的产业结构的不同，但是区域中心城市一定是具有推动形成产业集群功能的价值作用。城市功能是促进产业集群形成与发展的首要要素。城市功能为产业集群的发展提供了必不可少的所有要素，即便是城市之间的要素禀赋相似，也不代表产业集群的形成，因为城市功能系统发挥作用的程度存在差异，特殊的城市功能形成特定的产业集群。例如，北京市形成了文化创意、新一代信息技术、电子信息、金融、高端商务服务等产业集群，而重庆则形成了电子核心基础部件产业、新能源汽车与智能汽车产业、高端交通装备、电子信息等以制造业为核心的产业集群。

要素集聚形成空间集聚力。空间集聚力主要体现在利用好城市所处的区域位置，打造区域内的物流枢纽功能。依托综合交通运输枢纽，承担区域间主要物流中转、交换、衔接功能，所形成的相互间紧密协作、合理分工的物流设施综合体。在现代物流发展体系中，对中心城市的物流枢纽功能要求越来越高，发达的物流体系能加强区域间经济的合作，能提高对外开放能力，而发达的物流体系依赖于便利的城市交通运输体系。

国内几大代表性区域中心城市物流枢纽功能对比如表 12-1 所示。

国内几大代表性区域中心城市物流枢纽功能　　　　表 12-1

城市	物流枢纽核心功能定位	物流运输方式	2015 年主要货物吞吐量
天津	北方国际航运核心区	铁路、公路、水路、航空和管道	天津港货物吞吐量达 5.4 亿 t
重庆	中国长江上游航运核心节点	铁路、公路、水路、航空	港口吞吐量达 1.6 亿 t

城市	物流枢纽核心功能定位	物流运输方式	2015 年主要货物吞吐量
成都	西部地区最大的航空枢纽港	航空、铁路、公路	2016 年旅客吞吐量 4603.9 万人次
武汉	中国四大铁路枢纽中心、长江中游航运中心	铁路、公路、水路、航空	

昆明市官渡区要素引领形成空间集聚：与西山区实现优势产业联动、联合打造昆明市高端商贸休闲发展带，联动发展，互促互利，促进产业要素在官渡区集聚。与经开区进行多层次深度的产城融合，以高品质居住作为产业工人的安居片区。与空港经济区是依托长水国际机场核心交通要素的支撑，加强两区的直接交通联系，同时通过空港经济区的产业辐射带动官渡区北部片区的配套产业发展。与呈贡新区是通过借势昆明高铁站的开通、加强两区的地铁、高速公路、快速路等快速交通联系，同时呈贡大学城也能够为官渡区的产业发展提供人才支撑。与盘龙区是产业发展优势互补，在官渡区配建产业关联较强的科技研发和创新机构，进行区域间产学研互动（图 12-2）。

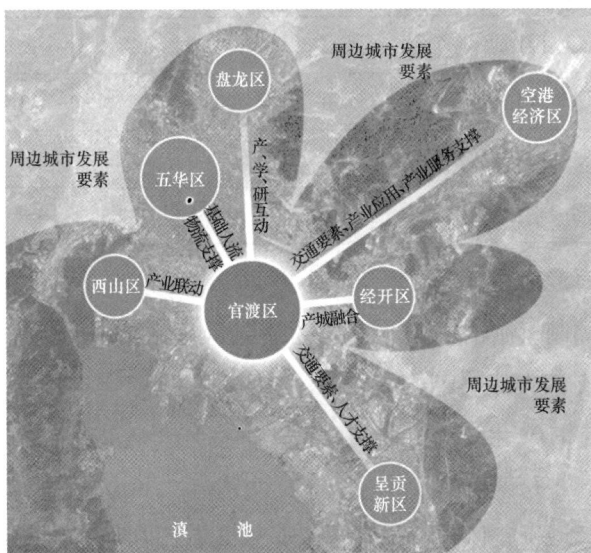

图 12-2　官渡区要素引领形成空间集聚力示意图

要素集聚形成制度集聚力。通过制度创新形成制度合力，打造开放高地形成区域竞争力，具有重要的战略价值。区域内的竞争、国际间的竞争，深层次都涉及制度的竞争，在区域间竞争的过程中，需要发挥制度作用，通过集聚区域内产业政策、创新创业政策、财税政策、行政审批政策、进出口优惠政策等全方位的政策优势，推动对外开放合作，形成发展的新优势、新动能。例如，通过对外开放制度的顶层设计，集聚有一定数量的国际人口和组织机构，开展国际会展、论坛、节庆赛事，参与国际产业分工和其他事务，形成国内对外交流合作的重要节点。当前，国内北京、上海、深圳等一线城市是参与国家产业分工和事务最为频繁的城市，其他重庆、成都、武汉、郑州都是国家区域中心城市也在加强参与国家产业分工，世界 500 强企业在国家区域中心城市布局较为集中，同时实际利用外资金额也已经形成一定的规模。

2015 年国内 5 个具有代表性中心城市对外开放合作主要指标如表 12-2所示。

2015 年国内 5 个具有代表性中心城市对外开放合作主要指标　表 12-2

对外开放指标	天津	重庆	成都	武汉	郑州
世界 500 强企业数量（家）	162	129	208	230	121
实际利用外资（亿美元）	850	100	75	73.4	38.3
进出口总额（亿美元）	1143.5	682.9	410	280.7	570.3
对外投资（亿美元）	511.8	503.8	237.8	151.5	312.5

昆明市官渡区在发挥制度集聚力方面，基于具体发展目标，对接国家政策，开展体制机制创新，以"建设昆明区域性国际中心城市核心区"为导向，同时在四大战略定位指导下，重点对接国家在"改革开放、产业、城镇化、生态、文化"等方面的政策，官渡区未来重点在对外开放引领、产业升级引导、跨区协作发展、生态文明示范、多元文化融合、城市更新改造等六大领域进行体制机制创新，更大程度上获取国家政策红利，获得更多先行先试发展权。

对外开放创新：创新面向南亚东南亚地区的贸易便利化机制；建设区域性国际离岸金融中心；通过创新贸易投资、金融结算等体制机制，与云南省沿边地区开展合作联动，积极参与澜沧江－湄公河合作机制、孟中印缅经济走廊、中国－中南半岛经济走廊建设，增强对开放型经济的发展引导，大力发展开放型经济。创新外事协同机制，打造区域性国际合作平台，基于昆明市城市新中心发展定位，制定开放型人才引入机制，出台对开放型人才、国际性人才等高端人才优惠政策，打通官渡区与境内外人才合作双向流动渠道，结合巫家坝 CBD 和国际智创产业园区等平台建设，集聚人才支撑开放型经济发展，打造全省人才高地；借鉴推广使用外商投资准入前国民待遇加负面清单的管理模式，基于官渡区现状对外经贸基础，进一步完善差别化政策措施，创新侨务招商、以商招商、跨境招商等引资方式，提升外商投资水平。

产业升级创新：针对官渡区当前传统产业，重点以信息手段和空间用地保障产业转型升级。落实优先供地制度，对符合官渡区发展的产业优先安排用地供应，对区域有重要影响的重大项目可以指标单列，不计入年度指标；对传统商贸产业升级和创新产业发展提供过渡期优惠政策，落实国土资发〔2015〕5 号文件要求；鼓励企业利用存量厂房和土地开展与创新创业、"互联网＋"等相关项目，加速存量产业升级；灵活制定混合用地性质，支持土地混合使用，提出有助于新产业、新业态发展的兼容性地类和相关控制指标。利用新经济、新业态，加速传统产业升级。统筹政府各部门产业发展专项资金，围绕供给侧结构性改革方向，对符合现代战略性新兴产业的转型升级项目，给予大力支持，强化财政政策支持；系统梳理官渡区现状产业基础及存在问题，根据产业联动及内在互补性，明确官渡区未来重点招商引资方向，引入电子商务、现代金融等新经济业态，加速推进传统产业转型升级；出台产业升级改造名录，根据相关规划及研究报告，制定未来官渡产业转移外迁、重点引入及保留升级的企业名录和重点产业方向。

跨区协作创新：构建"要素＋红利"发展模式，打造"特别合作区"来拓展官渡区未来发展空间。例如以"官渡－磨憨特别合作区"为载体，探索官渡区整合要素能力和勐腊（磨憨）重点开发开放试验区政策红利的共享机制，有效拓展官渡区经济发展腹地，实现"飞地经济"的发展模式；借鉴跨区域合作成功经验，成立专门机构，建立联动招商机制、高层会晤机制、经济协调会议制度、对外联系制度等；鼓励两地企业在巫家坝CBD设立区域性总部和研发生产、采购配送、商品交易中心等机构，在特别合作区设立进出口加工区，作为企业对外贸易的生产基地，创新产业合作和利益分享机制。

生态文明创新：结合滇池生态治理及相应保护要求，由政府主导，统筹各类零散环境治理和生态保护资金，成立生态发展基金，作为全区生态治理、相应设施建设及绿色产业发展的重要资金保障；鼓励空间整合、功能优化、资源确权，设立配套的激励机制，例如村庄有机更新弹性资助、生态保护服务定向采购等，同时设立环保准入门槛，强化滇池生态保护制度；从滇池水环境治理、新型城镇化等问题入手，引入现代田园综合体发展模式，在矣六片区重点发展田园综合体示范项目，探索国家基本农业制度创新。以重点项目建设为契机，率先开展国际生态合作。围绕碳交易，在官渡区建设云南省碳排放交易中心，建立符合新时期发展背景的碳排放交易制度；打造区域性国际低碳技术交易服务平台，结合绿色金融发展方向，设立低碳技术创新引导资金，对发展低碳技术的企业予以扶持；创新制度，引导重点生态治理项目落地官渡，争取国际先进环境治理技术和项目在官渡区落地转化，尤其是对于水体的治理，在官渡区建立国际性水生态技术研究基地，成为在水领域开展国际合作的先导者；针对滇池环境保护问题及南亚东南亚国家的生态保护问题，出台相应的引导政策，鼓励民间相应企业积极开展合作，创新合作模式，共同为区域生态环境的治理贡献力量，给予一些领头企业相应的奖励机制。

文化融合创新：鼓励文化产业发展壮大，由政府出资发起，成立官渡区文化产业发展基金，保护民族文化遗产，传承非遗技艺；利用现状省博物馆、剧院、滇池国际会展中心等文化设施，政府引导，由专业文化传媒公司负责，策划大型节庆活动，作为国际性多元文化交流大舞台；引进非遗传承人，形成民族非遗传播中心、彰显各民资文化特色，有序引进各类国家非遗传承人和大师，围绕官渡古镇注入各类功能业态，提供各种非遗新体验。结合凉亭粮油批发市场的搬迁改造，盘活现状老旧建筑，建立双创优惠机制，集聚创意设计人才，充分挖掘云南省民族文化资源，结合现代发展元素，打造民族非遗创意基地；除了有文化产业发展基金做保障。

要素集聚形成文化集聚力。大多数的城市都具有历史文化底蕴，具有一定的城市品牌价值甚至城市品牌价值较为突出，可识别性较强。从目前的北京、上海、深圳、广州、重庆、成都、武汉、郑州、西安九大国家中心城市看，都具有非常突出的人文凝聚功能，城市人文特色鲜明。北京是国家首都，是首批国家历史文化名城和世界上拥有世界文化遗产数最多的城市，拥有故宫、天坛、八达岭长城、颐和园等众多的历史遗迹，先后成为辽陪都，金中都，元大都，明、清国都，一直是国家的文化中心。上海则是长三角的核心城市，是国内东西方文化交融、经济交流极为密切的城市，形成了自己独特的城市文化。深圳代表的国内新生城市，深圳本身就是创新、开放的代名词。重庆、成都、武汉、郑州、西安等城市也均有独特的城市文化和内涵，具有较强的城市文化集聚力。

昆明市官渡区挖掘、整合、提升文化合力，打造国际区域中心城市核心区文化集聚力的主要经验措施。

充分挖掘官渡区深厚的文化底蕴，融入现代都市建设过程中，通过创新创意，打造都市型文化活力区，集聚文化创意人才，通过文创产业带动城市旅游业发展，通过会展活动打造国际多元文化交流平台，充分对外彰显官渡区文化魅力。

（1）做大做强文化创意产业：基于国际化都市的城市功能，以创意人才的创造力为核心，凸显创意性、文化性、娱乐性特征的创意产业集群，涵盖文化艺术、影视传媒、广告设计等文化创意产业，创作设计特征鲜明的工艺美术业，创意性日益增强的印刷包装业，以及在产业融合发展中涌现的具有创意性的新型产业。运用现代信息技术和商业推广模式，盘活云南丰富的文化艺术基础资源，发展文化艺术创意产业；通过国际合作和技术创新引领影视媒体行业核心要素的集聚，发展影视传媒创意产业；吸引广告设计核心要素集聚，同时鼓励广告设计行业的创新发展，最终做大做强官渡区文化创意产业，核心支撑都市型文化活力区建设。

（2）创新"文化＋旅游"的复合型文化产品：挖掘古滇历史文化、民族文化、佛文化、古镇文化、工业文化等文化资源，加大云子围棋、乌铜走银等"非遗"产业化保护传承力度，打造精品旅游休闲路线和复合型文化产品。以云秀路为纽带，连接官渡古镇、公共文化设施集中区（包括云南大剧院、云南文苑、云南省博物馆、云南省图书馆等公共文化设施）、昆明市规划馆，形成文化创意体验的旅游轴线；结合旅游的带动作用进而拓展文化创意产品的交易渠道，借助旅游业和旅游商贸的不断发展，拓展文化创意产品的销售渠道，从而反哺文化创意产品研发设计和制造；以文化体验模式丰富旅游业的参与性和互动性，使游客在旅行游玩的过程中自然而然体验到特色文化和文化创意元素。

（3）提升公共文化服务水平：因地制宜推进社区综合性文化服务中心和文化广场建设，增加基层公共文化产品和服务供给。探索公共文化服务数字化、智能化发展路径，搭建公共文化服务综合平台，实现官渡区文化体育场馆（新亚洲体育场等）的高效利用。举办网络弹唱、网络展览、网络讲座、微电影、微小说等网络文化活动，实现元素多样化、参与便利化，打造现代公共文化服务体系的官渡样本。运用大数据技术分析群众文化需求，提高公共文化购买与资助力度，建立文化采购与文化资源、文化服务与文化需求的"双向选择平台"。

（4）完善国际文化交流机制：面向南亚东南亚地区，借助现有会展设施、文化设施等设施，每年定期举办国际文化交流主题活动，促进区域内各国专业文化艺术领域的交流与合作，对接国际文化资源，引进国际文化体育赛事，完善城市间文化品牌延伸交流机制。建立与南亚东南亚地区国家对口文化机构管理人员的互访机制，逐步培养熟悉国际惯例的文化行政管理干部和业务骨干。开展艺术家和文体机构的国际合作，鼓励艺术家跨国跨境开展学术访问和创作交流，提供辖区内艺术家与国外艺术家合作的机会，邀请国外艺术团体参加区内品牌节庆活动等。

二、区域发展的带动作用

通过政府计划和重点吸引投资等手段，在特定地区和城市打造中心经济增长极，培育主导产业和创新企业，主导产业的发展、龙头企业的集聚发展壮大形成中心经济的辐射能力，对其周围地区进行扩散，形成强大的辐射作用，带动周边地区的发展。当前国内重点培育发展的增长极包括长三角地区、珠三角地地区、京津冀地区等区域，以及北京、上海、深圳、广州、重庆、成都、武汉、郑州、西安等国家中心城市。以国家区域中心城市为代表的一批区域中心城市承担了起了集聚区域要素资源、带动区域社会经济全面发展的核心作用。

2017 年九大国家中心城市主要指标对比如表 12-3 所示。

2017 年九大国家中心城市主要指标　　　　表 12-3

城市 / 指标	面积 （km²）	人口 （万人）	GDP （亿元）	人均可支 配收入 （元）	资金总量 （万亿元）	上市公司 数量	双一流 大学
北京	1.641	2170.7	28000.4	57230	13.84	290	8
上海	0.63	2418.33	30133.86	58988	11.05	264	4
深圳	0.19	1252.83	22438.39	48695	6.96	247	0
广州	0.74	1404	21503.15	55400	5.13	78	2
重庆	8.24	3048.43	19800.27	24153	3.21	46	1
成都	1.43	1591.8	13889.39	36469	3.44	66	2
武汉	0.84	1076.62	13410.34	38642	2.44	70	2
郑州	0.74	972.4	9130.2	28039	1.9	44	1
西安	1.01	883.21	7469.85	32597	2	33	3

数据来源：根据网上公布资料整理。

要素集聚的经济效应——中心辐射。中心经济是区域城市群、区域内的核心城市的核心发展动力，是区域内的发展意志和战略诉求所在，也是区域内的社会经济发展引擎。通过区域济增长中心、组织管理中心、文化交流中心、金融创新中心、交通物流中心等中心经济主体功能的发挥，在经济、社会、文化、创新发展中发挥核心作用，体现出中心经济的中心价值。中心经济的中心价值，能够有效集聚辐射带动城市本身的生产能力、创新能力、服务能力，并且将生产要素高效地传递到其他关联城市、节点城市，从而实现与其他城市的有效互动，系统性的全面推进区域城市群和区域发展。其次，中心价值还体现在城市本身对国家功能的担当，通过对国家战略统筹，结合城市本身确保国家战略意图、战略路径和战略理念得到有效落实。

要素的空间集聚，能够改变地区的要素供给条件，降低经济主体的生产成本，带动全要素生产率的提高，产生规模报酬递增的集聚经济效应，从而促进经济增长。在城市发展的初期和中期，人才、资本、创新等资源要素的集聚会极大带动城市规模效率的提升，促进产业结构的高级化和合理化进程，对提高经济效益、推动城市经济快速发展具有重要作用。

要素集聚的城镇化效应——示范引领。要素集聚是要素空间配置的基本模式，也是城镇化的基本内涵，要素向城市流动并在城市集聚是城镇化的重要表现形式。劳动力、资本、技术、信息等流动性要素，在城镇化的过程中大量且持续的流动和重组，从而带动城乡经济社会联系不断加强，城乡空间地域边界逐渐模糊，农村城镇化进程加快。

中心经济对区域、国家能够发挥出巨大的辐射带动作用，通过中心经济的发展引导国土相对均衡开发，引领城市群发展、发育和成熟；发挥区域经济中枢和领导作用；发挥率先发展和经济增长极作用；发挥示范和标杆作用，发挥区域辐射带动作用。注重非核心功能的有机疏散，在城市—区域系统内形成合理的能级差和梯度差，通过辐射带动作用促进城镇之间的科学分工和区域的协调发展。

要素集聚的空间效应。要素集聚对城市空间发展和区域空间重构具有重要影响。在要素集聚初期，一些初始资源禀赋较好和基础优势突出的地区发展成为城市（或区域核心），其集聚效应较强，吸引了大量优质资源要素，城市得以快速发展和壮大，与外围地区相比形成显著的比较优势，区域核心—边缘结构初步形成。

区域中心城市上区域内资金流、人流、物流和信息流集聚中心，开放的市场经济活动中区域中心城市的市场价值将会得到巩固和加强，通过市场机制"看不见的手"发挥作用实现要素资源的集聚与配置，巩固提升发展区域中心城市的核心地位。中心经济一方面是区域内与外部资源对接的枢纽，另一方面本身也是一个巨大的市场主体，对外部具有较大市场价值。

资源集聚的创新效应。创新资源在某一城市或区域的集聚，便于创新主体获取必要的资源投入，不断降低创新成本，提高资源利用效率，促进经济发展，从而吸引更多的资源向本地靠拢，保持其创新领先水平。资源集聚的协同效应对创新绩效具有较大影响，地区资源集聚状况与创新能力存在显著的相互作用关系。

三、产业生态圈的构建作用

昆明市官渡区根据现代"中心经济"发展理念，围绕"大健康、大旅游、大文创、大数据"等复合型产业发展模式，确立以总部经济为动力、楼宇经济为载体，主导引领官渡区跨越式发展，打造现代服务业的核心竞争优势，继续巩固壮大金融业、商贸业和会展业的核心支撑作用，培育具有官渡特色的健康服务业、休闲旅游业、文化创意产业、信息服务业等新兴产业，整合文化、生态、品牌、科技、土地、政策、信息等各类资源要素，形成产业化发展，产业集群化，打造产业生态圈，带动官渡区城市产业转型升级（图12-3）。

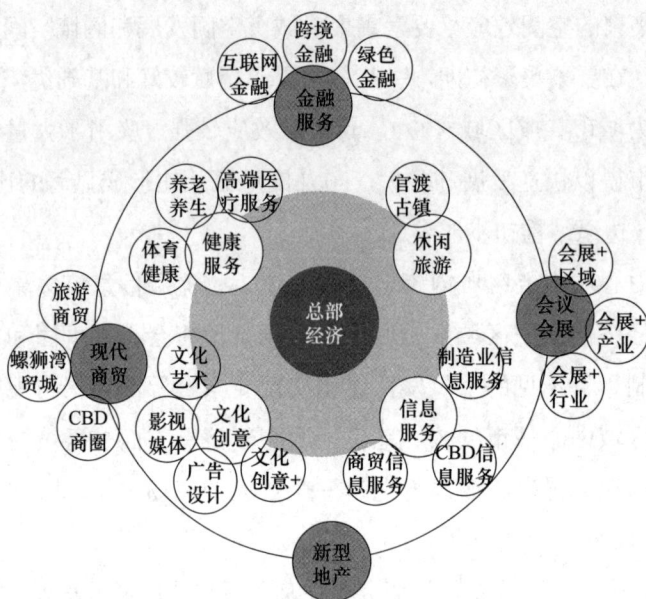

图 12-3　中心经济驱动作用下构建的官渡产业生态圈

四、城市品牌的孵化作用

当前很多城市的品牌没有真正展现城市的投资价值和发展机会。中心经济需要视其影响力范围形成世界范围或区域范围的品牌，从 20 世纪 80 年代人文财富、90 年代体验性消费、进入了新世纪的创造意义阶段，城市品牌更多体现在消费主导的产品市场、投资主导的招商市场、中心经济主导的要素市场等方面，需要围绕这些方面融入文化、创意、历史要素，结合旅游、生命健康等产业形成产品品牌、产业品牌和城市品牌。这三个品牌具有支撑和包含关系，最终形成品牌价值体系和传播路径，使城市对投资、消费和要素集聚产生综合的品牌体验，实现表外资产表内化。

以中心经济要素禀赋、历史文化沉淀、产业优势、城市形象以及产品品牌等作为城市品牌引爆点，通过城市运营，打造城市品牌孵化器，孵化出具有城市特点和较强竞争力的城市品牌，从而有效地提升城市综合软实力。城市品牌的塑造直接促进资金流、信息流、物流、人才流等资源向中心经济聚集，从而在招商引资、产业发展、城市软环境建设等城市发展众多领域发挥重要作用。另一方面，中心经济对城市品牌的孵化作用还体现在增强城市软实力方面，通过城市品牌塑造能够形成城市凝聚力。此外，中心经济促进形成城市品牌带动相关产业的发展，增强城市的综合竞争力。以中心经济要素驱动的城市品牌，能够有效带动形成产业集群，推动周边地区发展。"国际影都"洛杉矶，以电影制片为核心竞争力，同时发展起演艺业、电影特技业、休闲旅游业、电影发行业、音像制品业等电影集群产业。此外，良好的城市品牌能够带动旅游业的发展。国内外著名的城市品牌如"国际影都"洛杉矶、"国际会议中心"日内瓦、"时尚之都"巴黎、"圣城"耶路撒冷、"狮城"新加坡、"六朝古都"西安、"东方明珠"上海、"冰城"哈尔滨、"春城"昆明等等。

城市品牌的塑造一系列产业和项目支撑，否则就变成了一种空心化的战略，需要通过规划与设计，在城市的核心价值和主体文化下一级形成项目载体。将前期确定的城市定位、核心价值和品牌概念附着在可以满足目标市场需求的项目开发、战略规划和环境改造等一系列硬件和软件的实施方面。从硬性的"城经济"角度通过建设城市公共服务设施、基础服务设施等工程项目，以图书馆、博物馆、大剧院等文化设施彰显城市主题文化，营造城市地标，增加品牌场景应用，配套市花市树、雕塑、象征物、城市 Logo 徽标等全面立体的塑造城市品牌形象。软性"市经济"层面要以高新经济、人气经济为核心的经济形态开展跨界创新，形成一批会展度假区、特色美食街、文化创意园区、生态旅游景区、历史文化街区、艺术品交易平台等一系列产业经济载体，推动城市品牌规划的实施（图 12-4）。

昆明市提出建设区域性国际中心城市，2017 年 7 月审议通过了《昆明市建设区域性国际中心城市实施纲要（2017—2030）》，明确了昆明建设国际区域中心城市的战略定位、总体思路、建设步骤、主要路径，计划通过"三步走"到 2030 年力争基本建成区域性国际中心城市。其中，提出

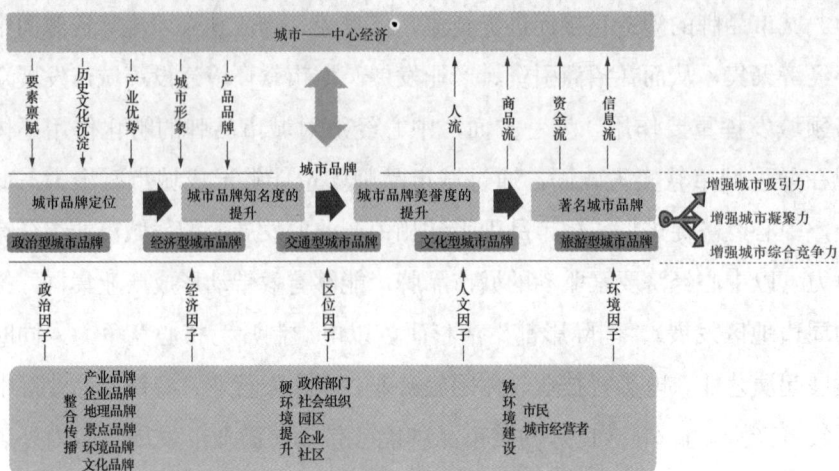

城市——中心经济

要素禀赋　历史文化沉淀　产业优势　城市形象　产品品牌　人流　商品流　资金流　信息流

城市品牌

城市品牌定位 → 城市品牌知名度的提升 → 城市品牌美誉度的提升 → 著名城市品牌

增强城市吸引力
增强城市凝聚力
增强城市综合竞争力

政治型城市品牌　经济型城市品牌　交通型城市品牌　文化型城市品牌　旅游型城市品牌

政治因子　经济因子　区位因子　人文因子　环境因子

整合传播：产业品牌　企业品牌　地理品牌　景点品牌　环境品牌　文化品牌
硬环境提升：政府部门　社会组织　园区　企业　社区
软环境建设：市民　城市经营者

图12-4　中心经济驱动城市品牌的孵化

了城市品牌战略，通过挖掘昆明滨水、历史、气候、文化等独特要素，资源享赋、民族传统、地方特色和时代特征有机结合起来，增强中心城市品牌的孵化作用，提升"世界春城花都、历史文化名城、中国健康之城"三大城市品牌，彰显昆明地方特色和城市独特个性，形成昆明在国际上的知名度和美誉度。

第十三章 "中心经济"的价值和意义

一、提高城市"效率"

中心经济是科技、信息、资金、人才、品牌等高端要素高度集聚区域，集聚经济对地区生产率正向递增的影响，集聚经济通过知识和技术外溢、中间投入品共享、劳动力市场配置、科教创新支撑等优化和提高城市效率。美国学者斯维克斯卡斯（Sveikauskas）、西格尔（Segal）在1975年1976年对美国城市的研究证实，城市规模每翻一番，城市工业的生产率上升5%～6%。对发展中国家而言，城市规模的扩大，中心经济的进一步集聚，生产效率的提升更为明显，城市规模翻倍对要素生产效率的提升能够达到10%左右。城市生产率优势主要来源于集聚、选择和群分效应三方面，而中心经济是城市集聚的最佳选择，高端人才、金融、科技等高端要素更容易在中心经济范围内产生集聚。中心经济作为城市高端要素的重要载体和最优配置的结果，通过要素的集聚，在市场竞争中通过优胜劣汰机制进一步增强生产率。

二、优化城市"效益"

城市的经济效益来源于各经济要素在城市空间的聚集和有效组合。一般情况下，城市规模越大其产业聚集力就越强，产业越聚集城市规模则越大。城市经济是产业和人口高度集中的密集型经济，密集型经济有利于现代化的产业协作生产，使得土地、金融、人才等要素在最小的投入情况下产出比最大化、最优化，以中心经济为代表的城市经济体系在降低节约成本的同时，信息资源共享以及技术和人力资源的溢出效应也会减少企业的交易费用。中心经济的同类或不同产业的地理集聚导致成本节约和效率提升，从而提高城市"效益"，由此增强城市的竞争力。浙江模式、昆山模式等产业集聚，形成中心经济发展的模式受到了较好的成效，成功案例已经被全国各地学习、模仿和借鉴。

具体而言，中心经济通过促进城市产业结构调整升级、优化城市公共经济配套服务、开源提高城市整体效益、节流提高城市整体效益，实现中心经济对城市系统结构调整，提高城市整体效益。城市是一个开放而复杂的大系统，运用中心经济的集聚效应、规模效应等优势，与外部进行能量、信息、物质等的流动交流，形成系统性整体的效益。

170

三、增强城市"效能"

由于中心经济独特的集聚能力、辐射能力属性，对城市发展、区域发展中的现代化程度和对周边地域都会产生一定的影响力，中心经济的规模效应、品牌效应、集聚效应促进中心经济形成巨大的发展动能，形成城市发展的能级。中心经济发展模式下，通过对中心经济区域内的产业生态圈构建，形成中心区域规模集聚效应，从而诱发乘数效应，即规模经济和资金外部性，从而快速推动一个城市或是地区的快速增长，从而增强中心经济的城市效能。

借助中心经济的规模经济优势，在区域内发展"战略性"产业、技术创新、现代服务业等都具备得天独厚的优势。中心经济的市场效应，能够容纳众多的细小技术创新，提供更丰富的公共品；金融、医疗、教育、文化等现代服务业围绕中心经济更容易产生关联性的配套，在一定的空间范围集聚对中心经济形成有力支撑。此外，中心经济增强城市"效能"，还集中体现在中心经济对城市经济的组织重构方面。中心经济通过推进经济组织、社会组织、科技创新组织、文化组织和生态组织的耦合，使得中心经济"功能叠加"，从而发挥出中心经济的更大的合力，产生中心经济体的"乘数效应"。中心经济体与周边区域之间的要素和资源的快速流动，促进区域发展，能够形成较为清晰的发展方向和经济社会最优配置，形成区域发展的"整合""分散"等的基本格局，进一步强化城市内、区域间的分工及协作，最大化利用好资源要素，形成城市区域发展的有机"整体"，最大化的增强城市"效能"。

第四篇
构建"中心经济"

　　在明确"中心经济"的价值和意义之后，新时代应基于城市自身特征，以全要素思维和生态圈思维构建"中心经济"。从"城经济"和"市经济"入手，导出影响城市发展的十大要素，再分别研究每个要素支撑"中心经济"发展的具体肌理和逻辑，每个要素通过强化自身集聚辐射力，来整合区域优质资源要素，最终以全要素融合创新等路径地区"中心经济"新模式，创造出城市发展新引擎并带动区域经济同步发展。

第十四章 聚焦"城经济"与"市经济"

中国经济经历了计划经济和改革开放两个阶段，中国城市发展经历了短缺经济的以城市基础设施和房地产为主的建设阶段，目前进入了以新旧动能转换构建新的发展动能的内涵式发展阶段。无论是中国还是其他国家，经济社会发展的主要载体是城市，城市是各类要素资源和经济社会活动最集中的地方，也是城市建设、产业集聚、人口消费的主要场所，具有要素的集约性、结构的开放性、系统的复杂性、功能的综合性。不同层级的城市和区域的发展主要也是以城市为中心展开，中心经济引领要素集聚、带动区域发展、构建产业生态、孵化城市品牌的作用，主要也是聚焦于城市及其产业功能、城市功能、行政功能的各类载体上，主要体现在"城经济"和"市经济"两个方面。"城经济"是"投资经济"和"建设经济"，"市经济"是"产业经济"和"消费经济"。城市的发展需要通过系统规划将产业和功能与空间载体进行高效的匹配，再通过产业金融和开发性金融实现产业的导入和城市载体的建设。

一、现代城市经济的时代特点

城市是自然社会经济发展要素、市场要素实现空间集聚的场所，它是一个开放性的区域集聚点和扩散点，是社会、经济、文化、政治的区域核心，是由基础设施网络和功能机构网络叠加而成的复杂网络系统，也是区域经济在空间结构和时序推进中的自然和社会市场力量促成的架构。随着经济社会与科学技术的发展，现代城市已不是原来简单的"城"与"市"的结合，而是要素众多、结构复杂、功能齐全、维度全面的综合体，日益成为一个多维度、多结构、多层次、多要素、多变量相互作用的复杂系统，而且这种复杂性还在日趋发展，具体表现在城市要素与层次的复杂、城市结构的复杂、城市环境的复杂。

由于社会生产力高度发展和科学技术迅速进步，社会分工越来越细，经济结构、社会结构、市政结构越来越复杂，所以现代城市系统不仅具有要素集约、系统开放、结构复杂等特征，现代城市功能还呈现出综合性和整体性的特征。现代城市的功能综合性和整体性，是经济社会发展引起城市结构复杂化的必然结果，同时也是城市自身发展的必然要求。这种功能的综合性和整体性能够使城市经济社会生活达到协调高效的发展，在国民经济发展中的作用与地位得到充分体现。

所谓城市经济是指在城乡二元结构下，社会再生产过程在城市空间的具体体现，是城市空间范围内各经济部门的总和。城市经济的本质特征就在于它的空间集聚性，因此聚集力是城市形成和发展的基本力量，呈现出以下特征：

一是城市经济的集约性。现代城市最基本的特征之一是要素和经济的集约性，对人口、经济、物质、能量、信息等要素的集聚是城市存在和发展的基本条件，也是城市发挥各项功能的基础。城市经济是各种生产要素高度集聚的结果，这种高度集聚性使现代城市成为一定地域经济社会的综构核、系统核与动因核，使得城市成为经济活动人口高度密集的区域，城市经济成为高度集约的一种经济形态，表现为人均 GDP 和地均 GDP 远高于其他区域类型。城市的集约性与农村的疏散性形成了差异，而这种差异迫使两者协同发展，向城乡一体化方向迈进。

二是城市经济的中心性。城市是所在区域的中心，辐射、带动区域经济是中心城市的职能和作用所在。因此城市经济是流量经济，其对外联系强度、对外辐射力是城市经济的重要表现。

三是城市经济的开放性。现代城市是一定区域政治、经济、社会、文化、科技、信息的中心，现代城市系统整体结构具有开放性，与外界交换产生城市系统的循环、以保障城市稳定有序状态。城市经济表现为跨区域、跨国界的物流、资金流、信息流和商贸流的有效率活动，成为沟通城乡和国内外联系的纽带。

四是城市经济的效益性。社会化大生产的合理分工与合作，市场规模的合理化与规范化、公共产品的集体化与系统化可以促使城市经济以较少的投入换取较多的产出，体现集聚经济的效果，实现投入产出的高效益性。

五是城市经济的服务性。城市是非农产业的集聚地，并且随着社会经济发展阶段的演进，城市经济经历了商贸经济到工业经济再到服务经济的变化。服务业尤其是生产性服务业成为城市经济的主体。

二、城市建设运营的载体——"城经济"

"城经济"是以城市基础设施和城市土地为主要代表的公共产品供给及服务的总称。"城经济"主要解决城市建设问题，相对于"市经济"而言，"城经济"是开发，是建设，是投资，是支撑促进城市经济发展的基础，是中心经济发挥作用并保障城市管理运营的平台和载体，是城市硬性实力的彰显。改革开放将近40年来，我国"城经济"迅猛发展，伴随城镇化发展取得了举世瞩目的成就，逐步达到了世界水平。

中国城市化低效率运行的主要原因在于"城经济"利用效率明显偏低，部分城市仍存在着一定的认识误区，认为过度使用就是高效率使用，其实并非如此，过度的使用会大大缩短寿命周期，最终陷入半瘫痪的畸形发展中。也恰恰是城市基础设施的过度使用和滞后性模式，才造成了当前许多城市大范围的交通拥堵、城市环境质量下降及市政公用基础设施与城市发展水平不相适应的城市病变。在这样的发展背景下，城市基础设施的利用效率相对偏低，只会带来更多的城市化后续成本和社会效益的降低。同时，城市土地利用中城市建设用地结构性供需矛盾激化、土地利用结构不合理、部分城市土地闲置，隐性浪费严重及城市土地灰市泛滥、炒地热现象发生等问题的频繁出现，降低了城市土地的利用效率。

国内外近几十年城镇化实践经验证明，在短缺经济的条件下，需要推进先导性的配置方式，即城市建设，基础先行。首先构筑起功能健全、技术先进、结构合理的基础设施体系，并在总量上适度超前，为城市建设发展的诸多不可预见因素留有余地。发展方式主要是扩大产业和功能的承载能力，走的是增量发展的道路，同时出现了资源和环境的破坏的状况。在项目形态上由于缺乏产业动力和定位功能的研究，绝大多数城市都出现了大量建设开发区、工业园区、房地产的倾向，形成了国内城市"千城一面"的城市风貌，发展内在动力缺失，形成了大量过剩的房地产，也成为供给侧结构改革去库存的主要内容。国内的城市建设在很短的时间内完成了国外很长时间才能完成的城市建设。以前，在开发模式上主要依赖土地财政，近期靠 BT，中期靠土地，远期靠税收。也就是说，以前的方式是通过房地产价格倒推土地价格，研究 BT 操作，最后通过产业来回报。由于国家政策对政府债务风险的严格控制，以及城市建设存量过剩，这种模式已经不适合城市开发的需要。所以今后的"城经济"需要以研究"市经济"为前提，需要找到产业动力、民生项目、文化软实力和聚集力。

"城经济"是要素聚集载体，包括自然要素、市场要素、经济要素、技术要素、信息要素、资本要素等。通过各种要素在空间上的配置才形成了城市框架和产业及功能形态，不同的空间就有不同特色的城市形成和发展。所以"城经济"发展的关键是转型创新，就是供给侧改革基于供给侧和需求侧双向发力，形成支撑中心经济的新型载体，从国家战略角度是基于打造新旧动能转换试验区、国际产能合作示范区、自贸功能试验区及国家对各个区域发展布局的战略考虑，形成产业增长极和空间增长极。从城镇化的角度就是形成基于国家新型城镇化的新型载体，包括特色小镇、田园综合体等。最后是基础设施和公共服务方面，主要是基于绿色发展理念的智慧城市、海绵城市、综合管廊及建筑产业现代化。

一直以来，城镇化是我国经济发展主要的内生动力，智慧化发展成为当前及未来城市建设及转型发展的主旋律，而以信息技术为基础的数字经济是驱动城市智慧化发展的核心引擎。"城经济"的城市建设与管理，一是通过规划、设计、施工形成 GIS + BIM + IT + EPC 的系统集成；二是通过智慧运营管理形成运营管理模式创新；三是通过开发性金融形成金融创新制度建设；四是通过产城融合 PPP 模式创新形成投资运营商业模式创新。

三、城市发展的内生动力——"市经济"

"市经济"是以城市产业和城市商流为主要代表的私人产品的总称。是城市形成和发展的内生动力源，主要是研究城市发展问题，表现为集聚经济与竞争优势，是中心经济的核心内涵。"市经济"是城市产业、城市功能，是城市经济活动的核心内容，也是现代城市发展壮大的根基。相对"城经济"来讲，"市经济"是运营，是服务，是产业，是内容，是灵魂，是潜力。

城市并不是一开始就具备了所有的生产类别与功能，是在发展中逐渐出现了差异化和多样化。从"投资、出口、消费"三驾马车到"供给侧改革"的演变过程，可以看出，制度变革、经济结构、要素整合构成了经济发展的三大动力，消费在国民经济所占比重越来越大。供给侧改革的核心实际上是创新的主体由政府转向企业，供给侧改革对企业来说是减税让利，对城市来说是发现需求、创造需求，发现价值、创造价值、实现价值的过程。过去城市发展主要依靠劳动力红利、土地财政、环境的过度消费，而这些已经不可持续，需要向知识、文化、创新等要素转变。出口可以带动形成出口经济的产业体系和服务功能，消费带动产业发展的关键在于城市输出产能的外部性，并通过这种外部性带动现代服务业集聚，而这些基于新动能的产业集群构建又带动"城经济"的投资需求，形成相互促进的螺旋上升态势。

"市经济"的比较优势决定城市经济走向——一座城市的经济要想成长，产品的出口起到了非常重要的作用。以底特律为例，它在19世纪曾有着丰富的经济形态。底特律由面粉出口转向了服务于面粉出口的造船厂，此后为造船厂提供发动机和零配件的制造商也开始出口自己的产品，并在19世纪末向机械与其他商品的制造业多元发展。但到了20世纪，当汽车将底特律的经济带到顶点之时，却也将该城市的未来发展引向末路。底特律把所有的资源都集中在汽车生产上，虽然一时赢得了"汽车城"的名声，但在与全世界汽车生产的竞争中落败后，整个城市都走向了没落。

中国城镇化效率低下与"市经济"运行效率偏低也有着紧密的内在联系。"市经济"中的产业发展面临着各种障碍机制和困难因素，产业空心化和产业单一化现象严重，产业集群度不高，集群模式与城市化发展不匹配；战略性新兴产业和传统产业发展脱钩，导致产业结构的合理化程度不高，优化度不够，产业发展效率低进而导致城市化的经济收益自然也会下降。城市中的各种现象需要从经济学的视角出发对城市进行价值判断，"市经济"主要是研究要素和资源禀赋的优化升级、资源配置最优化的问题。

"市经济"的产业投资运营主要在以下方面：一是通过"多规合一"理念下的系统规划，解决城市发展的动力源、产业与空间的匹配布局、产业投融资问题。通过产城融合、内生驱动发现需求、创造价值，推动城市供给侧改革。二是通过孵化器招商导入产业，实现产业集群化、集群基地化、基地社区化、社区带动新型城镇化。产业导入过程从新旧动能转换入手，突出共享经济和数字经济作为新经济形态和资源配置方式，注重大数据、云计算、区块链、人工智能等技术在新经济产业构建和传统产业升级过程中的应用。三是通过产业金融，形成资源变资产、资产变资本、资本证券化。

四、新时代融合共生的"城经济"和"市经济"

城市的可持续发展关键是"城经济"与"市经济"的有机结合，没有

"城经济"，"市经济"没有载体，没有"市经济"，"城经济"没有内容。目前城市发展的关键是通过供给侧结构性改革构建新的发展动能，所以城市发展的理论基础不仅要研究工程学和美学，还要重点研究发展经济学、空间经济学和制度经济学。发展经济学主要研究资源要素和经济结构，空间经济学主要研究空间极化、梯度发展并形成集聚效应和规模效应，制度经济学研究体制机制创新模式制度创新。

"城经济""市经济"和"产城融合发展模式"是经济社会发展总体思路要考虑的重要问题，也是中央城市工作会议提出统筹空间、规模、产业三大结构的要求。2015 年中央先后召开了经济工作会议和城市工作会议，从两个会议内容中可以看出城市工作与经济工作遥相呼应，在很多方面进行了统筹，表明了经济发展将与城市发展同步，实现经济社会一体化。

中国改革进程，"工业化超前，城市化滞后"是一个显著特征，从工业化率和城市化率的比率来看，中国的比率是很高的，说明工业化远超过城市化。中国 1978 年以来的经济增长主要是工业化，2000 年以后加入 WTO，中国逐步成为世界工厂，期间工业技术的进步超出了预期。2013 年以后，我国城市化率速度在上升，而工业化率增速在减缓。经济发展是一个动态的技术进步、产业升级、人力资本积累的过程，这个过程和城市化是伴生的。以前在研究城市发展问题时，单纯以技术和物质空间形态为主导的规划内容，没有认识到城市的本质，忽视了城市经济问题和社会问题。

"城经济"与"市经济"融合共生，主要是研究产业与空间集聚承载及匹配的关系。城市和经济发展两者相辅相成、相互促进，城市是现代经济的载体，现代经济是城市的内生动力。通过产城融合使经济社会发展和民生福祉完善有了重要的抓手，政府主导的城市建设和市场主导的产业建设形成组织能力和系统能力。

目前中国的城市化呈现高成本低收益的运行特点，更深层次的根本原因重点体现在"城经济"利用效率和"市经济"运行效率两大层面。城市化作为促进我国经济发展和走向现代化的必经途径，其运行效率如何关系到经济发展的质量和现代化的实现程度。未来的城市化进程中，需要规避数量至上的思维模式和想法，向"城经济"和"市经济"要效率，降低城市化成本、提高城市化收益。首先，优化城市基础设施利用模式，提升基础设施利用效率；优化城市土地利用格局，提升土地利用效率。其次，调整产业集群模式，提升产业资源的运行效率，并完善城市商流体系，提升商流的运行效率。这样的城市化才能协调健康发展，才能走出一条低成本高收益高效率的新型城市化道路。

据《中国城市综合发展指标 2017》报告显示，城镇化是中国经济社会过去 40 年快速发展的动力之一，因为城镇化本质上是个结构性改革问题，通过开放要素流动的城乡和区域限制，促进了要素的自有流动和高效配置。"考虑到我国各类资源和要素的配置主要集中在城镇化地区，因此提高城镇化和城市发展质量，毫无疑问是支撑高质量发展最重要的领域"。该报告分析显示，1980—2015 年的 35 年间，城市人口增长 250 万人以上的城市在全球有 92 座，其中有 30 座在中国。由此可见，中国急速的城市化、大城市化、超大城市化与全球趋势高度同频共振，而大城市化、超大城市化本质上就是中心城市的竞争。

我国经济发展的模式已经发生变化，工业化已经初步完成，城市化成为新动能，经济和人口将向大城市进一步聚集。城市规模和经济效益，人均的城市产出与城市人口规模有明显的正相关关系，城市规模越大，生产率越高。城市的聚集是一个历史的趋势，背后有经济生产率提高的原因。

随着智慧城市渐成趋势，用新经济手段实现区域经济新旧动能转换，成为产城融合发展的主要模式。以大数据、云计算、互联网、物联网、人工智能等为主的新技术手段，打造人工智能产业集群，实现"人工智能＋"，促成各种要素在平台上有效融合。促进地区产业的智慧化、智慧的产业化、跨界的融合化和品牌的高端化，使传统产业提质增效，新兴产业提升规模，跨界融合提高潜能，品牌高端提升价值。通过"地方特色产业＋大数据＋金融＋空间"的新经济手段，构建结算经济带动下的区域要素市场、产品市场和服务市场，实现"城经济"与"市经济"的高度融合，实现新旧动能的转换。最终实现以工业化为动力、农业化为基础、新型城镇化为载体、信息化为手段的新四化的高度融合。

　　智慧城市建设作为新四化高度融合的产物，在发展中要研究三大问题：智慧发展，即智慧城市的发展和定位。智慧建设，有七个层级，从顶层设计、系统规划角度入手研究区域；打造智慧生态产业城市；构建区域特色产业园区；实现产业导入，形成产业集群；发挥龙头企业的带动作用；通过"互联网＋"，打造电商平台；建立符合最终消费者需求的体验经济和粉丝经济，真正实现产业集群化、集群基地化、基地园区化、园区社区化、社区带动城镇化。打通以上七个层级，城市发展就实现了智慧发展、智慧建设、智慧运营管理的有机结合。智慧管理和运营，可从六个维度研究智慧城市的互联互通问题，一是基于 GIS 系统的"多规合一"与城市设计的智慧空间；二是城市智慧信息岛的互联互通；三是结合特色产业、一品一网概念的智慧产业；四是智慧金融，实现金融创新；五是 BIM 系统与城市复兴下的智慧城市建设；六是以大数据分析为基础，为城市发展提供解决方案的智慧城市运营与管理。

　　城经济与市经济如图 14-1 所示。

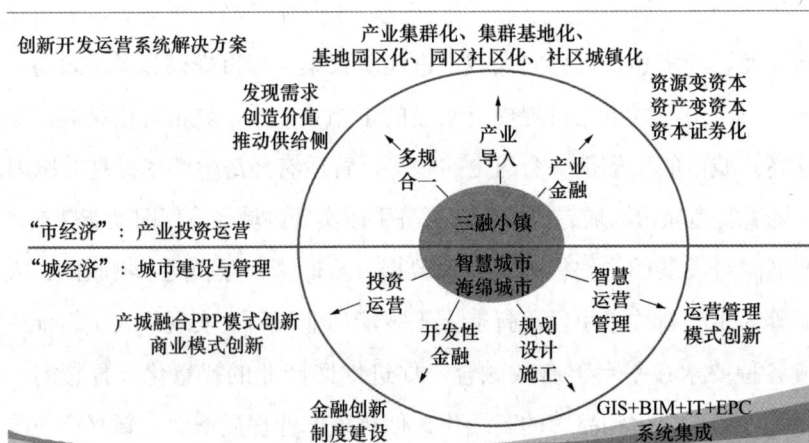

图 14-1　"城经济"与"市经济"

第十五章 十大要素支撑"中心经济"

随着经济社会发展一体化趋势加强和创新动力机制的凸显，过去依靠资本、劳动力要素累加的现代区域经济发展模式开始向科技、知识、信息和专业化人才资本等综合要素投入转移，要素集成复合创新成为区域经济实现高速高效发展的必要性路径和关键性措施。

中心经济是在新时代城市发展需求背景下，由战略思维、系统思维、项目思维集成创新，基于聚集力理论及模型，以要素聚集力打造为着眼点，推动产业、金融、科技、人才、信息、生态、交通、土地、制度、品牌这十个要素的有机复合，形成规模效应、乘数效应。通过全要素资源的整合、重构、聚集和再配置，从而实现该区域内涵式、创新性、可持续发展路径。这十个要素以不同的机理集聚形成项目形体和空间形态。产业形成内生动力，金融促进项目落地、科技赋能产城形态、人才强化知识经济、信息促进模式升级、生态构成发展基底、交通提升连通效率、土地匹配空间承载、制度保证红利挂钩、品牌提升城市引力。单一的要素只是城市发展的一个方面，在当前新经济的环境下，一个要素已经不能脱离其他要素而存在，要素发挥价值的关键在于要素间融合，产生新的业态模式、动力路径、造血机能，进而促进中心经济及城市的发展（图15-1）。

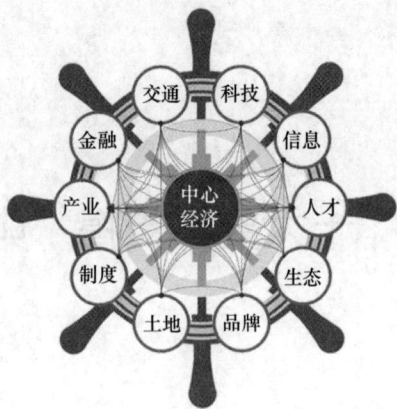

图 15-1　"中心经济"十大要素舵盘图

一、"产业"要素

产业对于城市而言是其发展的物质基础和内生动力，是城市正常运转的关键支撑，是城市综合竞争力的重要体现，在城市发展过程中扮演着决定性的角色（图 15-2）。

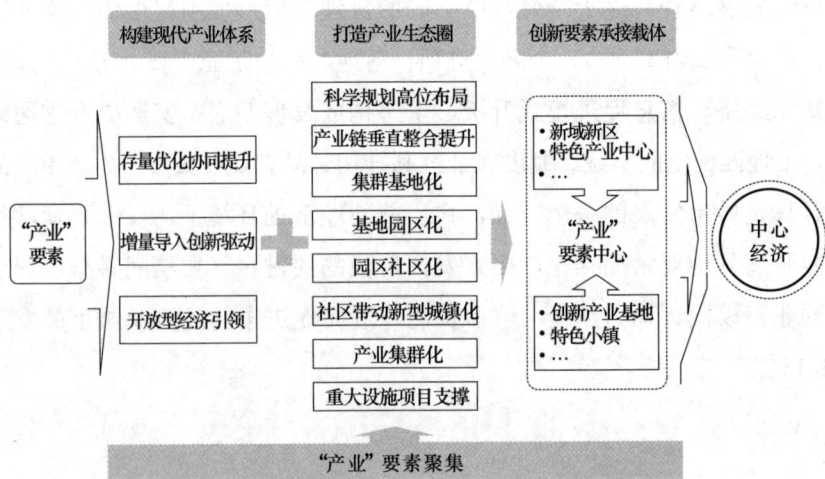

图 15-2　聚集"产业"要素支撑中心经济

（一）中心经济与产业升级

1.产业升级是城市和中心经济发展的动能转换

中心经济的聚集性和辐射性决定了产业生态圈的层次性和范围性。产业升级是城市和中心经济新旧动能转换的主要方式。目前大部分城市的传统产能占比过大，新经济发展处于起步状态。按照供给侧改革的要求，城市产业升级的方向主要集中在两方面：一是以新技术、新产业、新业态、新模式为特征的新经济自成产业体系；二是以新一代信息技术和人工智能技术为代表的新技术，与传统产业结合形成新的产业形态，或提高传统产业效率。另外，按照新的产业结构划分，集合农业一、二、三产融合的"新六产"构成广大县域经济打造产业集群的新路径模式。

产业作为一个城市发展的动力源，并不会自动形成。城市的产业投资对一个城市投资判断从一开始就集中在资源禀赋的特质、市场空间或国家重大战略引导，其实主要看一个城市在区域发展格局中区域价值提升空间的大小。一般城市的产业选择遵循资源型产业和机会型产业并举的原则，在"有中生有"的基础上创造"无中生有"和"有中出新"的机会。重化工产业的选择主要取决于国民经济发展的区域性总体布局和社会资本的投资意向。目前大多数的城市和县域经济，产业升级主要还是聚焦于传统产能升级和新型产能的培育。

构建产业体系打造产业集群，首先是根据资源判断产业机会，通过对区域特色资源及其整合能力的分析，形成产业适宜度评估，得出基于特色资源的核心产业。在构建产业体系时考虑的资源主要分为产业依赖型资源、条件支撑型资源、发展创新型资源。产业依赖型资源包括农林矿资源，条件支撑型资源包括土地、水资源和生态资源，发展创新型资源包括政策、文化、教育、科技等资源。资源型产业主要依赖当地的资源禀赋，机会性产业主要依赖知识、生态、政策等要素。资源能否形成产业需要对拟选产业的市场空间、资源规模、产业政策导向、产业及城市竞争力进行综合分析，形成主导产业、支柱产业、配套产业、机会产业等产业结构。

在产业结构确定后，需要根据核心产业构建产业关联及配套，并形成实体产业与依附性产业的有机关联，一、二、三产融合发展业态产业链。农业"新六产"在产业链构建方面主要考虑农产品生产、加工、销售的关系，从项目形成的角度是建设交易中心、加工企业、种植基地的打造。产业链形成后，根据产业关联形成产业带动路径，按照订单农业和农业金融，先解决卖的问题，然后解决种植结构稳定及规模问题，再解决工商资本介入打造加工能力问题，其实就是"312"或"321"的产业路径。

2. 中心经济是城市和产业升级的集群模式

中心经济具有明显的聚集性特征，中心经济的业态主要表现为产业集群化、集群基地化、基地园区化等产业载体。基于产业关联和资源整合，将资源优势变为经济优势，将资源劣势变为后发优势，通过资源和市场的吸引，加之政府成立产城融合发展基金的引导，导入龙头企业带动产业集群进入，形成产业自身配套。结合选址，中心城区形成交易结算、研发中试、溯源检测等要素中心，城镇区域形成加工能力集聚的经济产业园区，周边农业地区形成生产基地，在中心城市、县域经济、特色小镇和美丽乡村四层结构上，形成要素中心＋产业园区＋生产基地的三圈产业生态系统。

所以，中心经济在产业的构建方面是要素中心、产业园区和生产基地的结构化层次化空间布局。其引发聚集和带动的逻辑是，通过从市场订单经济着眼，通过对特色资源对构建产业适宜度的规模和市场空间的预判形成聚集引力源，这种市场的外部性预期结合区域价值提升空间在战略层面的进一步明确，为龙头企业以现代服务业整合加工、生产能力提供了基础先决条件。在城市发展实践中，一般是通过交易结算中心和要素中心的打造，整合加工业工商资本和社会资本进入带动生产种植结构的稳定和生产基地的配套，或者是通过交易中心和要素中心的打造，直接整合农业种植资源的生产环节带动加工企业进入。这种要素中心＋产业园区＋生产基地的产业生态系统，正是中心经济引领要素集聚、带动区域发展、构建产业生态圈的空间集成模式。要素中心对经济发展的控制力随着中心经济的辐射力加大，这种圈层逻辑可以在跨行政区或跨经济区的更大范围内进行布局，从而产生更大的经济外部性。

（二）官渡产业要素支撑的中心经济

随着官渡区逐渐进入经济社会发展的后工业化高级阶段，官渡区已逐步形成以第三产业为主导的中心城区。知识经济和现代服务业显得越来越重要。从总体上看，官渡区重点承接了昆明市产业体系构想中的服务业板块，这也与未来官渡区的战略定位和发展愿景相契合，从现实角度考量，也同时符合官渡区所处的经济发展阶段。《官渡区战略驱动创新发展战略规划》确立了官渡区"144"开放型现代都市产业体系格局，即一个核心产业——总部经济，四个支撑产业——会展会议、金融服务、现代商贸、新型房地产，四个新兴产业——健康服务、文化创意、休闲旅游、信息服务（图15-3）。

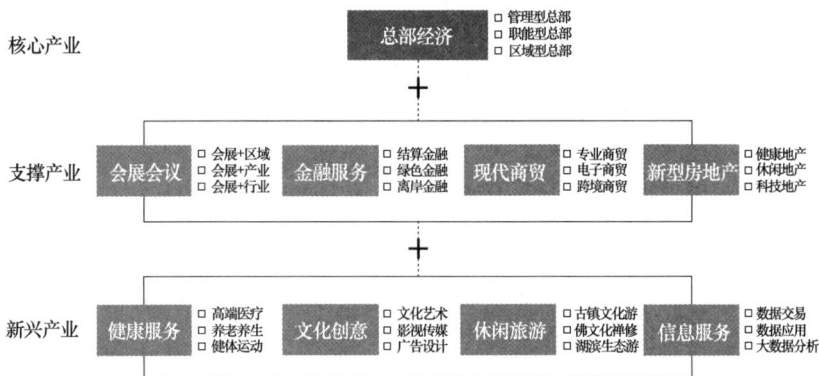

图15-3　官渡区1＋4＋4现代产业体系构建

1. 聚焦总部经济核心引擎作用

以巫家坝CBD建设为契机，围绕昆明市"188"重点产业，引入金融总部、商贸总部、工业总部、工程咨询总部等总部企业，推进官渡区产业发展高端化，逐步嵌入全球高端价值链体系，全面提升官渡区对大西南地区的产业聚集力和辐射力。通过总部经济的"产业聚集效应、产业关联效应、消费带动效应、税收供应效应、资本放大效应、就业乘数效应"推动官渡区打造多元要素融合创新的新中心。

目前昆明市总部经济的格局还没有完全形成，还没有完整意义的"总部基地""总部商务园""金融港"等中心经济形态，围绕总部经济发展推动产业聚集也是昆明在构建中心经济格局中的竞争特性。巫家坝作为未来若干年内昆明主城区仅存的具有一定规模可连片开发的重点区域，通过打造 CBD 承载发展总部经济，形成昆明市新的经济增长极和官渡区实现跨越式发展的重要引擎，是官渡区在新的发展格局中确立昆明城市新中心龙头地位的重要举措（图 15-4）。

图 15-4　巫家坝 CBD 金融服务集群

1）充分发挥沿边开放优势引入重量级龙头企业

充分发挥沿边开放优势，发挥昆明作为云南省省会和面向南亚东南亚开放的区位优势，引进省内、国内乃至国外的大型企业尤其是世界 500 强、中国 500 强、中国民营 500 强企业，设立面向全省、全国和南亚东南亚的区域性工业总部。通过即将入驻巫家坝 CBD 的中国交通建设集团、中国铁建股份有限公司、中国铜业、葛洲坝集团等基建类、工业制造类企业及其附属机构和单位，发挥重量级龙头企业的带动引领作用，进一步放大总部企业的集聚效应，突出总部经济的品牌优势，形成以中铁建、中交建大型央企为代表的基础建设类工业企业总部集群，并进一步带动周边区域形成一批有影响力、竞争力的产业基地，支持与南亚东南亚国家的经济合作和我国的优势产能输出。加强与印、越、老、缅、泰等交流合作，借助"一带一路"倡议，鼓励官渡区通过引入清洁能源、水电、农产品加工、咨询广告等领域的总部经济和楼宇经济。其次，根据东南亚南亚国家劳动密集型特征和广阔的消费市场需求，积极沟通对接发达地区的劳动密集型产业到缅、老、泰、越等地落户，完善官渡区技术平台，引进面向南亚东南亚的全球总部、地区总部、国内总部，也着眼引进行政总部、营销总部、研发总部等多种层次的总部经济，从而充分发挥不同地区的资源优势，形成官渡区与南亚东南亚地区重要地区的合理分工与合作。

2）积极发展金融、会展、物流等现代服务业总部

金融总部——关注中国银行、中国农业银行、中国建设银行等中资四大银行和浦发银行、兴业银行等商业银行落地，强化官渡区国际金融企业与机构招商，引入渣打银行、印度海外银行、星展银行等南亚东南亚外资银行，并丰富证券业、保险业等行业的区域总部、职能机构入驻；争取亚洲开发银行、亚洲基础设施投资银行、丝路基金、南亚和东南亚投资合作基金等政策性金融机构落户官渡巫家坝国际金融港，发挥政策性金融在区域合作、产能输出等领域的巨大效能。

会展总部——以滇池国际会展中心、昆明国际会展中心为推动官渡区会展经济蓬勃发展的核心载体，同时会展经济将大力助推总部经济和楼宇经济的发展，通过积极引入会展服务行业企业总部、行业协会机构、广告传媒等企业总部，与会展业协同发展。举办会议会展吸引的大量商务人士及游客进而带动旅游、广告、餐饮、住宿、通信、交通等相关产业促进楼宇经济的发展（据研究昆明的会展带动系数为 1：7）。另一方面，通过发挥与空港融合发展的优势，依托空港航空枢纽服务、临空商贸物流布局，加快物流、传统工业等经济功能转移，进一步做大做强总部经济、楼宇经济。

物流总部——重点面向昆明空港与昆明陆港两大物流经济圈，利用自身区位交通优势和商务环境优势，进一步集聚吸引航空物流、铁路物流、公路物流等一批先进的物流快递企业，到官渡区设立总部或分支机构。形

成与电子商务发展相配套协同的现代物流配送体系，进而推动物流企业由实体向虚拟转化，由仓储物流向总部物流转化。积极健全物流企业总部认定与服务标准，加强针对性招商与政策配套，通过金融、政府服务、人力资源等优惠政策吸引物流企业总部集聚布局。

3）面向滇中新区、经开区培育和引进工业总部

国家级新区——云南滇中新区是打造我国面向南亚东南亚辐射中心的重要支点、云南桥头堡建设重要经济增长极，是滇中产业新区的核心区域，官渡区部分区域位于滇中新区的规划范围。滇中新区确立以产业功能区为载体，大力发展先进制造业，加快发展现代服务业，积极发展特色产业，着力培育战略性新兴产业和高新技术产业。对接滇中新区的发展思路，官渡区应通过积极引进国际、国内高端人才和研发机构，积极争取以干细胞应用为主的生命科学研发运用中心，以纳米技术为主的新材料研发运用中心，以 3D 打印为主的新型制造业研发运用中心等研发中心职能机构落户巫家坝 CBD。此外，利用中央商务区优越的商务办公环境进行以商建园、以园招商、以商兴业的现代开放合作招商引资模式，吸引滇中新区内现代生物、汽车及配套、高原特色农业与现代食品、航空配套、电子信息、新材料、节能环保、石油化工、家电轻纺、现代物流等领域企业将总部或职能机构设在巫家坝 CBD。以现有葛洲坝集团、华能澜沧江集团等电力企业总部为基础，抓住云南大力发展水电、风电类清洁能源的时机，积极引进电力企业总部、财务公司、研发中心，形成电力总部集聚区。面向滇中新区、经开区，结合主导产业发展，培育和引进省内、国内乃至国外的大型工业企业，设立面向全省、全国和南亚东南亚的区域性工业总部。尤其注重抓好一批工业产业链上研发、营销环节的"两头"型大企业培育，发展无制造环节的研发型、总部型工业企业，提升产业发展质量和水平。

4）着力打造特色楼宇，集聚贸易、电商、文创等特色总部

依托官渡区工业文化积淀和现有的信息流、人才流、资金流、现代物流等资源要素，以巫家坝片区特色楼宇和螺狮湾片区楼宇为载体，吸引国内外、内外贸公司总部入驻。鼓励发展壮大的企业"走出去"，进驻孟、印、

缅、越等周边国家开设分店，形成商贸企业"走出去、引进来"的中心。云南省拥有丰富的旅游资源，瞄准旅游服务发挥旅游业在增进人员往来、促进相互经贸交流等方面的桥梁和纽带作用。进一步深化官渡区与南亚东南亚国家的区域旅游合作，突破旅游产品开发、联合宣传促销、旅游交通互通、旅游信息共享等方面的障碍，努力构筑国际区域旅游网络。支持官渡区旅游企业与旅行社开展境外旅游投资、旅游服务，鼓励省外、境外优强企业通过投资、兼并、参股、迁移总部等方式来官渡区开展旅游业务。依托官渡电商产业园的产业氛围，积极引导有实力的电子商务企业在官渡区注册登记，在产业园区设立西南地区总部，实现电商企业的总部经济聚集。以建设面向南亚东南亚的国际营销网络为动力，以构筑中国——南亚东南亚跨境电商平台为目标，以实现中国与南亚东南亚的商务信息网络共享为方向，有力支撑昆明建设成为具备信息交换枢纽、跨境电商采购等功能的中国与南亚东南亚对外贸易"云中心"。借昆明市政府与阿里巴巴 1688 进口货源平台签署合作共建协议之机，做大做强跨境贸易电子商务进口业务。

立足产业转型升级需要，围绕实施"互联网＋"行动计划，依托三大电信运营商、华为公司和浪潮公司等骨干企业，大力引进大数据、云计算、物联网、互联网及移动互联网、车联网、航空互联、北斗导航、虚拟现实技术、增强现实技术等新一代信息技术产业区域性龙头企业总部迁至官渡区设立区域性总部、研发中心或应用示范基地，吸引相关产业行业具有较强集成能力的信息提供商入驻昆明建设面向南亚东南亚的大数据服务平台，争取在民族医药、旅游、生物种质资源等重点领域形成国家级大数据和云计算中心。

5）结合未来自贸区申报建设集聚自贸企业总部

结合昆明空港经济区（包括昆明综合保税区）、昆明高新技术开发区、昆明经济技术开发区等区域内已有的自贸企业格局，建立巫家坝 CBD 自贸区体系，把巫家坝 CBD 自贸区体系打造成为官渡区现代商贸业中心要素集聚区。

规划自贸企业总部基地为巫家坝 CBD 自贸企业总部及其相关的金融、

服务企业提供商务办公场所，配套政府办公区、自贸企业总部办公区、国际学校、国际社区等。设置政府办公区为海关、检验检疫等相关政府办公场所，设立自贸企业总部基地便于对入驻企业及涉及自贸业务的监督管理。在巫家坝CBD通过引入国内外涉及跨境贸易的企业总部办公职能，形成自贸企业总部聚集区，构成中央商务区的重要组成部分，形成自贸企业总部办公区。设立国际学校，为中外自贸企业工作人员子女提供对口的高质量教育机构。针对自贸企业工作人员，打造符合中国、南亚、东南亚国家人员的居住习惯的国际居住社区。

2. 重点发展四大支撑产业

整合线上和线下优势资源，积极引导传统批发市场运用电子商务转型升级，发展专业商贸、跨境电商等业务，支撑云南省自贸区建设；结合对外开放政策及现代商贸发展趋势，大力发展结算金融、绿色金融、离岸金融等金融业务；延伸"会展＋"发展水平，提升官渡区会展国际品牌影响力；为现代产业做配套，创新发展模式，大力发展"商贸＋地产、总部＋文化＋地产、文化＋旅游＋地产、养老养生＋地产"等复合型地产。

3. 培育发展四大特色新兴产业

围绕"大健康、大旅游、大文创、大数据"培育四大复合型特色产业，其中健康服务着重承载昆明市大健康产业示范区建设要求，加快发展高端医疗服务、养生养老及高原健体等服务功能；休闲旅游重在打造"多元文化＋健康养生＋商务旅游"发展模式，加快发展古镇旅游、禅修度假、健康疗养、创意体验等功能；瞄准设计、营销、品牌等产业价值链高端环节，加快发展影视传媒、广告设计、民族文艺创作等文创产业；推进"互联网＋"战略，加快发展大数据应用领域的智慧服务产业。

二、"金融"要素

金融在城市开发和形成城市功能方面是城市能否形成自身造血机能的

关键，是实现顶层设计、产业导入、项目落地的投融资体制机制保障。金融能否破题关系到城市开发的资金支持问题，也关系到城市能否形成经济的外部性和城市发展的速度（图15-5）。

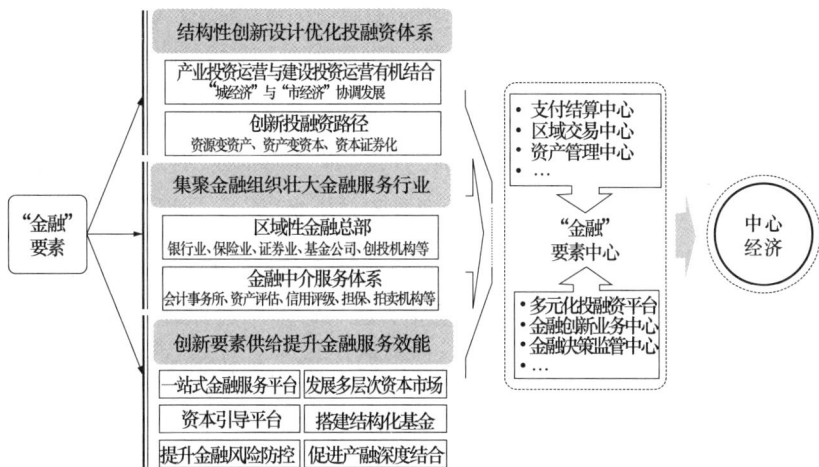

图 15-5　集聚"金融"要素支撑中心经济

（一）中心经济与金融创新

1.金融创新是城市和中心经济发展的造血机能

金融创新对于城市发展的作用主要体现在两方面，一是为中心经济的打造和城市形态的构建提供投融资来源，二是在城市的中心经济产业业态方面形成绿色金融、离岸金融等具体功能业态项目，其实也是聚集力和影响力的来源。

金融作为现代经济运行的核心，是区域经济腾飞的引擎，是产业发展的命脉。金融既是一个城市的产业，也是城市规划开发建设的资金融通枢纽。在现代经济中，金融除了为经济增长直接贡献增加值之外，还对整个经济社会的资本形成与资源配置起到至关重要的作用，其发展水平更是衡量和体现现代经济社会发展程度的重要标志。建立与经济社会发展水平相适应的金融服务体系，完善和充分发挥现代金融业的服务功能与作用，将对整个经济社会的增长发展起到强有力的推动作用。

金融对产业发展的主要功能是资金融通、资源整合、价值提升。产业金融是在现代金融体系趋向综合化的过程中，出现的依托并能够有效促进特定产业发展的金融活动总称。产融结合原则是产业为本、金融为用。通过产业金融形成产业发展的金融整体解决方案，产业金融有很多形式，如科技金融、能源金融、交通金融、物流金融、环境金融等。

开发性金融是政策性金融的深化和发展，是实现政府发展目标、弥补体制落后和市场失灵，有助于维护国家经济金融安全、增强竞争力的一种金融形式。开发性金融一般为政府拥有、赋权经营，具有国家信用，体现政府意志，把国家信用与市场原理特别是与资本市场原理有机结合起来。开发性金融一般要经历三个发展阶段：第一阶段是政策性金融初级阶段，开发性金融作为政府财政的延伸，以财政性手段弥补市场失灵。第二阶段是制度建设阶段，也是机构拉动阶段，开发性金融以国家信用参与经济运行，推动市场建设和制度建设。第三阶段是作为市场主体参与运行。目前，国家开发银行已走过政策性金融初级阶段，正处于制度建设阶段。开发性金融的本质不同于政策性金融，后者是把信贷资金财政化，前者是财政资金信贷化，即把财政资金用市场化的方法运作。实行"政府选择项目入口、开发性金融孵化、实现市场出口"的融资机制。开发性金融的用途主要是在经济建设中的长期资金支持作用。

随着经济的增长，我国人口多、资源少、发展不平衡等问题日益突出。在涉及国家经济整体发展的战略性领域，"两基一支"（基础设施、基础产业和支柱产业）领域的建设资金问题仍未得到彻底解决，特别是煤电油运等能源交通供应又趋紧张，主要农产品以及重要原材料等也出现了资源约束。开发性金融运用市场化的运营模式，直接向上述瓶颈领域提供大额长期资金，支持经济的持续发展。

国家开发银行充分利用开发性金融的融资优势，与地方政府达成信用建设的共识，支持地方经济加快发展。特别是20世纪90年代中期以来，商业性金融普遍从县乡退出，瓶颈领域的发展需求与金融体制脱节，国家开发银行积极进入，有效填补这些空白。在具体做法上，国家开发银行充分运用和发挥政府组织增信的高能量，通过与地方政府签订金融合作协议，约定共建信用、贷款支持、承诺还款来源和方式等内容，建立起完善的风险控制机制和信用体系。

对于一个城市的发展，以前的融资通过土地财政进行了快速的大规模建设，目前需要改变投融资开发模式，创新土地融资方式及基建融资方式，利用 BOT、TOT、ABS 等方式撬动社会资本、民间资本，拓宽融资渠道，通过构建投资运营平台公司，选择规模适度、土地权属清晰土地为标的，以两种方式实现封闭式的投资运营：一是通过土地出让收入和产业引导基金回购基础设施及公共服务设施的投资；二是对于主导产业，通过土地资源的资产化，资产资本化，资本证券化，以上市方式实现退出。

2. 中心经济是城市和金融创新的投融资载体

一个城市的投融资工作主要是围绕城市发展战略和规划目标展开的，战略打造区域价值高地从而增强资本投资预期，规划引领要素集聚树立城市各空间功能板块、重点产业和重大项目的投资价值和投资预期。中心经济作为一个城市发展战略的重要组成部分和主要支撑，构成了城市和金融创新的投融资载体，也就是说，投融资的重点需要放到发展中心经济的空间增长极和产业增长极的打造上。

在投融资从大开发、大建设向大发展、大运营转变的历史阶段，投融资工作需要探索引导新兴产业培育与存量资产运营的有效联动，增量创新主要放在打造战略产业发展的孵化中心、科研中心、设计中心、双创中心、运营中心、交易中心、结算中心、品牌中心、认证中心、检测中心等方面，存量盘活主要放在要素中心对传统产能赋能形成的新经济业态，实现新旧动能的转换和接续。

（二）官渡金融要素支撑的中心经济

官渡区金融要素在构建中心经济过程中的投融资支撑在本书第五篇中

详细叙述。本章主要从官渡区需要汇集哪些金融功能支撑中心经济业态的角度，将中心经济的主要载体聚焦于总部经济（巫家坝 CBD）、跨境人民币服务平台、人民币离岸金融中心、绿色金融中心、互联网金融中心、碳排放交易中心等。

通过引入金融类区域性总部机构和推动民间金融机构壮大发展，不断完善金融组织体系，健全金融服务业务的发展主体和载体。以吸引入驻巫家坝片区的中外资银行、商业银行、政策性银行职能机构及业务中心、知名证券业保险业服务机构，与本土发展壮大的金融类企业机构一道，形成以银行类金融机构为龙头引领，保险类、证券类、互联网金融等新兴金融机构有力支撑的金融服务企业总部集群，支持发展跨境金融、绿色金融和离岸金融，形成与周边城区差异化发展的金融服务高地。

1. 完善金融组织体系，促进金融资源集聚

依托"一带一路"倡议、长江经济带发展战略等，利用官渡区作为面向南亚东南亚会展和商务中心的优势，以巫家坝 CBD 为主要空间载体，加快金融机构集聚，打造良好的金融发展环境。推动中外资金融机构入滇发展，加大金融机构"引进来"力度，开辟外资金融机构准入"绿色通道"。积极引进世界著名外资金融机构，争取 2～3 家国际大型银行如汇丰银行、花旗银行等在昆明官渡设置西部地区总部、分支机构和功能性服务中心。面向南亚东南亚等国家，积极引进 1～2 家南亚东南亚知名银行如渣打银行、印度海外银行、星展银行等外资银行在官渡设立法人机构和办事处，开展面向南亚东南亚的国际金融业务，鼓励外资银行拓宽业务范围并实现营业网点下沉。吸引一批重量级、标志性的国外知名金融机构的总部在官渡设立第二总部或职能机构；争取符合条件的南亚东南亚国家和港澳台金融机构到昆明设立外资或合资银行并将办事机构和银行总部设置于官渡区。发挥官渡区建设区域性国际金融中心的核心地位作用，积极引进包括中央金融机构及其创新业务分支机构，积极支持中国农业银行泛亚业务中心、中国银行沿边金融合作服务中心发展，推进设立中国工商银行沿边金融改革试验区跨境金融服务中心和中国建设银行泛亚跨境金融

中心。利用官渡区作为面向南亚东南亚会展和商务中心的优势，吸引亚投行、丝路基金、亚洲开发银行、中国进出口银行等政策性银行在官渡区设立区域办事中心等职能机构或业务中心，进一步扩大与南亚东南亚的经济合作。引进中资商业银行如浦东发展银行、兴业银行等到官渡设立创新业务中心，成立离岸业务创新中心、绿色金融创新中心等，支持引导发展离岸金融和绿色金融。鼓励富滇银行、云南红塔银行等本地金融机构将总部设于巫家坝 CBD，加强金融机构集聚和行业间交流合作。

根据金融市场发展的需要，加快发展期货业、资产管理公司、财务公司、基金公司等各类金融机构，引入发展太平洋证券、平安证券、红塔证券等证券业金融机构和人寿保险、平安保险、诚泰保险等保险业机构，积极支持实力雄厚、管理先进的中资和外资保险公司进入云南省市场。吸引各类资本参股或设立总部在云南省的保险法人机构，支持在官渡区设立区域性、专业性保险公司。健全金融组织机构，吸引混合所有制、民营等各类金融机构到官渡设立区域总部或分支机构。发展金融有关的典当公司、拍卖公司、担保公司、小额贷款公司、投资公司等，拓展金融服务领域，完善金融服务体系，为昆明建设中国面向西南的区域性国际金融中心提供有力支撑。

2. 围绕跨境贸易业务，提升金融服务能力

一是打造一站式跨境金融综合服务平台，提升跨境投资贸易金融服务便利化，以完善的金融机构体系为主要空间载体，创新发展金融业务，参照上海自贸区跨境金融服务的成功经验，结合打造一站式的金融服务平台，主要服务国内西南省份、南亚地区、东南亚地区的公司客户及个人客户，尤其针对跨境贸易企业创新提供现金管理、特色贷款、境外投融资等服务。推广专营机构、信贷工厂、产业链融资等服务模式，提供包括投资融资、兼并收购、咨询顾问等在内的综合性"一站式"金融服务，提升跨境投资贸易金融服务便利化。包括跨境人民币资金集中运营服务、企业跨境投融资服务。

二是创新发展人民币跨境业务，扩大人民币跨境使用。深度结合电子

商务、现代商贸产业发展，搭建跨境零售支付平台。进一步发挥人民币在跨境交易中的计价、结算和储备职能，提高境外市场主体对人民币的接受程度。广泛宣传跨境人民币业务政策，推动市场主体在跨境贸易、投资中使用人民币计价结算，扩大跨境人民币结算范围。包括跨境零售支付平台。积极主动争取具有离岸业务的商业银行等金融机构的集聚，扩大南亚东南亚国家货币与人民币自由兑换范围，加速利用南亚东南亚资金扩大融资渠道，建立人民币与南亚东南亚国家货币清算机制，创新南亚东南亚离岸金融产品

3. 发展绿色金融、互联网金融等新兴金融，推动金融改革创新

一是积极发展绿色金融。绿色金融是昆明打造面向南亚东南亚区域金融中心未来的发展方向。加强生态环境保护和生态文明建设，积极发展绿色金融，动员和激励更多金融资源投入到绿色产业。创新发展智慧交通产业基金和绿色能源发展基金，围绕碳金融构建云南低碳交易中心，依托云南省风能、水电等众多碳减排量项目形成的良好碳金融市场基础，打造区域国际低碳交易中心。积极承接国家相关支持政策并加强绿色金融政策的执行力度，推动金融机构积极开展绿色金融。探索能效融资、碳排放权融资等绿色金融形式，积极支持绿色金融产品创新，配合建立绿色信贷长效机制，大力拓展绿色信贷业务，充分发挥保险在绿色经济发展中的保障作用。促进金融机构开展国际合作，引进先进绿色金融产品和技术，扩大绿色金融业务规模。包括绿色产业基金、碳排放权交易。

二是注重互联网金融等新兴金融领域的培育与发展。抓住"互联网＋"的发展机遇，依托互联网技术和平台，大力发展互联网金融服务，加快业务模式、机制、流程和产品创新，鼓励银行业金融机构利用大数据、云计算、移动互联等新一代信息技术，完善信用评级体系，实现传统金融产品与服务转型升级。认真贯彻《中国人民银行工业和信息化部公安部财政部工商总局法制办银监会保监会国家互联网信息办公室关于促进互联网金融健康发展的指导意见》（银发〔2015〕221号），规范个体网络借贷、网络小额贷款、互联网信托和互联网消费金融，发挥网络金融对传统金融的补

充作用，有效提升服务能力。积极支持私人财富管理、股权投资、私募基金、融资租赁等领域发展，制定差别化发展政策，对企业税费、物业租赁、人才发展等提供相应支撑性政策。推动互联网金融创新规范发展，促进互联网企业和金融机构的跨界融合，推动基于互联网的第三方信用中介服务体系建设（图 15-6）。

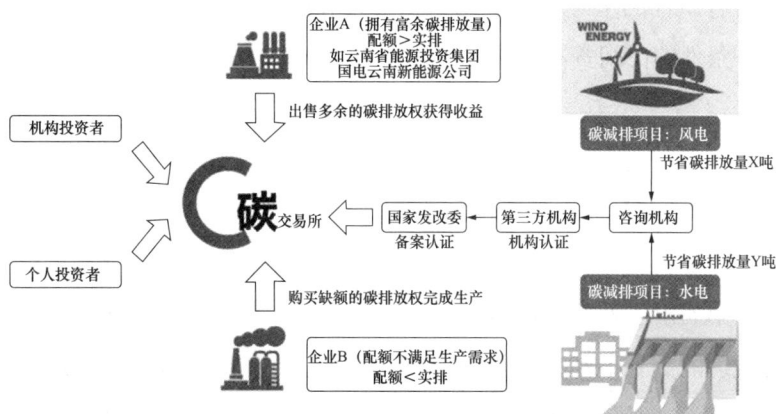

图 15-6　云南省碳排放权交易模型

4. 强化产融结合功能，引导服务实体经济

围绕金融服务实体经济的本质要求，加强金融与财政、产业政策协调配合，拓宽企业融资渠道，大力发展直接融资，优化间接融资渠道和投向，完善政府和社会资本合作模式，降低社会融资成本，提升服务实体经济效益，进一步扩大金融市场能级和辐射力，为经济发展方式转变和产业转型升级提供有力金融支持，推动有效市场和有为政府积极配合，增强金融资源配置能力，支持产业升级和做大做强。积极推动企业上市，鼓励企业通过主板、中小板、创业板、新三板、股份转让中心等获得融资支持。按照昆明市"188"产业体系和官渡区确定的"9＋1"重点发展产业相关要求和本次规划研究确立的主导产业体系，设立政府引导基金，如文化产业基金、绿色能源发展基金等，充分发挥政府投资的引导作用和放大效应，进而吸引社会资本进入重点产业。探索产业基金、招商引资基金促进招商引资的模式。充分发挥金融体系的产业优化功能，促进产业与企业的优胜劣

汰，优化金融资源配置，提高资金使用效率，引导社会资本脱虚入实。

未来滇中新区规划将构建具有较强国际竞争力和影响力的现代产业体系，建设支撑昆明、带动全省跨越发展的重要增长极，打造国际化高新产业新城。促进滇中新区先进制造业、新兴产业和现代服务业与官渡区金融业的融合发展，并继续沿边金融综合改革各项政策措施支持。同时，鼓励和支持符合条件的中外各类金融机构在官渡区设立分支机构或入驻展业，支持具备条件的民间资本依法发起设立中小型银行等金融机构。

三、"科技"要素

处在第四次工业革命风口，科技要素在城市中的应用是改变城市形态和运行机理的重要推动力量。根据城市发展趋势和社会需求以及城市发展过程中出现的一系列问题，绿色交通、TOD、生态绿化、资源利用、城市双修、智慧城市、区域能源、海绵城市、装配式建筑、绿色建筑、城市设计等技术逐渐在城市建设中扩大应用领域。这些城市发展软硬件包含的科技要素通过各种技术的不同组合和搭配，融入智慧城市的功能形态、产业形态和城市形态（图15-7）。

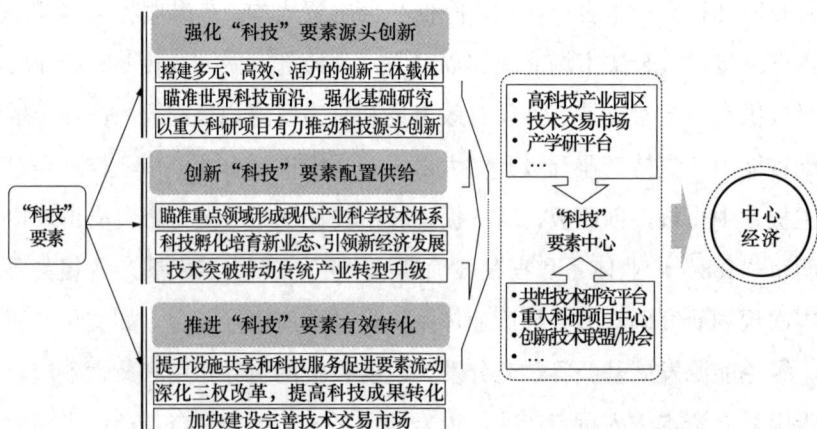

图15-7　集聚"科技"要素支撑中心经济

（一）中心经济与科技进步

1. 科技进步是城市和中心经济发展的技术触媒

中心经济的产业生态圈构建作用和区域发展带动作用直接指向产业集群和空间载体，中心经济的中心属性要求产业集群和空间载体的构建要融入现代科技要素。而大数据技术、物联网技术、云计算技术、人工智能技术是构建中心经济产业集群和全要素智慧城市的四大支撑技术。

新科技能够从两个维度推动新产业的形成：第一个维度是新科技可以作为一种使能技术（Enabling Technology），以新一代信息技术为代表的新科技在其他产业中的广泛使用会带来产业运作方式的显著改变，从而针对供给侧结构性改革的要求，实现新旧动能转换。例如人工智能、移动互联网、激光雷达、毫米波雷达、GPS 等技术的使用使传统汽车向无人驾驶汽车快速演进，围绕传统汽车形成的产业生态将会被颠覆。第二个维度是新科技会直接转化为可供销售的产品或服务，当这些产品和服务的规模扩大到一定程度就形成了新产业。例如由新一代信息技术发展而来的云计算服务、大数据服务。新科技对各个产业的影响将是全覆盖的，对产业内部的影响更具有普遍意义。

"互联网＋"依托大数据、云计算、物联网、移动互联网等新一代信息通信技术，结合需求的个性化、碎片化特征，带动传统行业的产业升级，实现新的商业模式变革，在一定程度上提升了产业效率，并且打破了传统服务业、工业和农业的产业界限，改变了传统产业业态。这种新形态、新业态在形成中心经济的过程中更多地体现在新动能带动下的产业增长极和产业集群。例如，生命科学与生物医药产业、军民融合产业、高端的生产性服务业等，并带动金融、远程教育、智慧医疗等服务业新业态、新模式。

2. 中心经济是城市和科技进步的智慧形态

中心经济在产业生态圈构建方面是产业的智慧化和智慧的产业化，在城市形态的创新方面是智慧城市、海绵城市、地下综合管廊、分布式能源等新技术应用的载体。

1）智慧城市全要素技术集成

智慧城市作为一种新的城市发展模式，综合运用了物联网、云计算、大数据、空间地理信息等技术手段，在规划、建设、管理、运行和服务等方面，这些技术都发展着驱动引擎的重要作用。从城市功能打造的角度出发，城市发展的技术主要集中在智慧城市的打造上，而智慧城市一方面要通过新一代信息技术等构建包括云数据中心、创新要素产权交易中心、科技应用与转化中心、智慧城市运营管理中心的"智慧创新中心"，包括企业总部基地、双创孵化产业基地、智慧创意体验中心、科技创新研发中心的"智慧科技产业基地"，以及包括智慧创意社区、智慧港湾生活体验中心的"智慧配套"。另一方面智慧城市在网络化、云端化、平台化的基础上，智慧功能已经扩展到海绵城市、综合管廊、区域能源、城市双修、智慧交通等领域。

智慧城市在大数据技术应用方面有三大功能，即城市承载功能、经济功能和社会功能。大数据对于智慧城市在四个方面产生作用：一是科学规划，通过大数据的应用，使城市规划的方方面面都有更合理的依据；二是实时监测，数字化、网络化和智能化的发展能够保证对这个城市的任何运行程度都在掌握之中；三是精准决策，包括准确信息、智能决策方案、快速行动和绩效考核；四是高效服务，向市民提供方便、精准和快捷的服务。

智慧城市在物联网技术应用方面，通过云化的大数据物联网云平台对大数据的感知和处理，支持各种各样的城市应用服务。"十三五"期间国家工信部将重点深化物联网在智慧城市等重点领域的应用，建立城市级物联网接入管理与数据汇聚平台，推动感知设备统一接入，集中管理和数据共享利用。互联网和物联网将在医疗、电力、安防、交通、环境、金融、物流等领域得到广泛应用。

智慧城市在云计算技术应用方面，基于网络的计算服务供给模型，为客户的定制服务提供了条件。智慧城市作为多应用、多行业、复杂系统组成的综合体，从根本上需要庞大的计算能力及安全体系，需要考虑基于云计算的网络架构，建设智慧城市云计算数据中心。

智慧城市在人工智能技术应用方面，正渗透到智慧城市建设的方方面面，在医学、社会服务等领域产生应用。人工智能正在深刻改变我们生产和生活，加快人工智能与实体经济深度融合，是推动城市信息经济发展，提升城市竞争力关键领域，也是提高城市自主创新能力，推进创新型城市和智慧城市建设的重要抓手。而智慧城市所需的硬件设施以及软件数据应用运营等，又会推动产业智慧化，智慧产业化，从而映射为以城市产业为主要形态的"市经济"。

智慧城市采用视觉采集和识别、各类传感器、遥感技术、无线定位系统、RFID、条码识别、视觉标签等技术，融合应用物联网、互联网、移动通信等各种信息技术，打造智慧城市综合体、智慧社区、智慧教育、智慧医疗等体系。在智慧产业方面，通过推广射频识别（RFID）、多维条码、卫星定位、货物跟踪、电子商务等信息技术在物流行业中的应用，加快基于物联网的物流信息平台及第四方物流信息平台建设。通过网上询价、网上采购、网上营销、网上支付等网络技术，建设电子商务平台为聚合点的行业性公共信息服务平台，加快推进现代金融、服务外包、高端商务、现代商贸等现代服务业发展。通过监控、监测、交通流量分布优化等技术，打造智慧交通系统。

2）海绵城市 3.0 技术集成

海绵城市是"新型城镇化"体系下生态城市理念的重点内容，与新型城镇化发展一样，是关系民生、关系社会及城市发展的城市基础建设理念，既要关注农田水利、江河湖泊、生态湿地等"城市生态圈"，又要统筹产业、环境、水源、水厂等"城市生产圈"，同时又需要兼顾城市水务、都市产业、市政道路、景观园林、城市复兴等"城市生活圈"。

海绵城市向上延伸与城市功能、人文等城市内涵发展、城市复兴相连接；向下延展与市政及房建综合设计相连接；横向与金融、产业及运营相连接；纵向以技术为支撑。

海绵城市包含生命、生产、生活、生态理念下的美丽、文化创意、健康、旅游、特色农业、商贸物流等特色复合产业集群、基地建设，关联城市水环境、水产业、水生态、水生活、水文化五个方面的城市系统规划业务，城市设计、综合管廊规划设计、市政道路、园林景观、海绵社区改造等设计与工程建设业务。

海绵城市建设的生态效益：一是减少城市内涝，缓解热岛效应。通过海绵城市的建设，可以有效结合防、排、蓄、渗、滞等功能，使得城市防洪排涝的压力大大降低，有效预防了城市洪涝灾害的发生，为促进城市稳定发展奠定良好基础。通过保存和修复城市植被、湿地、坑塘、溪流，使城市更"蓝"、更"绿"，减弱城市热岛效应，提升人们的生活环境质量。二是净化污水，改善水质。海绵城市建筑根据径流污染特点来实施低影响开发方法，通过合理配置植物，使生态处理的效果得到充分发挥，这与传统的排水方法相比具有较多优势，该手段符合当前社会的低碳环保理念。

生态修复是"城市双修"的重要内容，旨在有计划、有步骤地修复被破坏的山体、河流、植被，重点是通过一系列手段恢复城市生态系统的自我调节功能。一是水系修复。"城市海绵系统"明确城市水系的保护和开发强度，从城市发展战略的高度思考中心城区水系滨水空间的城市空间结构、资源利用、产业布局、设施配套、景观设计等问题。二是湿地修复。针对城市化过程中水体污染、湿地退化、品质下降等问题，通过恢复健康水系，同时融入城市功能、产业功能，并对人群活动区域进行整合和空间提升，打造综合性城市湿地公园，融历史文化展示等功能于一体，以最小干预的建设方式打造城市湿地。三是生态道路。在未来将作为"海绵城市"背景下重要的"海绵绿廊"来打造，充分结合道路外部环境，合理安排种植，结合慢行系统和开放空间布局，打造成一条以多样城市界面展示为主要特色的城市景观大道。探索城市内涵式发展之路，立足于城市本土设计与保护，以一种新的美学——低碳的美学，健康的美学和为生存而适应的美学的角度探寻设计的本原。

3）地下综合管廊技术集成

城市综合管廊是指在城市地下建造的管线公共隧道，将电力、通信、燃气、给水、热力、排水等两种以上市政管线集中敷设在该隧道内，实施统一规划、设计、施工和维护。

综合管廊是行业中产业思维的集中表现，它推动了产业链上的政策制度创新、规范标准、融投资、科研、勘察、设计、生产、施工、运营等各个环节的有机融合，泛华综合管廊以地上地下一体化360度的产业与技术思维，关注地上产业与空间优化、管廊与管线融合、监测与运营信息化、运营管理机制等专项。

4）其他城市建设技术集成

其他城市建设技术包括：城市更新与双修通过城市设计、更新提升城市功能、塑造城市风貌、修复生态环境，智慧节能社区以装配式建筑和绿色建筑为核心推广智慧节能型城市计划，风景园林通过国家公园、湿地、景区、森林公园形成园林景区的系统解决方案。

另外，运用绿色低碳、物联网、云计算、大数据、空间地理信息集成等新一代信息技术，促进形成城市规划、建设、管理和服务智慧化的新理念和新模式。通过电力、燃气、交通、水务、物流等公用基础设施的智能化水平提升，实现运行管理精准化、协同化、一体化。强化互联网应用的需求拉动作用，实现技术、产业、网络、应用的协同推进。

（二）官渡科技要素支撑的中心经济

1.官渡智慧城市

总部经济作为CBD区域产业经济维度最重要的构成因素和表现形式，在经济发展新常态下呈现出一些新的发展趋势。建议选址官渡区巫家坝

CBD 核心区域内，可结合地标性建筑写字楼设置总部经济促进中心办公地点。

官渡的智慧城市建设需要结合巫家坝片区规划加以系统推进，提高官渡区城市信息化、智慧化水平，扎实推进电子政务，健全政府信息网络系统，构建信息交互平台，实现信息共享和沟通。深入推进政务公开，为企业提供快速、便捷的商务、法规和政策信息等各类资讯。

2. 地下综合管廊

城市的干线综合管廊一般设置于机动车道或道路中央下方，主要输送原站（如自来水厂、发电厂、燃气制造厂等）到支线综合管廊，包括雨水、污水系统的纳入。其特点为结构断面尺寸大、覆土深、系统稳定且输送量大，具有高度的安全性，管理运营比较简单。

通过综合考虑交通运输情况、管线设施杂乱问题以及城市内涝问题，根据官渡区现状及未来发展趋势和建设时序，以及出于管廊规划首先要满足近期建设的现实需要并合理衔接原有基础设施的考虑，结合官渡区在城市双修中的基础设施建设情况，在相关规划指导下，谋划布局三段综合管廊示范项目。

一是北京路示范段。考虑现状发展状况和需求以及城市双修示范项目道路的改造，老城区管廊以北京路示范段为主，是本次综合管廊示范项目之一。北京路位于老城区的商业、休闲核心区，最南端与火车站相交，是城市地下空间高强度成片较集中且多种基础设施所在区域。本路段建设综合管廊将有利于解决地上地下管线杂乱等问题，避免市政管线反复开挖带来的不便，从而保证道路交通畅通，对地下空间实施集约化利用。该路段的综合管廊建设可结合道路改造同时进行。

二是飞虎大道示范段。飞虎大道作为规划的主干道路，是串联巫家坝CBD、滇池国际会展中心等核心发展节点的核心功能集聚轴，将会承载大量的交通流和密集的基础设施管线。道路规划中巫家坝CBD片区由主次路、支路、街区构成密度较大的路网系统，飞虎大道作为其中重要的一条南北向主干道路，穿过多条东西向的支路，率先进行干线综合管廊的建设，有利于后序支线综合管廊的建设。建设飞虎大道前可以先进行地下管廊的建设或与飞虎大道建设工程同时进行。

三是春城路示范段。春城路是与飞虎大道垂直的规划主干道路，是官渡区东西向主要干道之一，横跨巫家坝 CBD 及周边各个功能分区，沿途穿越包括中央公园、各类绿地、商业服务、居住区等不同用地区域。因此，春城路段综合管廊的铺设对生活、交通、服务、生态都有很大的影响。规划地下管廊的铺设配合海绵城市的建设，注意雨水、排水管网的布置可以避免片区城市内涝问题，提升城市防洪、抗灾能力。另外，春城路两侧规划次路、支路纵横交错，综合考虑未来路网建设情况建议规划综合管廊系统，合理规划布置春城路及与之垂直道路的支线综合管廊，权衡建设时序，实现综合管廊效益的最大化。建议以主干路春城路综合管廊建设率先进行并与飞虎大道建设工程相互配合。

3. 官渡区海绵城市应用

官渡拥有 15 条入滇主河流形成的密布水系和丰富的公园湿地及部分基本农田，但问题是河流体系不完整，部分河段被掩埋或以地下形态出现，绿地空间分布不均衡，主要集中在南部区域，特别是五甲塘片区，给未来片区土地开发带来了一定的难度，生态绿地空间与建设用地空间的融合渗透有待进一步梳理，生态特色有待加强。

对官渡生态问题进行总结可以看出，官渡生态本底的利用没有能够很好地体现昆明春城的特色风貌，丰富的生态水系资源未得到有效的保护和利用，周边生态廊道缺乏联系，相互之间没能形成网络体系；内部绿地空间未能有效融入建设用地空间中，水岸植物选择缺少多样性，生态性脆弱。公园绿地分布不均，缺乏组团绿地，水系资源未得到有效利用。

官渡区海绵城市建设分为三个层级。一是大海绵体流域海绵城市，包括河湖流域水系、自然驳岸、湿地、农田、森林、郊野公园、城镇村、各类园区等，这一层级包括滇池一带及串联的河流水系，及区域内的大型湿地公园和山体公园。二是中海绵体城区海绵城市，包括各类城市建设用地、道路广场、公园绿地、河湖水系等。这一层级包括官渡区内的道路广场、公园绿地，片区内的河湖水系。三是小海绵体、微海绵体地块、建筑海绵城市，包括内部道路、小型绿地和内部水系、建筑等，并包括官渡区局部地块、内部道路、小型绿地等。

官渡区海绵城市应用主要有四个方面。一是城市水系。加强城市排水管网与河网的有效衔接，根据城市水系的分布，加固河岸堤防、拓宽河道。加强河道系统整治，因势利导实施河道生态修复，塑造健康自然的河岸曲线，恢复自然深潭浅滩和泛洪漫滩。二是道路广场。城市新建道路两旁合理布置排水边沟和下凹式植草沟、雨水花园、生态树池；推进已建成道路排水系统升级改造，采取改造路缘石、增设植草沟、加设溢流口等方式，结合道路周边地块设置雨水湿地、雨水塘等雨水调节措施；推进广场、停车场、小区的硬质铺装采用透水铺装。三是城市绿地。预留城市绿地空间，实施街头绿地、游园和道路等绿地的改造提升，增加植被丰富度，丰富植被配置；推广海绵型公园和绿地的建设，包括雨水花园、下沉式绿地、人工湿地等。使城市绿地能够消纳自身雨水，同时为蓄滞周边区域雨水提供空间。四是建筑。新建建筑和小区推广使用绿色屋顶，建造雨水回用与径流控制系统。原有建筑有条件地进行绿色屋顶改造，机关、学校、医院等建筑率先践行海绵城市建设要求。

四、"人才"要素

人的问题是最难也是最迫切的问题，对一个城市来说，主要是人口集聚和人才整合的问题。人口集聚需要通过新型城镇化农民市民化、产业带动人口，以及教育医疗功能带动人口来实现。而人才整合除了普适性的政策环境吸引外，更重要的是通过产业带动、知识产权分享、人生价值实现以及国家战略平台吸引等路径来实现。目前官渡专业人才及相关复合型人才的储备和培养存在比较大的缺口，需要通过引进和培养并举的策略形成人才库、满足发展战略实施的需要（图15-8）。

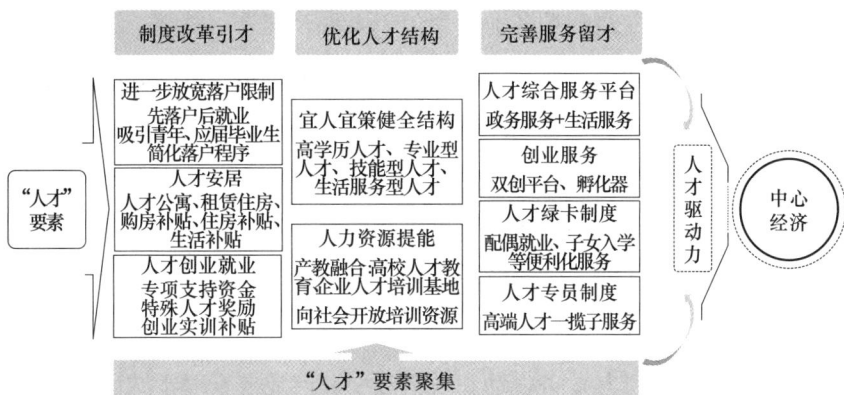

图 15-8　集聚"人才"要素支撑中心经济

（一）中心经济与人才整合

1. 人才整合是城市和中心经济发展的智力支持

随着经济发展进入知识密集和技术密集时代，我国正从人口红利转向人才红利，近些年国家对人才发展给予高度重视，在投资拉动为主向消费拉动培育的过程中，人才的转型升级，人才驱动成为经济发展的重中之重。

由于互联网和人工智能科技的快速发展，将来高端的产业形态和功能形态更多的会出现在虚拟经济领域，并以新产业、新业态、新模式为特点的新经济形态出现。共享经济、数字经济发展构建的底层技术及创新创意成为新经济发展不可或缺的重要方面。而这些新产业新模式及产业集聚，不是依赖传统的资源禀赋，而更多地依赖知识资源、智力资源。所以，人才的培养储备整合是知识经济的第一要素，决定了城市的产业集聚形态和运营管理效果。

城市人口集聚是城市发展的需要，是发展内需的需要。城市人口集聚主要来自三个方面，一是城镇化农业人口转移，二是城市教育医疗等功能吸引在城市安家人口，三是产业带动产业人员形成的城市人口。

中心经济主要是现代服务业，聚焦于金融、交易、总部、结算、旅游集散、生命健康、等高端复合产业，产生的功能也是经济中心、文化创意中心、双创中心、孵化器等高端功能。支撑这些高端产业和功能需要有一批专业人才，如 IT 人才、互联网人才、大数据人才、云计算人才，还需要有城市发展投融资创新人才。这些人才的整合不仅与人才环境有关，更多的要依赖产业导入对人才的整合。

2. 中心经济是城市和人才整合的核心引力

人才集聚的关键是业务带动和政策吸引。产业要素对于城市发展产生了内生动力的引擎作用，而产业发展的过程，就是先进生产要素和人才向城市集聚的过程。新时代经济背景下城市未来活力最终取决于人才蓄水池，唯有具备人才集聚优势的城市，其城市活力才得以进一步维持和激发，才能够成为现代创新城市。从全国城市乃至世界城市发展的规律来看，有经济活力的城市大多是移民城市。

中心经济是战略驱动创新发展模式的新实践路径，人才是中心经济的第一要素，主要是因为知识经济的作用在新经济和"无中生有"的产业机会中显得更为重要。供给侧改革要求的需求创新、新旧动能转换动力机制的创新、工业制造 2025 产业模式的创新都离不开人才。中心经济吸引人才的主要方式是通过双创中心集成人才发展的产业机会、创业机会、创业设备设施、创业氛围、创新的政策、体制机制保障等，核心逻辑是人才能够得到发展的政策、财力、物力等方面的支持。而这些要素在构建中心经济的城市条件成熟得相对较快，中心经济的要素中心，如交易中心、结算中心、金融中心、商贸中心、文化中心、大数据中心、交通枢纽等产生的专业人员集聚。中心经济的产业中心，如总部基地、双创中心、会展中心、金融港、科技中心、生命健康中心等本身就是一种中心经济形态，带动专业人员和综合性人才的关联规模化集聚。综合要素和特色产业两类中心经济的聚集过程，是相关人才跟进产业而集聚的过程，关键是产业集群本身关联的产业部门的多少和规模的大小，以及产业复合程度的高低。产业集群的形成需要从新旧动能转换的角度，占据价值链的高端产业环节，进而带动高端的人才结构优化。

国家战略布局的城市是具有国家功能的城市，真正能够承载国家战略的城市是具有担当的城市。国家在某一领域试点的城市是国家在这一领域要进行模式创新和体制机制创新的城市，目的是通过试点城市取得经验产生示范推广价值形成国家政策供给，所以争取更多进入国家是试点体系是吸引人才的核心引力，因为国家战略在节点城市产生的区域价值能够形成人才施展才华实现人生价值的巨大价值空间。

在价值层面吸引人才的基础上，把人才优势转化为创新优势，同时还需要普适性人才吸引政策支撑，包括具有包容性和人性化的人才落户制度、人才安居工程、双创资金及创业场地租金支持政策、制订结构化的人才吸引计划，包括高学历专业高端技术人员、技术工人、把人口规模优势转化为人力资源优势，把人才转化为创新优势。把人才的引进和自我培养结合起来，定向培养、免费培养结合起来。

部分一、二线城市 2017—2018 年人才引进政策如表 15-1 所示。

部分一、二线城市 2017—2018 年人才引进政策　　　　表 15-1

类别	城市	人才引进政策——落户	人才引进政策——住房、创业补贴
二线城市	南京	南京市推出"宁聚计划"招才揽才。根据《南京市关于大学本科及以上学历人才和技术技能人才来宁落户的实施办法》规定，取得研究生以上学历或年龄在 40 周岁以下且取得本科学历的毕业生（含留学归国人员）可申请户口迁入南京市城镇地区	在南京就业的高校毕业生将享受租房补贴，博士每人每月 1000 元、硕士每人每月 800 元、学士（含高级工及以上）每人每月 600 元。实际租金低于补贴标准的按实际租金补贴。补贴期限累计不超过 36 个月。出台《关于进一步加强人才安居工作的实施意见》，明确高层次人才首套房不限购，公积金最多可贷 120 万元
	长沙	35 周岁以下（含）具有全日制本科及以上学历的应（往）届高等院校毕业生，材料齐全当场办理迁入长沙市行政区域内城镇地区落户手续	对新落户并在长工作的博士、硕士、本科等全日制高校毕业生（不含机关事业单位人员），两年内分别发放每年 1.5 万元、1 万元、0.6 万元租房和生活补贴；博士、硕士毕业生在长沙工作并首次购房的，分别给予 6 万元、3 万元购房补贴；新进长沙市企业博士后工作站的博士后科研人员，给予 10 万元生活补贴

类别	城市	人才引进政策——落户	人才引进政策——住房、创业补贴
二线城市	杭州	2018年4月15日开始实施新版全日制普通高校大专紧缺专业目录,共有76个专业,其中既包括计算机应用技术等相对比较传统的专业,也包括无人机应用技术、物联网工程技术等新兴专业。按照规定,35周岁以下,符合新调整目录的全日制普通高校紧缺专业往届大专毕业生,可以直接到拟落户地派出所办理落户	毕业后一年内在该市用人单位就业或自主创业,硕士研究生每人补贴两万元,博士研究生每人补贴三万元,申请时限为自毕业之日起一年内,一次性发放
	武汉	2017年正式公布了涵盖安居落户、促进就业、支持创业、高效服务等领域的9项政策措施,支持大学生留汉创业就业,确保实现"5年留住100万大学生"目标。实行大学生落户与就业创业政策全脱钩,确保大学生落户零门槛	对引进的博士毕业生,每月补贴2000元,持续补贴3年;到新城区工作的本科生,每年补贴1万元,持续补贴2年
	成都	推出"蓉漂"计划,推行"先落户后就业",实施本科及以上毕业生凭毕业证落户制度	对来成都应聘的外科毕业生,提供7天免费入住的青年人才驿站。明确高端人才购房可不受户籍、社保、限购政策限制。对于毕业五年内在成都创业的大学生提供贷款和全额贴息支持
	郑州	2017年11月正式公布"智汇郑州"人才工程"1+N"政策体系。中专及以上毕业生在郑州就业居住后可"零门槛"落户	对"双一流"高校毕业生及硕博研究生给予住房补贴。三年内向符合条件的就业创业者发放每月最高1500元的生活补贴、向符合条件的在郑首次购房者发放最高10万元的购房补贴等
	西安	2018年3月推出了户籍政策最新升级版,全国在校大学生仅凭学生证和身份证即可完成在线落户西安。进一步放宽本科及以上学历人员落户的年龄限制,由35周岁(含35周岁)以下,调整至45周岁(含45周岁)以下;硕士研究生及以上学历人员不设年龄限制	对有培训需求的毕业学年高校毕业生,可申请参加就业技能培训,享受最高1800元培训补贴。毕业年度和毕业两年内未就业的高校毕业生,可申请参加就业见习,享受生活补贴每人每月1200元、人身意外伤害保险补贴每人每月20元,不超过6个月。近5年内取得毕业证书或年龄小于35周岁的大学毕业生(含研究生),可申请参加创业实训,享受每月1000元的创业实训补贴,最长不超过3个月

类别	城市	人才引进政策——落户	人才引进政策——住房、创业补贴
一线城市	北京	科技创新、文化创意、国际交往中心建设、金融、教育卫生、高科技等7类人才，以及为国家和北京市重大人才工程入选专家、重要科技奖项获奖人直接办理引进入户。 2018年4月11日发布《北京市积分落户操作管理细则（试行）》政策文件推动积分落户工作	2018年4月10日发布《北京市引进非北京生源毕业生工作管理办法》。提出在校或休学期间创业的毕业生，符合一定条件者可申请办理引进。需要满足的条件包括三个：一是毕业生本人为创业企业发起人或主要创始人；二是创业企业创办时本人持有股份比例不低于10%（不包含股份转让、后期入股等情形）；三是创业企业属于高精尖、文化创意等本市重点支持发展的产业，创新创业成效突出。 提供公租房、共有产权房
	上海	推出《上海加快实施人才高峰工程行动方案》，聚焦包括航空航天、量子科学、物联网、大数据等13个科技领域高峰人才及其家属、核心团队成员及其家属可直接办理落户；积极引进海内外优秀博士后	提供购房补贴、租房补贴、人才公寓等
	广州	进一步修订落户政策，构建以"引进人才入户为主体，积分制入户和政策性入户为有效补充"的落户政策体系，大力吸引高校毕业生、技术工人、职业院校毕业生和留学归国人员等高层次人才、技能人才、创新创业人才、产业急需人才	先后分两批推出约3万套面向用人单位整体租赁的新就业无房职工公共租赁住房。面向广州市高新技术企业、创新标杆企业、高等院校、科研机构等群体。 对新引进的广州市金融领军人才、广州市金融高级管理人才和广州市金融高级专业人才，经评定后分别给予100万元、50万元和30万元的一次性安家补贴。 5年内投63亿元揽拔尖人才，扶持博士、博士后人才创新发展
	深圳	35岁以下的全日制大专生、45岁以下的全日制本科生等均可直接引进。具体来说，全日制大专以上应届毕业生可直接引进入户，在专业、院校、指标、申办方式等方面均无限制	对新引进人才租房和生活补贴标准为：本科1.5万元/人，硕士2.5万元/人，博士3万元/人，补贴一次性发放，往届毕业生符合年龄要求也可申请

213

（二）官渡人才要素支撑的中心经济

官渡要发展中心经济，打造昆明城市新中心，需要根据官渡产业体系和战略制定的功能配备人才结构。官渡的稀缺人才主要有城市发展顶层设计的二次转化人才；支持新经济发展的"互联网＋"、人工智能、智能制造、区块链、全程供应链管理人才；支持城市发展的城市投资产业投资人才、融资人才、招商人才。

官渡地处省会城市的几何中心，也是未来昆明发展的新城市中心，从产业能级和城市发展的吸引力来看，普适性的制度安排已经没有"唯一"的吸引力，需要根据对不同层级的人才结构，有针对性地制订人才吸引方案。由于官渡发展战略的特点，所需培养和引进的人才除了具有相关的素质和专业能力之外，必须对官渡发展战略具有深刻的理解和准确地把握。根据官渡发展战略的不同阶段需要，目前急需的是具有资本运营管理经验的投资人才、对产业附加值高度敏感的产业管理人才、具有质量管理经验的服务管理人才和具有创新能力的品牌传播人才。

引进人才除了通过在岗培训、跨地区的协作、聘请专业人士到本地讲学、选拔培养、引进等方式形成一套人才培养、选拔、吸引、使用的完整体系外，更需要形成人才施展才能的平台空间，如打造双创中心和人才服务中心。

对技术人员需要通过总部经济和金融港的建设形成产业链带动人才进入，对招商引资人才要通过有经验的地区的这方面人才形成顾问式咨询体系，培训内部人员在项目构建、产城融合 PPP 模式运用、国家产业政策承载等方面形成适合当地自身发展需要的知识库，摆脱知识技能随人走的不确定状态。对国际贸易、金融服务、会议会展等高端专业人士通过产业导入并提供自我价值实现的平台。

对创新人才需要加强人才引进政策支持，对符合官渡区未来发展的核心人才，尤其是国际贸易、金融服务、会议会展等高端专业人士，按照云南省人才引进工作实施办法和昆明市引进人才实施细则，优先办理落户、子女入学、配偶就业、医疗保险和住房补贴等服务，开通绿色通道。

五、"信息"要素

在新的产业分类中，信息产业被列为第四产业。信息作为一种新的生产要素，既具有对其他产业赋能的属性，同时具有自身形成规模化服务业的产业属性。"互联网＋"、大数据、云计算等信息技术对产业形成"加持"作用，并形成智慧城市发展的"基础设施"（图15-9）。

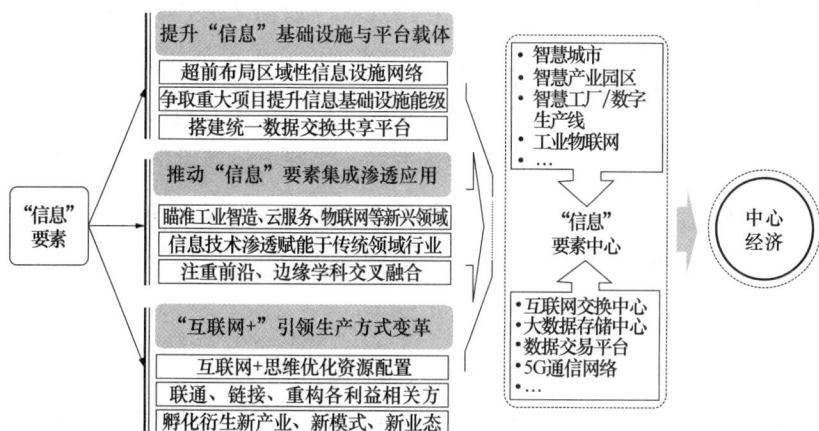

图15-9 集聚"信息"要素支撑中心经济

（一）中心经济与信息服务

1. 信息服务是城市和中心经济发展的赋能平台

信息作为现代生产要素的重要组成部分，是可以创造价值并能进行交换的无形资源，可以促进生产方式和区域贸易格局发生重大变化。信息产业对应的是数字经济，数字经济既包括数字经济基础部分，即信息产业，也包括数字经济融合部分，即传统产业由于应用信息技术所带来的生产效率的提升。新一代信息技术引领推动高新技术的发展，同时信息技术是创新创业的助推器，它与相关专业技术结合催生出新的尖端科技产品和新的经济业态。

信息赋能城市和中心经济发展的方式是需要形成信息基础设施和平台载体。通过提升信息基础设施和平台载体的搭建，创新供给信息要素，不断提升城市基于数据运用的资源配置能力、基于互联互通的智能制造能力、基于平台驱动的创新发展能力。提升信息基础设施能级，争取国家级、区域级互联网交换中心等重大基础设施落户，布局区域性、行业性数据中心，超前规划部署 5G 通信网络，强化对重点数据中心、工业云、互联网和大数据平台企业的吸引和信息集成应用。通过制定大数据资源采集、共享开放、安全保障地方标准，搭建统一数据交换共享平台，按照市场化机制优先开放社会公众、市场主体关注度和需求度较高的公共数据，推动数据资源社会化开发利用；支持企业和社会机构面向行业应用构建专业大数据服务平台，鼓励企业开展重点产业领域大数据应用示范项目。

建设工业大数据和工业互联网等功能型平台，可以推动信息与产业深度融合，支持智慧产业新城、智慧产业园区的建设，提供基于行业和区域的工业云服务，最大限度释放信息生产力。

2. 中心经济是城市和信息服务的复合业态

以"互联网＋"为代表的新一代信息技术引领生产方式变革，通过资源配置的重新布局，打通、集聚、链接各利益相关方，进一步释放资源潜力。中心经济既是信息服务的载体，同时也是信息服务的主体。信息服务可以与国民经济的各领域结合，通过与信息技术相互渗透交会的学科发展，催生新模式、新业态，形成围绕中心经济的产业结构和业态组合。

"信息经济""数字经济"不是单指某个或某些行业，信息化渗透融合到各领域各行业，是信息化时代经济发展的特征。信息技术嵌入生产产品，提升产品的功能和附加值，推动生产装备数字化、工艺过程智能化，打造智能生产线、数字化车间、智能工厂，进一步创造出提高效率、引导消费的新设备、新材料、新产品，提高制造业技术装备的精度和效能，实现精准制造和高效制造。信息技术渗透应用到物流商贸、会展会议、城市管理、金融等领域，可以实现电子商务、现代物流、智慧城市、互联网金融的模式创新和效率提升。信息技术与各领域相互渗透融合交会，进一步促进边缘学科、前沿学科的产生。如"人工智能"就是计算机、信息论、控制论等信息技术与数学、哲学、神经生理学、心理学、语言学等学科的结合。

（二）官渡信息要素支撑的中心经济

1. 面向传统生产制造的现代信息服务业

重点推进云南省和昆明市支柱产业的信息化改造，推进制造业设计、生产和管理各环节信息技术的全面应用，支持面向制造业集成化、自动化和智能化的信息技术产品和服务的发展。尤其针对中铁建等为代表的先进装备制造业，大力发展为生产服务的信息系统集成、网络技术服务、信息系统运行与维护等业务，规范信息技术咨询服务市场。结合智创空间，打造以工业信息服务、工业研发设计为主的服务企业集群，支撑先进装备制造、新能源等新兴产业和大健康及智慧城市发展。在智创空间引入以洛可可、瑞德设计、华为、中兴等知名企业形成工业设计、咨询、研发等服务外包组团，提供专业化的研发设计服务，以 CBD 智创空间为中心，带动昆明、云南传统产业升级以及新能源、大健康等新兴产业的发展。通过引入洛可可、瑞德、思乘等工业设计企业，推动智能制造，以"互联网＋"带动协同制造，促进传统企业转型升级。与华为、寰奕软件、盛策科技等企业深度合作，推动 VR 虚拟现实、移动医疗、智慧医疗等领域发展。以中兴新能源、东润环能、邦普循环等企业为入驻目标企业，打造先进装备制造、新一代信息技术、新材料、节能环保、新能源等战略性新兴产业和以金融、现代物流、健康服务、文化创意等为重点的现代服务业。

2. 面向巫家坝 CBD 商务园区的信息服务

依托科技信息服务企业集群，推动文化旅游业、商贸业发展以及智慧城市建设。在智创空间引入信息服务、科技服务等互联网企业机构，以互联网技术为核心、"互联网＋"为手段，深化与传统行业的融合，提升新兴行业的衍生能力，形成了支撑总部经济发展的科技服务体系。通过引驻途牛旅游网、阿里旅行等旅游服务类互联网企业，助推云南省全域旅游、智慧旅游、跨境旅游的发展。与微软集团深度合作，成立小语种研发中心，开发小语种软件、培养小语种语言人才，服务面向南亚东南亚地区的商业贸易、文化交流、公共事务合作等领域。积极引入软通动力打造官渡智慧城市，与清华紫光战略合作成立服务金融、电力、证券等行业的呼叫中心，与贵州大数据产业互动，引入申黔数据搭建政府、企业云平台。结合智创空间打造信息咨询企业集群，立足巫家坝CBD、辐射滇中新区及更大区域企业服务对象。在智创空间引入财务咨询、法律咨询等商务中介服务类企业机构，以会计服务、法律服务企业为主，吸引国内、国际知名会计师事务所、律师事务所企业入驻，形成良好的商务生态环境。构建以四大会计师事务所为龙头的财务咨询企业集群，立足官渡CBD、辐射滇中新区和更大的区域服务对象，为企业提供审计服务，税务和商务咨询、ERS企业风险咨询服务和FAS企业财务咨询等。成立中国云南贸促会南亚东南亚法律服务中心，为外贸企业提供全方位的专业化法律服务，包括南亚东南亚法律制度和法律环境咨询、法律风险防范、境外投资并购、案件总体策划、和解谈判、贸易争端解决及反不正当竞争等。搭建总部经济信息服务平台，权威发布总部经济发展信息、总部园区政策及服务，总部企业昆明市发展规划、重大发展政策、重大项目投资信息和改革措施，鼓励总部企业参与政府重要决策咨询论证和重大工程规划建设。保证企业总部获得及时、可靠的重要信息资源，为企业总部的正常运行提供便利条件。

3. 面向商贸流通与电子商务的信息服务

积极对接昆明市商务局、市质监局，推动在官渡区建立物流信息分类与编码、采集、交换以及安全等方面的标准，形成较完善的物流信息标准体系。重点推广RFID、GPS、GIS等自动识别和采集跟踪技术在商贸流通领域的应用。积极争取昆明市乃至云南省商贸流通领域大数据资源在官渡区集聚整合，设立商贸流通领域大数据公共资源平台，整合交通、口岸、银行、海关、工商、税务等相关部门的物流信息资源。打造电子商务企业总部集群，推动跨境电子商务发展。在智创空间引入电子商务服务企业机构，以跨境电子商务为重点服务对象，吸引集自营类垂直电商企业、挂靠第三方境内外平台的电商企业、支付机构和物流企业入驻，形成专业化的电子商务企业总部组团。吸引中国银联、支付宝、连连支付、易汇金等第三方支付服务机构入驻组团，建立跨境零售支付平台、跨境金融信息服务基地，鼓励商贸企业与阿里巴巴集团、腾讯等合作开展电子商务，推动外贸企业应用拥有跨境支付业务支撑下的电子商务应用平台开拓南亚东南亚市场。紧密结合官渡自贸区体系建设，推动螺蛳湾商贸城、金马商贸片区等传统形态转型升级发展，借助自贸区政策红利、"互联网＋"等技术优势打造线上和线下结合的电子商务交易平台，推动电子商务尤其是跨境电子商务的发展。

4．面向新型城镇化的现代信息技术服务

通过政府引导和企业参与，推进信息服务进入社区、进村入户，大力发展面向社区公共服务、农村基层服务、农产品流通、城镇化建设、城乡文化教育、城市管理等领域，支持政府公共服务领域信息开放与信息服务社会采购，形成适应新型城镇化需要的现代信息服务业产业集群。

结合巫家坝片区的规划和智慧城市建设，提高官渡区城市信息化、智慧化水平，扎实推进电子政务，健全政府信息网络系统，构建信息交互平台，实现信息共享和沟通。深入推进政务公开，为企业提供快速、便捷的商务、法规和政策信息等各类资讯。

六、"生态"要素

长期以来，在经济利益的驱使下，城市的加速发展已对自然资源和生态环境造成了严重威胁，而自然资源的锐减和生态环境的恶化也将对城市的发展产生巨大副作用。"城市病"的频发使环境保护和生态建设的重要性得以凸显，人们开始重新审视当初的城市发展模式，开始以循环经济、低碳经济、绿色经济模式引导城市发展（图15-10）。

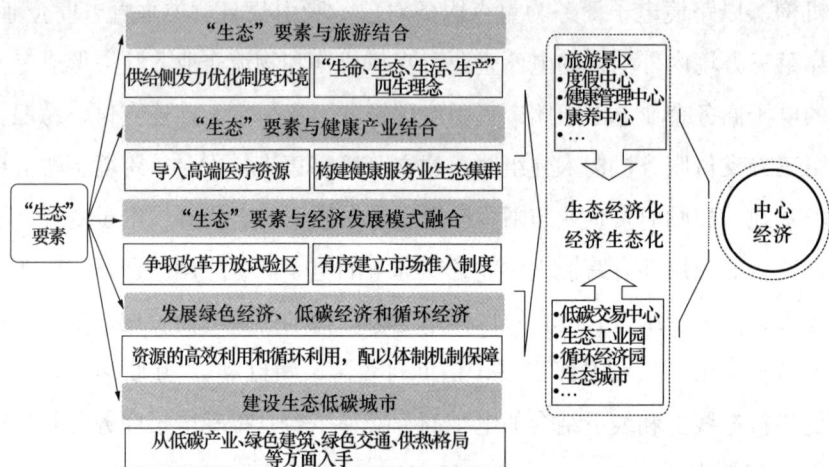

图 15-10 集聚"生态"要素支撑中心经济

（一）中心经济与生态文明

1. 生态文明是城市和中心经济发展的环境基底

生态环境既是经济活动的载体，又是生产要素，建设和保护生态环境也是发展生产力。"山水林田湖草是一个生命共同体"，生态文明已经与民生福祉形成紧密的联系。生态要素作为影响经济社会发展的最重要变量之一，不仅在构筑生态文明城市与促进经济循环有序发展方面具有重要的作用，而且通过经济生态化和生态经济化两个方向共同支撑中心经济与生态文明的有机结合。

2. 中心经济是城市和生态文明的绿色模式

1）生态要素与旅游结合，构建旅游产业聚集区

以生态环境保护为前提，以生态文明城市建设为发展契机，利用生态

资源与旅游开发相结合，发展生态旅游，将生态旅游作为自然资源丰富区域的引擎产业推进。依托具有一定特色和内涵的自然风景资源，作为旅游产业聚集的主要因素，凭借其特色的旅游资源吸引大批客源前来观光、游览、休闲、度假等带动各种形式的旅游和消费，随着游客量的增加，产生大量的餐饮、住宿、购物和娱乐等需求。通过入驻大批的相关企业围绕核心资源开发相关产品，提供相关服务，同时带动包括餐饮、住宿、接待、咨询等在内的上下游企业的进入与发展。随着旅游产业链上的经营主体不断聚集，加大旅游产品和市场开发力度与基础设施配套建设，壮大产业规模，逐步产生规模经济效益，形成旅游产业聚集区。近年来，生态旅游逐渐成为旅游产业中增长最快的板块，通过生态旅游，当地的原料、产品和劳动力得以利用，所得利润也累积起来产生了可观的经济效益。

2）生态旅游与健康产业融合，打造大健康产业生态圈

结合自身发展基础和生态优势，以良好的发展环境为基础，将健康旅游与文化、地产、金融、大数据、多种要素融合，引入现代医疗设施和项目，导入高端医疗资源和具有较强市场竞争力的产品与服务，聚焦健康服务产业，培育发展围绕预防、诊断、康复、养护、养生、养老价值链条形成的养生养老、高端医疗、康复疗养、健康管理等健康服务的产业集群，依托旅游、地产、金融等要素打造与健康服务生产经营直接相关的产业要素、平台和产业载体，形成较完善的健康服务产业链，构筑以健康服务业为核心，融合生态旅游等关联要素的大健康产业生态圈。

3）生态要素与经济融合，构筑新型生态产业集群

遵循可持续发展的理念，注重对低碳、绿色和生态技术的运用，开展循环经济，创建低碳经济，拓展绿色经济，以生态产业为发展主线，从中衍生多种副业，即延伸生态产业链条，彼此配套，形成完善的资源循环利用和综合利用体系。构筑生态产业集群，即运用生态学原理的新型生态技术、生态工艺和生态管理，研发生态集群所必需的生态技术，包括信息技术、水重复利用技术、能源综合利用技术、回收与再循环技术等，调整和完善集群生态经济结构，进行绿色技术创新和生态结构重组，建立系统内

生产、消费、废物处理的产业生态链。例如，国内一些地方以钢铁生产为主，同时利用炼钢产生的灰渣、炉渣生产建筑材料，回收余热发电，使钢铁、建材、电力等产业配套发展，实现部分资源循环利用和综合利用，形成主副衍生型生态产业集群。此外，积极发展一些绿色产品及服务业，形成新的经济增长点，构筑新型生态产业集群。

4）大力发展绿色经济、低碳经济和循环经济

以资源的高效利用和循环利用为核心，以"减量化、再利用、资源化"为原则，通过低消耗、低排放、高效率大力发展循环经济，促进经济增长方式的转变和结构调整。从资源开采、生产消耗、废弃物利用和社会消费等环节，加快推进资源综合利用和循环利用。从清洁生产、加强资源综合利用、城市生活垃圾资源化、工业废水循环利用、中水回用、节能降耗等方面进行规划，并从体制机制上加以保障。

5）建设低碳生态城市

从低碳产业、绿色建筑、绿色交通、供热格局等方面建设低碳生态城市。充分吸取、利用我国原有的发展园林城市、环保城市、宜居城市的经验，如提高城市的垃圾集中无害化处理率、绿化覆盖率、污水处理率，降低二氧化碳排放率等，从各个方面进行绿色生态布局。

（二）官渡生态要素支撑的中心经济

1.官渡康美经济

官渡聚集生态要素的实践首先聚焦于生态要素与产业的结合方面。官渡区通过滇池沿岸生态环境治理，结合滇池沿岸环滇池生态隔离带发展各类生态旅游，培育生态观光、体验类等旅游项目，形成滨湖沿岸大旅游集群。围绕矣六片区农业资源引入现代田园综合体发展模式，发展田园综合体示范项目，带动休闲农业旅游；通过利用各类丰富的湿地公园景观资源，五甲塘湿地、泛亚湿地以及宝象河入湖口湿地等都是优质的湿地景观资源，发展湿地观光旅游，通过旅游业开发使湿地公园除观光业态外，开发

户外节庆互动场地、户外运动场地等参与性和体验性活动功能的项目，拓宽旅游市场，壮大产业规模。

官渡区依托其湖滨生态资源和宜人的环境，通过打造国际健康管理中心带动关联业态聚集，以此来撬动官渡区大健康产业发展，形成城市大健康服务品牌。重点以健康服务业为产业导向，导入高端医疗资源和美丽产业资源，以健康管理、健康科技、健康金融、移动医疗、体检咨询、高端诊疗、康复养生、医疗旅游等为发展重点，完善大健康产业链，打造健康服务业聚集区和国际医疗旅游先行区，将健康官渡打造为大健康融合业态增长极。

官渡区以重点项目建设为契机，率先开展国际生态合作。围绕碳交易在官渡区建设云南省碳排放交易中心，建立符合新时期发展背景的碳排放交易制度；云南发展绿色金融有着得天独厚的政策、区位优势和资源禀赋。通过打造区域性国际低碳技术交易服务平台，结合绿色金融发展方向，设立低碳技术创新引导资金，支持发展低碳技术的企业，将绿色金融打造为昆明面向南亚东南亚的区域金融中心；在生态文明领域，官渡区未来可争取成为国家低碳社区试点、国家海绵城市试点、国家碳交易试点、国家特色小镇试点等方面的试点示范项目。

《昆明大健康规划（2016—2025）》中提出建设"健康春城"，要将昆明打造为包括高端医疗服务中心、民族健康文化中心、适度高原健体运动中心、候鸟式养生养老中心、健康产品制造中心和生命科学创新中心在内的六大中心。作为"健康官渡"的重要承载，官渡可以承接发展高端医疗服务、高原健体运动、候鸟式养生养老，以及借助泛华美丽产业资源的导入发展美丽产业。以把官渡整体建设成为国际健康城为发展蓝图，将官渡区打造成为集国内外高端医疗资源、云南特色中医药资源和其他各类健康要素的健康产业聚集区。结合区域内优秀的高原湖滨生态环境、宜居的城市空间，把区域创建成为国内具有较强影响力的旅游健康医疗示范区、高端健康养生示范区。结合养老地产、度假养生地产、康复护理地产、绿色地产等养生养老地产项目，推进智慧社区、适老社区建设。打造环滇池马拉松、自行车赛、室内体育竞技项目等高原特色户外赛事，全民健身、体质监测中心。

1）高端医疗服务

生命健康管理。以生命健康管理中心作为前置中枢，引导带动高端医疗服务和美丽产业发展。发展健康管理服务放大养老品牌和美丽品牌，涵盖亚健康理疗、抗衰老服务、慢性病治疗等方面的内容。具体包括健康档案管理服务、健康体检服务、亚健康管理、慢性病防治、健康大数据管理、基因检测、遗传咨询服务、健康评估服务、健康咨询服务、健康通信服务、健康短信及短信提醒服务、慢病管理服务、绿色通道服务、家庭医生服务、健康讲座服务、基本健康医疗服务等功能方向。培育发展商业健康保险、健康产业基金、健康产业股权投资基金等健康金融服务。引入权威医疗机构认证的健康管理中心项目，开放网上申请预约功能，通过体检、咨询、制订疗养计划的一整套流程，为预约游客或会员提供私人订制的健康管理服务。需要短期调理的游客可现场提供疗养服务；对于需要长期调理的游客，可安排在管理中心配套的居所中接受监护疗养，而需静养、食疗、蜂疗的游客则可安排至周边配套的外置疗养度假组团中进行养生调理。同时建立健康数据库，储存客户的各项数据，同时与两个外置疗养组团联网实现远程医疗功能，通过专车接送解决交通条件的制约。

健康美丽服务。引进先进的整形美容技术，结合国内高端美丽需求，打造美丽中心提供优质高端美丽服务。在美丽整形产业大行其道行业趋势下，结合新亚洲体育城片区服务业升级改造，策划打造中韩美丽产业园。围绕美丽主题丰富项目功能，与健康形成复合竞争优势，带动区域人气，共同打造官渡大健康核心项目名片。中韩美丽产业园包括塑形中心、美容中心（新型材料微创提升术）、注射中心（玻尿酸、肉毒素、瘦脸针）、青春保养中心（补水、醒肤、激光紧肤）等细分项目。集塑形、美容、注射、青春保养、商业、疗养功能于一体，满足人们对于美丽健康的追求的需要。基于泛华美丽产业发展资源，积极策划引入韩国 BK 东洋外科整形医院及相关机构，通过先进的医疗设备、多功能治疗仪、技术精湛的专家、高水平审美大师服务全国美容整形核心客群，打造美丽产业街区，同养老养生、治未病、抗衰老等共同形成大健康产业复合竞争力。

通过与泛华集团深度合作，主要迎合高收入、高消费且对形象气质和生活质量有更高追求的女性客群，结合昆明适宜的气候和环滇池的优质生态环境，引入中韩美丽产业资源入驻片区，形成美容服务、医疗整形、技术服务等覆盖全服务链业态组团的国际康美产业园。围绕美丽产业科技孵化要素整合，建设好美丽产业创新基金、成果转化中心、共享实验平台、应急服务中心和公共数据服务中心。吸引美丽产业有关生命工程、生物技术、产品研发、设备制造、先进工艺相关创新研发机构、检测中心、专业实验室、应急处理中心，以及美丽产业门户网站、媒体传播、线上营销、电子商务、远程诊疗、数据服务等科技型企业入住，提升美丽产业示范区的创新动力和内生成长力。

国际整形美容医院集医学整形、整形修复等美容服务为一体，对标国际同业服务水平，对接国际医师渠道，引领国内消费潮流，带动周边产业发展，实现美丽产业消费高地。提供美丽全科服务，统一品牌、统一管理、统一经营和统一结算的模式，由医院管理公司负责美丽医院的整体运营和后台支持（工作空间和设备、检验、检查、消毒、手术室、划价缴费、物业管理等），招揽各行业专家组建专业科室，为医生创业和多点执业创造良好运营平台。以建设大体系、全科室为发展目标，是集医学整形、美容修复等服务为一体的一站式服务机构，对标国际同业服务水平，对接国际医师渠道，引领国内消费潮流，带动周边产业发展，实现美丽产业消费高地。

引入中医保健、美容养生、健康塑形等非医疗机构，通过为客户提供经络推拿、水疗养生、香薰药浴、运动塑身、食疗养生、化妆保养等美容保健服务，达到驻颜塑形、美容保养、促进健康质量的目的。引入与权威医疗责任机构挂钩的韩式医疗整形机构，构建医方与当地政府共同承担的规范化运营监督责任制，打造安全且高品质的局部整形、体型纠正、除皱美颜、脂肪移植等医疗整形服务业态，避免出现"野鸡整容院"、山寨医疗机构等有极高安全风险的不规范经营商家或企业。配套涵盖美丽产业从业人员培训、美容保健及医疗整形科技研发和保健产品、器械销售及技术专利成果转让等业态的产学研一体化服务中心，同时也可容纳美丽产业企业总部和研发、投融资、销售等职能中心部门。

2）养生养老

以四季如春、适宜避寒避暑的气候优势，丰富的生态资源、民族医药、生物保健和民族宗教文化等云南特色养老旅游资源为依托，与新型房地产业协同发展养老地产，以环滇池三个半岛为主要开发区域，打造高原湖滨养生养老基地，建设以健康养生养老为主题，集自理型、介护型、介助型一体化的候鸟式度假养老社区。面向全国的养老人群以及南亚东南亚等老年度假养生客群市场，打造由健康管理、医疗服务、养生服务、老年俱乐部和康复护理五大功能平台支撑的颐养中心，引入美国先进的养老社区管理体系，针对独立生活老人、需要协助护理老人、需要专业护理老人和患有记忆衰退的特殊老人提供相应的服务，满足不同类别老年人养老需求。与生命健康管理中心合作，为老人建立个人健康管理档案；提供中医膳食和中医理疗服务，包括艾灸、中医SPA、养生茶、养生斋菜等特色服务。

引入知名中医保健推拿师定期进行医疗保健护理，同时配合有水疗、足疗、中医推拿、针灸等中西医养生养护方案。充分利用紧邻中心旁的矣六生态农庄，策划围绕老人活动的趣味耕种、采摘、认养维护活动。

依托三个半岛区域的生态条件，打造集酒店、会议中心、餐饮、健身俱乐部、会所等度假休闲商务功能的山地度假项目，可承接部分健康养生功能，也可承办国际性大健康峰会等专题会议。

养生服务组团——通过与健康养生企业合作，引入针对高端商务客群和高消费度假游客的健康养生服务业态，通过SPA、中医保健、泰式按摩、养生食疗、民族特色养生等多种保健养生服务，以及针灸、西医理疗、未病先治等为亚健康人群量身打造的健康疗养服务。

养生度假组团——结合健康养生服务和高端地产项目集聚，依托三个半岛优良的区位交通和生态环境资源，发挥大健康产业的带动和辐射作用，用健康养生和健康度假作为吸引力，吸引中高端消费者和游客前来居住或度假。

3）高原体育健身

着力打造环滇池户外体育系列项目。依托昆明作为中国西南地区面向南亚东南亚的门户区位优势，充分发挥官渡得天独厚的气候资源优势以及滇池湖滨的地理环境，以及得天独厚的气候环境，积极开展各类型体育赛事活动。开发建设城市健身绿道、休闲步道、骑行道，重点打造环滇池慢行系统。结合环滇池慢行系统建设，逐步扩大昆明高原国际半程马拉松等赛事影响力，优化设计赛道路线，争取增加官渡赛道比例。加大与智股集团等体育产业投资集团的合作力度。以俊发规划的体育运动公园为依托为昆明半程国际马拉松赛等提供赛事指挥、组织、后勤保障等工作场所。体育运动公园内建造冬训基地，同时面向国内外专业体育团体和社会公众开放，弥补昆明红塔训练基地功能和容量上的不足。

昆明高原国际半程马拉松、12km 计时跑、迷你马拉松、家庭亲子跑、定向竞走、步行、慢跑、自行车运动在昆明市普及度高、基础较好，官渡应与环滇池其他四区共同打造优质的骑行路线，吸引本地市民及外来游客体验锻炼。规划筹办环滇池自行车赛事，以俊发生态半岛规划的体育运动公园为基础，可申请为环滇自行车赛事的出发地和筹备处，增强区域体育运动氛围。骑行环线的建设需要配套完善的自助租车系统、交通安全保障措施、道路指示系统、骑行路线标识系统等各类服务设施。

昆明环滇池高原自行车邀请赛、七彩云南格兰芬多国际自行车节、中越国际自行车赛、环湖骑行游赏等户外活动充分发挥呈贡独特的气候资源优势，滇池湖滨的地理环境，结合环滇池生态半岛区域、湿地公园以及官渡体育场馆，策划开发室内体育项目及滇池水上体育项目室内体育项目及水上项目。充分发挥呈贡独特的气候资源优势，滇池湖滨的地理环境，结合环滇池生态半岛区域、湿地公园以及官渡体育场馆，策划开发室内体育项目及滇池水上体育项目。

与官渡会展业协同发展，借助其影响力的扩大积极与赛事举办方、相关体育标准机构、传媒机构合作，争取健身、舞蹈等室内体育赛事落户官渡。依托独特的环境优势创新发展电子竞技体育，充分利用现有体育场馆及设施作为训练基地和比赛场地。提供赛事指挥、组织、后勤保障服务。

筹划开展区域性（国家地区）赛事，如健身健美大赛、体育电子竞技、CEFA 全国青少年国际标准舞（体育舞蹈）锦标赛、传统室内体育项目赛事利用海东湾湿地和宝丰湿地的滨湖优势，开辟水上运动专区，策划开发水上运动和体育赛事。规划筹办滇池湖泊帆船大赛，与旅游业深度结合，开发直升机飞行、热气球等体育旅游体验项目（图 15-11）。

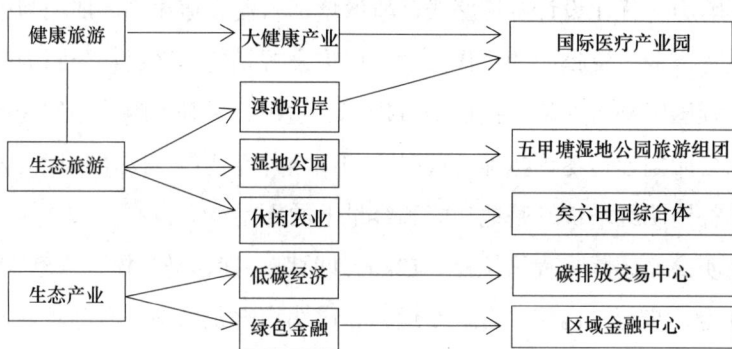

图 15-11 官渡生态要素发展模式示意

2. 官渡城市双修

未来官渡"城市双修"的总体思路是，在海绵城市理念的引导下，开展山水自然生境修复，将滇池与流向农田的水系与生态湿地进行修复治理和人工湿地建设，点线面结合，建立完整的生态净化系统，塑造可持续的生态绿地。

一是山体修复。官渡区东部矣六街道境内的跑马山和金马街道境内的凤凰山，由森林生态系统构成为主，建设为自然风景林和城市生态防护屏障。通过山体自然风貌的保护，恢复自然形态。通过保护山体原有植被，探索多种山体修复利用模式。

二是河流修复。通过系统梳理入滇河流，形成水域畅通、生态连通、景观连续的水系网络。将入滇 15 条水系打造成雨洪城市海绵系统，合理利用入滇主要河道两岸50m的生态绿化带，在生态绿化带内部植入水绿景观、生态保育湿地、开敞空间、慢行系统等内容，打造功能丰富，生态环境优越的水绿生态保育走廊。

三是湿地修复。官渡区内有多处生态湿地和绿地公园，通过海绵城市原理对其进行雨洪管控和水质净化，有利于生态系统的循环和可持续。具体措施是在尊重自然地貌的基础上，通过蓄水净化措施将处理过后的雨水排入滇池。增设人工湿地，降解污染物，增加水体活性，控制洪涝，维持生物多样性。延伸生态湿地覆盖面积，打造大面积环滇池海绵生态湿地，促进水体生态环境的良性循环。

四是环滇池岸线整治。滇池地区主导风向为西南风，对滇池东北部沿岸带有强烈的侵蚀作用，导致漂浮性垃圾物和蓝藻大量聚集，东北部环滇池岸线基础环境遭到严重破坏，生态极度退化。为改变这种状况，通过在沿岸区域恢复湖滩湿地，种植大量水生植物，恢复或改造自然地缓坡湖岸，以便于消浪吸波，保持稳定平和的沿岸带环境，为各类生物提供适宜的生活环境。由于现状直立的混凝土堤岸的修筑，垃圾杂物在湖堤前聚集，导致严重的水质污染，形成水深坡陡的沿岸环境。环滇池岸线的修复不能仅靠自然生态修复，需要从基础环境的改造入手，实施生态修复，恢复沿岸带健康生态。

五是废弃地修复。科学分析废弃地和污染土地的成因、受损程度、场地现状及其周边环境，综合运用多种适宜技术改良土壤，消除场地安全隐患。选择种植具有吸收降解功能、适应性强的植物，恢复植被群落，重建自然生态。对经评估达到相关标准要求的已修复土地和废弃设施用地，根据城市规划和城市设计，合理安排利用。

1）巫家坝海绵公园（中央绿地公园）

巫家坝片区中央绿地公园位于官渡区的中心，坐落在繁华的中央商务区中间，建成后将是官渡区最具活力的城市公园。为解决和避免官渡区城市内涝问题，该公园的建设需要结合海绵城市理念，作为一个海绵公园示范项目，建设为具有雨水调蓄与净化等功能的多功能调蓄公园，与城市雨水管渠系统、超标径流排放系统良好衔接，突出其自然调蓄功能。

景观水体——公园中央有大型的水体，设计时优先考虑利用雨水径流作为景观补水和绿化用水，并且应进行水量平衡计算，合理确定景观水体的规模。

雨水花园——利用生态手段为该区域及周边道路上的缓存雨水的净化创造条件，做到绿地内降水不外排，同时吸纳周边道路雨水径流，实现海绵城市的理念。通过下凹式绿地、雨水花园及透水路面等途径，雨水经过绿地渗透、滞留、蓄存、过滤，一部分补给地下水，一部分引入中央公园水系，有效减少市政管网的压力，提高雨水的利用率。

人工湿地——湿地是城市中难得的一片清新绿洲，公园内设计一片人工湿地，可使人们获得亲近自然的机会，设计实施最小化干预策略，在一定程度上限制人的参与行为。尽可能保护原有植被和自然环境不被外界破坏，在此基础之上进行一系列的生态修复措施，保存乡土植物资源和动物的栖息场所，完善和丰富湿地中的生物链，促进生物多样性，加强生态系统的稳定和平衡。

绿色基础设施——公园内的基础设施做到最大化的绿色、生态，实行大区域的绿色基础设施建设。应用合理的措施串联起场地中的绿色基础设施，在景观方面的生态停车场领域，通过在场地内使用透水性铺装，并在停车场外设置生物滞留池，可以有效地串联起停车场的雨水处理系统。

2）环滇池保护区生态景观带

该示范段位于官渡区最南端，滇池东北部沿岸，包括三个半岛及矣六片区沿岸地带。岸线长约14km，是官渡区内生态条件最为优越的区域。滇池东北部沿岸带基础环境已经遭到严重破坏，生态极度退化，形成了"水域荒漠"。原有的湖滩湿地被围垦，湖岸为混凝土"防浪堤"，丧失了沿岸带环境连续性和生态连续过渡特点。人工岸堤前风浪的强烈冲刷，造成湖底侵蚀，湖水较深，湖底为坚硬而贫瘠的砂质沉积物，不利于水生植物的生长，生态敏感度较低，植物群落单一。生态景观带打造遵循生态环保、可持续发展的理念，对环滇池保育带进行生态景观打造，恢复和改善滇池的状况。

根据现状水岸特征打造多层次湿地生态系统，将保护区分为三个功能片区：核心保护区、自然修复区、海绵示范区，对其进行不同程度的改造和修复。核心保护区打造人工处理湿地、沼泽湿地，自然修复区形成滨河绿带，海绵示范区建设净水湿地（图15-12）。

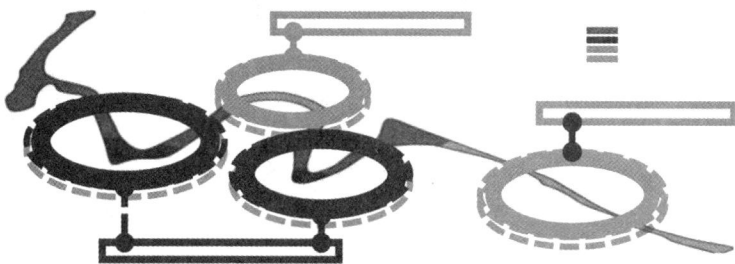

图 15-12 环滇池景观带功能分区图

人工处理湿地在滨水范围最大的区域设计人工湿地，用以保护滇池的水质，提高滇池片区的景观价值。塑造可持续的、健康的湖泊栖息地。沼泽湿地是在面积较大的区域设立人工沼泽湿地，打造动植物栖息地，丰富生态多样性，优化生态净化效果。滨河绿带是在临近城区的河岸凹处打造滨河绿带，增加沿岸植物的多样性，丰富沿岸景观，并作为一条绿化隔离带，隔离过滤城区的污染物。净水湿地是运用海绵城市的原理，建立湿地净化系统。收集净化雨水的同时，促进水环境的良性循环。

3）环滇池慢行示范路段

随着昆明多个环滇池湿地及其慢行系统的建成，结合官渡三个半岛沿岸生态保护和湿地建设，各个湿地之间的慢行系统连通已经成为趋势。依托蜿蜒曲折的环滇池岸线，充分发挥官渡得天独厚的气候资源优势以及滇池湖滨的地理环境，沿岸规划一条慢行系统，打造市民徒步健身锻炼和游客游览美丽滇池及沿岸风景的一条特色线路。

规划环滇池慢行路全长约8.1km，宽8m，沿三个半岛西至盘龙江东至新宝象河，结合湿地修复进行打造。慢行路的打造旨在融入更多的生态和美学理念，结合海绵城市技术措施进行生态道路建设，并沿途打造多样性的开放空间和活动场所，从而将城市排洪、雨水管理与市民的游玩、观赏、晨练等休闲活动在空间中结合成一个有机的整体，共同提升城市的生态环境和市民活动的空间质量。

环滇池慢行道路以游赏、休憩、休闲为主要功能，市民出行方式以步行和骑行为主，建议设立自行车专用道和特殊步行道。步行道考虑规划组织相对完整的步行系统，结合游憩设施、公共设施、景观水系等作为一个公共开放空间，打造一个丰富的游路系统。自行车道与人行步道分隔规划为双向行驶路线，部分开阔地段结合景观节点布置自行车租赁点，沿途设立自行车停靠点。在整个环湖慢行步道中，设有道路活力节点，重要节点均设有游客服务点、公共卫生间、观景平台、商业网点和游船码头等公共配套服务设施，可满足游客和健身市民就近停车、驻留观景、徒步行走途中休息购物等需求。

4）绿地系统

官渡区有着良好的生态本底资源，但没有形成有机联系的绿地系统网络（图15-13）。以水带绿、留绿显绿、留绿用绿、增加碳汇面积是官渡规划的重点，构建"多廊入滇、一核四园多点"的绿地系统结构，以提升官渡区整体品质，形成官渡与滇池有机融合的生态绿地网络。"多廊入滇"是通过生态治理，梳理城市水脉，以水带绿、水绿交融，具体沿15条入滇水系打造多条通山通水的南北向绿色廊道，形成区域通风廊道、生态廊道和景观廊道，最终一起汇入滇池。"一核"是借鉴纽约中央公园建设案例，着重打造巫家坝中央公园，作为未来官渡区的生态核心，也是城市对外展示的生态窗口和市民日常休闲游憩的最佳场所，起到主要绿肺自净的功能。"四园"包括西亮塘湿地公园、日新公园、五甲塘湿地公园和官渡公园4个市级公园，起到城市景观和生态净化的双重作用。"多点"指分布于基地内的各个区级公园、社区公园、街头绿地。

公园绿地：公园绿地作为城市居民日常休闲游憩的主要场所，能够提升城市整体品质和竞争力，官渡区公园绿地系统主要由市级公园绿地、区级公园绿地、带状公园绿地及街头绿地等组成，其中市级公园绿地即上述四个公园，区级公园绿地包括新螺蛳湾公园、吴井公园、五腊公园、宝海公园、九龙庵公园、凉亭公园、天文台公园、晓东公园、六甲公园等9个区级公园。带状公园绿地是沿着主要河道，两侧控制15～50m的滨水绿化带作为公园绿地。街头绿地是按照步行5分钟的距离，利用街角空间来布局，形成良好的绿地空间，同时结合水体景观形成良好的亲水氛围，进一步提升新区的景观环境。

防护绿地：防护绿地主要分布于二环路、昆石高速、昌宏路、南绕城、环湖路等高等级道路沿线。道路两侧防护绿化带一般按50m控制，局部路段因周边地块已建成区域按30m控制。通过防护绿地的设置，为降低城市噪声起到了良好的作用。

其他绿地：在三个半岛与滇池间，利用区域良好生态环境和多样化湿地景观资源，形成以湿地科普宣教、湿地功能利用、湿地文化弘扬等为主题，并配套建设一定规模的旅游休闲设施，供人们旅游观光、休闲娱乐的湿地公园。湿地公园成带状布置，在滇池边形成约200m的带状生态湿地公园。同时，在片区用地东部区域，结合跑马山、凤凰山等外围自然山体，形成以生态观光、休闲娱乐为主的郊野森林公园。

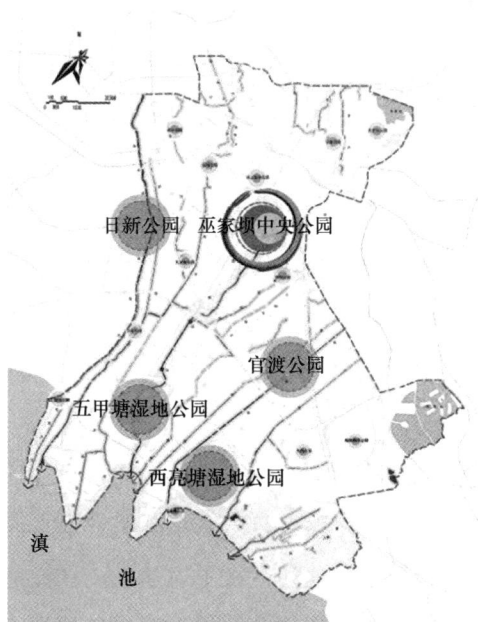

图15-13　官渡区绿地系统规划图

5）水系统利用规划

近年来国家重点提出"海绵城市"建设的先进理念，在 2015—2016 两年间，国家财政部、住房城乡建设部、水利部联合出台的相关文件，目前共有两批海绵城市国家试点，包含 30 个城市。而官渡区位于滇池湖畔，区内水系发达，共有盘龙江、大清河（明通河）、枧槽河、金汁河、老盘龙江、海河（东白沙河）、五甲宝象河、六甲宝象河、老宝象河、新宝象河、姚安河、虾坝河、马料河、小清河等 15 条入滇主河流，水系保护和利用的任务艰巨。

通过引入"海绵城市"建设理念，将官渡区打造成为能够"弹性适应"环境保护与自然灾害的现代生态都市，具体有三大发展策略：一是保护原有水生态系统，最大限度保护原有河湖水系、生态体系，维持城市开发前的自然水文特征。二是恢复被破坏的水生态，对传统粗放建设破坏的生态给予恢复，保持一定比例的城市生态空间，推广河长制、治理水污染。三是低影响开发，合理控制开发强度，减少对城市原有水生态环境的破坏，留足生态用地，增加水域面积，促进雨水积存净化，通过减少径流量，减轻暴雨对城市运行的影响。形成"收集池—景观收集湖—次水道—主水道"点线面相结合的多级雨水收集系统。

收集池：在城市公共建筑、住宅区、商业区以及办公区的建筑物、停车场、道路等的周边建立建筑单体或小区级的雨水调蓄体系，经过上述多项措施减少地表雨水径流，减少雨水径流对自然水体的污染。

景观收集湖：将河道过于弯曲的截留做成景观湖，利用地形将湿地、湿塘、干塘、调蓄景观湖等设施在规划区内构建多个雨水收集景观湖。一方面增加雨水的调蓄能力，另一方面打造景观节点。日常污水经过处理达标后可排入景观湖，干旱期用于绿化，雨水量过大时排入主次河道，避免洪涝灾害。

主水道：保留场地内的多条自然河道，构建一个连通滇池、南北贯穿整个城区的带型主水道，成为整个自净水系统的骨干水道。

次水道：主要结合街头绿地和主次干道建设，在绿地或者路边设置边沟增加雨水收集功能，减少地表径流。规划路面使用透水铺装，以此充分开发利用当地的条件为区域提供足够蓄水吸水能力。

雨水缓存区：通过打造巫家坝中央公园、五甲塘湿地、西凉塘湿地、矣六休闲农业区等大面积生态绿地，作为整个城区的雨水大生态蓄水池，是整个城区的最大"海绵"，通过生态方式将水留住，是生态建设的核心区域。

七、"交通"要素

交通是连接城市的重要纽带，也是将生产过程中的各要素、流通过程中的消费市场和生产场所连接起来的重要通道。交通条件为城市在原材料运输、商品交换、信息传递、文化交流、人员往来提供物质手段，最终聚集生产要素，形成社会生产力，并诱发潜在的生产能力，通过扩大再生产，逐步形成规模，形成聚集辐射的中心，带动周边地区的发展（图 15-14）。

图 15-14　集聚"交通"要素支撑中心经济

（一）中心经济与交通网络

1. 交通网络是城市和中心经济发展的联系纽带

中心经济是以城市为主要节点的圈层产业体系，交通网络是支撑城市和中心经济发展的联系纽带。交通的发展都是连接一个点到一个面的流动发展过程，根据点轴理论，对于尚未形成聚集辐射条件的地区，通过将经济发展的集中辐射地点，集中在交通干线的发展轴线上，利用这种点轴的发展模式形成点、线、面的聚集，最终形成具有聚集辐射效应的中心。例如，我们熟知的公路旁边的工业园、特色产业园的发展都是集中在交通便利的主干线周围。

以综合交通通道为展开空间，构建以快速轨道交通系统、高快速路系统为骨干的城市双快交通体系，加强区域内的交通联系，采取交通引导发展的模式，通过轨道交通线串联城市各发展区域，拉开城市布局，推动城市空间拓展与各类要素的聚集与疏散。通过快速路建设，搭建起城市骨架，对域内产业和生产要素进行优化配置，推进产业向优势地理位置聚集，促进物流的发展与货物运输。

通过交通枢纽的建立带动周边基础设施的完善，不仅包括车辆通过的交通网络枢纽，还包括建成有大量客货流聚集和作业的运输枢纽，逐步打造成为国内、国际客货流的主要聚集中心，吸引产业、聚集人才，使周边成为商务办公、商业的中心，带动车站片区发展甚至会成为城市的一个新区。因此发挥交通枢纽的区位优势，以其中心位置，构筑中心经济，聚集吸引劳动、人才、产业等各要素，形成新的增长极，带动区域经济的发展。例如，郑州是中国公路、铁路、航空、信息通信兼具的综合性交通枢纽，其拥有便利的"米"字形高铁和航空港，使郑州从城市发展提升到区域发展，构建区域中心城市提供了重要支撑。

2.中心经济是城市和交通网络的关键节点

交通线路作为城市发展的轴线，聚集吸引城市的功能，促进沿线工业、商业、文化设施的形成与发展，推进沿线地区的城市化进程。交通作为城市发展的主要动力，对生产要素的流动、城镇体系的发展有着决定性的作用，对构筑"中心经济"打造"区域中心"具有积极重要的影响和支撑作用。以下从三个方面阐述交通要素如何构筑"中心经济"。

交通枢纽的建立会带动周边基础设施的完善，吸引产业、集聚人才，会使周边成为商务办公、商业的中心，带动车站片区发展甚至会成为城市的一个新区。通过利用交通枢纽的区位优势，以其中心位置，构筑中心经济，集聚吸引劳动、人才、产业等各要素，形成新的增长极，带动区域经济的发展。

日本新干线的开通对日本城市开发建设与经济发展产生了深远的影响。一是促进了沿线城市的开发建设，城市发展模式发生改变，郊外边远地区出现大量居民住宅区，人口向郊外转移，带动市区范围的扩展，东京多中心城市结构开始形成。二是新干线给日本经济带来了巨大影响，带动了人口的增长和城市化的进一步发达，据研究表明，新干线的发展与经济发展存在着正相关关系。日本东海道、山阳新干线的 GDP 与客流量的关系呈线性关系。三是新干线的建设大大加强了城市间的联系，降低了城市群内交通成本，提升了产业的集聚和辐射效应，大幅提高了群内城市生产率。在大城市周围形成众多小城市，致使日本形成以大城市为核心的众多都市圈，包括东京、名古屋和大阪三大都市圈。

交通与土地利用模式（影响土地开发强度）、产业选址、出行方式关系密切。中心经济带动楼宇及要素经济，交通布局主要从低碳生态的角度，减少机动车数量、改善交通总体运行情况，改变机动车单体排放水平，改变出行者交通行为。按照绿色交通功能评价指标体系，根据城市形态、土地利用模式、交通结构、交通路网的有效利用、车辆技术、交通行为、采取低碳措施，较少出行总量缩短出行距离，减少小汽车出行量和单车排量，改变交通流特征，改变交通出行结构及交通出行模式，利用智慧交通系统提高交通运行效率。

在良好的交通与土地利用关系的整合基础上，通过优先发展公共交通和慢行系统形成公共交通为主、自行车和步行为辅的交通模式。合理布局城市交通设施，形成城市交通与城际交通的良好衔接及城乡一体化的交通体系，科学合理的道路网络与道路通行空间配置，并配备基于调控和分区发展的停车设施和道路安全设施。

（二）官渡交通要素支撑的中心经济

1. 现代商贸中心

未来融合昆明综合保税区建立官渡区自贸区体系，承接昆明市自贸企业总部基地、自贸区跨境电子交易中心等自贸区功能。以螺蛳湾商贸城为主要载体，发挥跨境电子商贸、小商品商贸等基础优势，进一步巩固发展跨境电子商务。结合 CBD 高端城市商圈打造，形成城市高端商业，依托官渡古镇旅游商贸、螺蛳湾旅游商贸改造升级发展特色旅游商贸，确立官渡区发展成为滇中商业中心，构建官渡区现代商贸业体系。

1）螺蛳湾国际商贸城

以螺蛳湾国际商贸城为基础，发挥官渡区小商品贸易优势，打造小商品的自由贸易集聚区。在现有业态的基础上，结合商贸城二期、三期规划，通过引入跨境电商体系打造以小商品为主要贸易商品的跨境电商体系，打造集合线上和线下两种交易模式的小商品自由贸易集聚区。促进现代商贸和高端服务发展，形成螺蛳湾商业综合体项目集群。承接云南省小商品商贸流通中心的定位，针对核心项目螺蛳湾商贸城综合体项目的现状问题，通过从疏解人流同时不减客源的角度考虑，制定"线上和线下结合"的销售模式发展路径，同时针对进一步提升影响力和客源的角度出发，制定"展销一体化""交易国际化"的具体发展路径。结合线上和线下两种模式的交易模式是未来商贸流通的发展趋势，通过线上交易使商品选购和交易便利化，同时分流线下人流，在拓展客源和同事减少大型商贸行业项目带来的城市负面效应，实现线上和线下交易结合促进螺蛳湾商贸城进一步扩大影响力。

在现有的线下交易模式基础上建立螺蛳湾自己的电子商务服务平台，同时鼓励螺蛳湾商户发展电子商务业务，由螺蛳湾商贸城进行统一的资源整合和管理监督，并打造一条龙的商品质量检验及标准化、商品发布、电子交易结算、售后服务及商品溯源的全程服务链体系，在保证商户利益不出现损失的情况下，使商品的选购和交易更加便利化，让熟悉螺蛳湾的顾客没有必要一定要到螺蛳湾商贸城内执行采购和交易行为，分流线下人流，减少螺蛳湾商贸城项目给城市带来的交通拥堵、人流杂乱等负面效应。

推动展销一体化。借鉴义乌小商品国际交易中心，同时借助螺蛳湾商贸城项目三期商务办公、会展流通功能的规划，形成以销带展、以展代销、展销结合的商贸交易"展销一体化"模式。

促进交易国际化。结合自贸区功能要素集聚以及跨境金融、交易功能的规划，引入跨境贸易结算、免税及退税交易等国家化的商贸交易模式，通过昆明市"区域性国际中心城市"的辐射作用和影响力，吸引国际范围内客群，以扩充项目的客源群体和知名度。

2）巫家坝 CBD 高端城市商圈

以城市高端商贸业作为核心要素，辅以城市特色民生商贸。

城市高端商贸业。集聚城市商业中心要素，在巫家坝 CBD 打造高端消费的商业中心，形成城市高端商业。针对昆明中高端消费市场以轻奢商品零售为主，缺乏真正高端品牌集聚的市场空缺，引入高端消费品牌旗舰店集群，形成立足 CBD 辐射全市甚至全省的高端消费购物中心。引入王府井、新世界等百货公司品牌，打造中央商务区的专业高端进口日用品、化妆品品牌商品，与购物中心协同覆盖全市甚至西南地区的高端消费需求。于巫家坝 CBD 引入高密度商业建筑，形成集商业购物、商务办公等功能的商业集群。建设地标式的超高层商务综合体项目，可引入昆明世贸中心项目作为项目承接载体。引入万达、绿地等商务综合体开发商项目建设，结合商务服务业与商贸业，打造同时服务于企业和城市的商务综合体项目。

城市民生商业。策划服务于城市社区的配套商贸体系，满足市民基础需求。昆明首座宜家已在巫家坝选定地块，作为城市引爆点效果的商贸业项目，宜家的入驻将为 CBD 商圈和官渡区带来中心集聚效应。合理布局满足城市居民购物、餐饮、休闲娱乐、亲子互动的综合性商业项目，可引入凯德置地、富力广场等专业的商业地产开发商以及五大行物业公司进行综合管理。配套社区的商业设施，包括大型超市、便利店、餐饮店以及其他类型的配套生活商业设施。

3）旅游商贸

以城市高端商贸业作为核心要素，辅以城市特色民生商贸，培育发展官渡区旅游商贸服务业。结合 4A 级景区官渡古镇和螺蛳湾国际商贸城开展特色商品的旅游商贸产业，依托官渡区旅游业的开发对国内外游客人气的吸引，以及古镇内部娱乐业态对昆明中高端消费人群的吸引，形成商贸业发展基础，通过在景区内旅游商品的零售，为景区带来经济效益。主要的零售产品为具有特色文化价值的各类工艺品和其他类型特色产品，如特色工艺品、非遗商品、特色食品、特色服饰等。借助螺蛳湾商贸城的集聚效应和 4A 级景区招牌，结合线上和线下贸易，大力开展以小商品为主的特色旅游商贸。同时融入物流配送、退税等增值服务，扩展项目的商品销路。

2. 会展会议中心

通过"会展＋"盘活现有会展设施、提升会展国际品牌，发展会展经济。从区域角度出发，以国际经济、国际文化、国际事务三个方向入手，着力拓展做强南博会品牌，打造区域国际会展品牌；从产业角度聚焦特色经济，通过与云南本土优势企业以及外部专业协会合作，举办高原农业博览会、铁路装备博览会、大健康博览会等产业会展会议，实现会展业对产业的带动作用，做实特色产业增长引擎；从关联行业角度推动会展＋商务、会展＋商贸、会展＋旅游和会展＋娱乐发展，做大会展经济的符合效益。

根据《产业体系规划专题》中"塑品牌、系实业、引科技、促联动"的会展经济发展策略，结合片区内滇池国际会展中心项目的具体现状和发展思路，通过"三个打造"的具体措施，通过对云南自身特色的集中展示、对"一带一路"的契合发展、会展经济的集群化发展三个层面制订相应的策划方案，使会展经济在片区内形成具体的产业项目和业态。

1）打造契合"一带一路"倡议的国际交往平台——会展＋区域

昆明是"一带一路"倡议中的重要节点之一，随着昆明区域性国际中心城市定位目标的逐渐达成，这个地位会越来越凸显出来。中欧班列加速了中国与中亚、中东、欧洲的陆上经济通道，而中缅皎漂港项目的合作成功也直接打通了海上丝绸之路的印度洋出口，对昆明来说，目前发展迅速的"昆明—罗兹"中欧班列和"昆明—磨憨口岸—皎漂港"经济通道将在未来引领云南面向世界的"一带一路"发展之路，作为云南省的中心，昆明也自然成为代表云南进而辐射西南地区的国际化经贸、商务中心，其面向的对外经济合作市场的可能对象也由南亚、东南亚地区扩展至"一带一路"沿线的所有国家和地区。

在这个背景下，滇池国际会展中心的国际性会展活动的服务对象同样可由南亚、东南亚的核心圈层，拓展至东北亚、中亚、中东以及欧洲的辐射圈层，这样就给昆明会展业的品牌提升和国际交流纽带打造提供了战略契机。

"南博会"品牌提升——"中国－南亚博览会（南博会）"是昆明会展业的品牌会展活动，2016 年的第四届"南博会"与"昆交会"联合在滇池国际会展中心举办，其展出面积达到 17 万平方米，共涉及 89 个国家和地区、国内 29 个省市区的 5000 余家企业参展，外经贸成交额和签约额共1500 亿元（含意向协议），尚不及同期广交会一季纯成交额的 1800 亿元，而广交会长期以来均保持一年一办的频率，近年来也由一年两季、每季两期延长至一年两季、每季三期，作为同等级规模体量的会展载体，"南博会"的软实力发展还有很长的路要走。随着昆明新定位的提出和"一带一路"的蓬勃发展，"南博会"作为云南省品牌性的国际交流活动，必将辐射到世界上更远的地方。依托云南特色产业，以及中欧班列的开通和海上丝绸之路新航线的不断开辟，昆明的国际贸易和交往合作范围会逐步拓展，而"南博会"作为未来云南省向世界范围，以及"一带一路"沿线国家向云南乃至中国宣传和展示的核心平台，其国际范围的核心邀请参展对象市场可由目前的南亚、东南亚地区，拓展至中欧班列沿线的中亚、东欧地区，以及海上丝绸之路沿线的中东、东非地区，辐射范围可达西欧、南欧甚至更大的会展市场。随着会展市场的扩大，"南博会"展出的产品类型和展览时长也将增长数倍，以广交会为例，其会展市场为全世界范围，其两季会展周期共计长达 30 天，每一期都有不同类型的产品进行展示，而 2016 年的"南博会暨昆交会"仅举办一季，时长共计 6 天，其会展活动影响力和成交额最根本的差距根源还在于品牌会展活动的规模，而扩大规模的手段则在于拓展市场、丰富展品及延长周期三大手段，紧扣"一带一路"倡议并结合官渡区的创新发展则是"南博会"品牌提升的最佳历史契机。

"一带一路"国际交流纽带——除集中展示云南省特色资源要素及"南博会"品牌会展活动之外，加深与"一带一路"沿线国家和辐射区域之间的合作，以昆明作为交流中心节点，以滇池国际会展中心作为载体，承担起联系国内与国外市场、国外与国外市场交流合作的纽带。

2）打造浓缩云南特色和风貌的展示窗口——会展＋产业

昆明是云南唯一有条件建成国际化交往中心的城市，昆明市"区域性国际中心城市"的新定位也印证了这一点，而昆明滇池国际会展中心作为西南地区规模体量首屈一指、周边环境及配套极其优越的优质会展经济发展资源，完全有条件将云南省的果蔬等高原特色农产品、民族工艺品等特色轻工业产品、机械装备等优势重工业产品以及特色文化等软产品进行集聚，并以不同的展览方式和活动进行呈现，成为面向世界的浓缩云南特色和风貌的展示窗口。

高原特色农业主题——通过与规模企业或乡村合作社等组织的合作，组织一系列高原特色农业主题的专业会展活动，将云南的茶叶、花卉、咖啡、水果、食用菌等特色农产品以及高原农业开发的生产技术、溯源及管理制度、农业文化等软实力进行集中展示并将云南农产品品牌推向世界，例如开展云贵高原物品大会、高原农业科技博览会等会展活动；也可借助茶叶、花卉、咖啡等具有全国和世界影响力的特色产品，开展针对个别产品的专业会展活动，例如国际茶叶博览会、国际花卉博览会、国际咖啡博览会等专业会展活动。

特色轻工业主题——通过与特色食品加工企业、医药企业、民族特色的工艺品制造企业以及特色生活类轻工业企业合作，举办特色轻工业产品主题的专业会展活动，例如药交会、民族工艺品博览会等；由于产品展示规模特性，可与高原特色农业等其他主题会展活动进行联合展出。

优势重工业产品主题——通过与中铁建、中石化、中电新能源集团等具有国际影响力的大型重工业企业合作，举办一系列优势重工业产品主题的专业会展活动，将大型养路机设备等机械装备、石化新材料产品、新能源汽车等新能源产品以及生产工艺、企业文化等软实力进行集中展示，借助"一带一路"发展进一步打开世界市场，例如国际铁路装备博览会、国际环保能源及材料博览会等会展活动。

特色文化主题——云南除农业、能源和制造业产品等硬产品之外，其特色文化也是极具吸引力和的软产品，将云南特色的民族文化、历史文化、宗教文化与产品展示、旅游展示或节庆活动融合，并放置于滇池国际会展中心进行展览或演出，将云南特色文化面向全世界进行推广；同时也可针对专项产品举办国际工艺品、珠宝博览会等文化产品博览会，国际旅游博览会以及国际民族歌舞博览会等会展、演出及节庆活动。

3）融合高端服务、现代商贸等产业打造"会展＋"的创新业态——会展＋行业

借助会展业强有力的经济带动作用，结合现状及规划项目与产业项目策划，打造以会展业为核心驱动的"会展＋"服务业态，充分挖掘会展经济的内在价值。会展经济通过国际范围内企业产品的展示来吸引商务客群进行展览参观、商务会谈和交易签约等经济行为，其中贸易类型企业就会产生商务办公类业态和金融类业态的需求，同时支撑会展活动举办的目的地管理公司（DMC）及会展管理企业也拥有同样的需求。随着会展业影响力的提升，商务客群的流量就越大，停留时间就越长，产生的商务服务和商业服务需求就越大，这也为开发会展配套的酒店、餐饮、娱乐等商业服务设施提供了市场条件。随着城市建设、生态建设和土地价值的提升，旅游业和房地产业也将如期而至，前者与会展经济发展协同共生，而后者则对应产业发展过程中土地价值的提升。综上，片区的"会展＋"产业集

群将通过以下六大方向来实现。

会展＋商务——根据会展经济商务人群商务会议、洽谈和商务办公的需求，结合滇池国际会展中心的商务片区大力发展商务服务业态，重点策划滇池国际会议中心、会展商务综合体、滇池花园办公区三大商务类型项目。

会展＋商贸——会展业是商务会议与商品展览等经济行为产生的行业类型，而会展活动的最终目的则是商贸交易，也是会展业必须附带的增值或附加服务业类型。以主题展馆或商务区项目为载体，结合线上和线下两种模式打造会展商品的跨境电子商务中心和跨境贸易结算中心。

会展＋商业——依托会展及其带动产业的吸引力，形成购物、游玩、住宿功能为主的配套商业服务设施。打造特色购物商街、星级风情酒店、会展游乐场。

会展＋娱乐——结合会展业的发展和滇池国际会展中心周边现有的文化娱乐项目，大力发展文化娱乐业，通过文化娱乐活动力求扩大片区影响力。打造山水实景剧场、音乐节场地、休闲娱乐商业设施。

会展＋旅游——旅游业是会展业能够带动的重点产业，也是对会展吸引人流最为充分的利用手段，通过会展奖励旅游、城市旅游、度假养生旅游、配套旅游服务四个层面解析会展旅游。

会展＋房地产——通过会展业及其带动产业的逐步发展，片区土地价值已得到大幅度的增长，随着时间的推移其价值还将得到更进一步的增长。昆明是云南省目前唯一一个人口净增长的城市，老城区内的人口还面临疏解问题，房地产发展前景相对良好。高端住宅，会展国际城地产项目，以大户型商品住宅为主要产品；银发社区，低密度养老社区，服务于各类养老客群；星海水岸庄园，低密度滨湖别墅区；酒店式公寓，商住两用酒店式公寓，40年产权模式地产。

3. 官渡区交通体系

官渡的外部交通体系较为完善，主要包括南绕城快速路，广福路、环湖路、彩云路、昆石高速、虹桥路、昌宏路等城市主干道。内部交通已基本形成方格网状主干路网，但支次道路分布不均衡，二环路以内及二环路周边区域支次道路相对完善，但仍存在丁字路、断头路较多的现象；广福路周边及以南地区，现状城市开发建设较少，城市支次道路缺失，路网密度低。现状道路面密度为 8.5%，线密度为 2.8km/km^2。由于历史原因，目前交通网络不能够承载昆明城市新中心的定位要求。主次干道较为齐全，但支路系统不完善且部分地段路况较差，现状道路两侧景观不具吸引力，对外交通与内部道路系统之间衔接不足。

昆明致力打造区域性国际综合交通枢纽。昆明基本形成了以高速公路为公路网主骨架，普通国省干线为基础、县乡道为支撑的层次分明、脉络清晰的公路网结构。除了公路，昆明铁路建设稳步推进，连通水平不断增强。在航空方面，昆明长水国际机场转场运营以来，年旅客吞吐量达到 4198 万人次，位列全国第五，已基本形成以昆明为中心、辐射全国并逐步向国际延伸的航空网络。此外，昆明市将主动服务和融入国家"一带一路"建设，着力发展为"三个中心、两大支点、一个中枢"。到 2020 年，形成密集便捷的公路网，构筑功能高效的铁路网，打造开放发达的航空网，构建综合交通枢纽体系，把昆明建设成为国内衔接顺畅、国际互联互通、节点功能完善的区域性国际综合交通枢纽。为昆明建设区域性国际中心城市、构建区域性国际综合交通枢纽打下坚实基础。

官渡基于现代服务业和要素融合中心的交通体系规划。根据核心产业、重点功能区系统梳理官渡区道路交通网络，以满足客流交通为主，凸显地铁轨道交通优势，形成高效便捷、宜居宜业的特色路网系统。道路系统需体现功能分级，形成高效衔接的路网等级和密度，主骨架道路网络应体现高科技高标准，由高速路、快速路、交通性主干道构成，应分布于重要的机动车交通走廊上。规划在原有控规基础上，根据最新版巫家坝 CBD 和会展片区控规成果，重新规划形成官渡区新的交通网络，重点对南绕城高速进行改造，增设多个互通式立交，提升沿线片区的交通便捷度。

一是对外交通。规划将构建由铁路、地铁、都市轨道快线、高速公路及城市快速路等紧密衔接的高效便捷的对外交通网络。现有铁路用于中长距离客流运输，货运功能向外迁移；现有广昆高速、昆玉高速、昆石高速以及在建的南绕城高速穿过，多条高速公路与城市干道形成互通式立交节点，实现片区与外部区域的客货运快速交通转换。

二是道路系统。未来官渡区形成快速路、主、次、支路系统，形成等级分明、结构合理、相互衔接的道路系统。对于建成区重点强化道路之间的衔接，新增次干路及支路，完善道路等级结构，增加路网密度。官渡区内共有9条城市快速路，道路红线宽度为50～80m，为了满足重点功能片区发展的交通需求，次干道主要按300～500m间距进行设置，以满足交通需要，主干路道路红线宽度多为40～60m，次干路是联系主要道路之间的辅助交通路线，道路红线宽度25～40m。支路作为城市道路微循环的重要组成部分，灵活多变，富有特色和趣味性，道路间距按150～200m控制，红线宽度多为12～24m。

三是轨道交通设施。根据昆明市城市轨道交通规划，官渡区未来将成为轨道交通密度最高，出行最为便捷的主城区。规划有轻轨1、2、3、4、5、6、7、8号线，东西快线以及南北快线均从片区穿过，并设置有环城南路站、昆明火车站、巫家坝中心站、会展中心站、南部汽车站等70个轨道站点，形成完善的轻轨交通网络和覆盖面积，加强了规划区内部交通换乘以及规划区与外部区域的交通联系，提升规划片区的辐射能力、影响力和发展潜力（图15-15）。

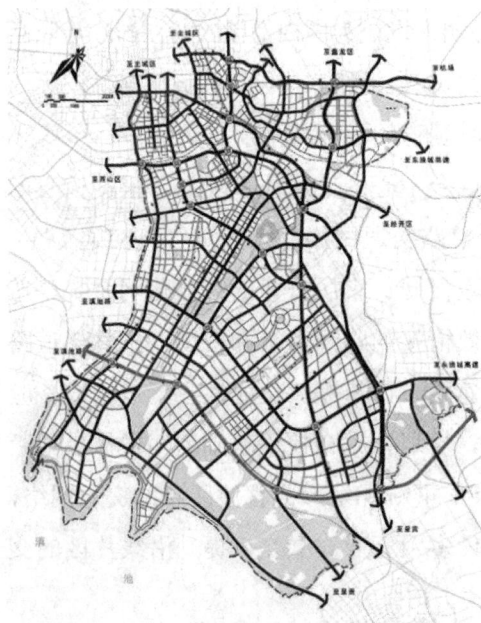

图15-15　官渡区道路交通系统规划图

八、"土地"要素

土地是中心经济的载体，土地价值是城市和中心经济的投资出口，中心经济是城市和土地价值的空间优化。土地的优化用地布局也反映了中心经济的集聚程度（图 15-16）。

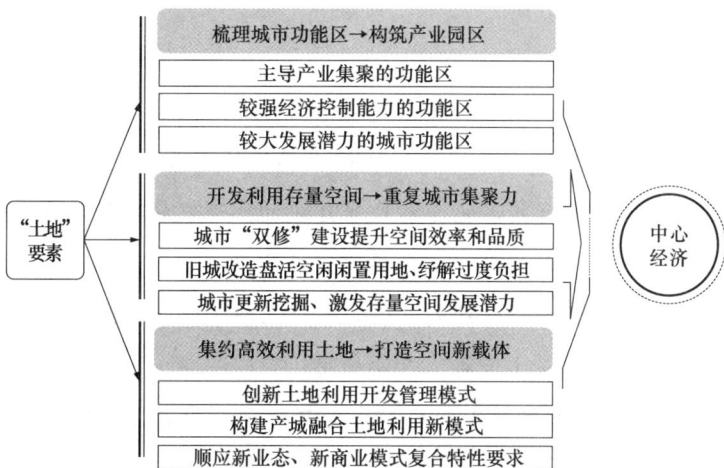

图 15-16　集聚"土地"要素支撑中心经济

（一）中心经济与土地价值

1. 土地价值是城市和中心经济发展的投资出口

土地资源是城市经济和产业开展的必要载体，经济社会发展离不开土地资源的保障，"中心经济"更离不开土地的开发利用。布朗索瓦·魁奈和亚当·斯密时代的古典经济学家说过"土地是财富之母"。土地资源是稀缺性和唯一性的资源，也是支撑建设城市、经济发展的必要条件。土地要素作为物质载体使大量的经济活动在某一空间区域内聚集，可以有效共享所在区域内的自然资源，以及公共产品、各种信息、服务等社会资源，降低平均生产成本和社会成本，提高各种要素资源的配置利用效率。土地资源的开发可以为经济发展提供运行空间，土地资源的利用直接影响和制约产业演进的发展，土地利用空间布局的优化引导着产业空间聚集和优化。因此，在整个国土空间范围内，因地制宜，统筹选择一些资源环境承载能力较强，聚集人口和经济基础较好的区域，系统梳理整合区内现有用地，鼓励开展土地综合开发利用，提升土地利用效率，优先保障核心产业项目的用地需求，逐步打造成为能够带动区域发展的新增长极，融和聚集各类要素，构筑中心经济。

案例：深圳

深圳是中国第一个经济特区，是中国改革开放的窗口，已发展成为具有一定影响力的国际化城市，创造了举世瞩目的"深圳速度"。深圳建设用地的快速扩张支撑了经济总量和城市建设的高速发展。但是伴随城市发展的飞速增进，经济的发展与土地的供需矛盾日益增加，如何充分发挥土地的利用价值，保证经济的均衡发展，深圳采取了以下措施：

1. 城市更新下存量土地再次开发利用

深圳历经30多年的发展，已经成为现代化的大都市，随着经济的快速发展、人口的急剧增长，深圳面临着城市发展与土地之间的冲突问题。深圳以提高土地利用效率和质量为目标，通过城市更新，包括商业、办公、住宅、商业街等多种物业形态的更新利用，盘活其存量空间对土地进行二次开发，重塑城市的活力与聚集力，保证城市可持续发展。

2. 产业转型下土地最佳使用

早期的工业是以原料加工、三来一补等劳动密集型产业带动城市的发展，随着城市的经济发展转型，第二产业的转型和升级成为像深圳这类城市产业发展的主流。现代服务业和先进制造业"双轮驱动"，推动深圳产业结构调整优化升级，产业结构明显优化。深圳市的产业用地也从之前的单一"工业用地M类"转变为"新型产业用地MO类""普通工业用地M1类""特殊工业用地M2类""物流用地W类"等多用途。"产业孵化器""产业加速器""中小企业上市总部基地"等新型产业园成为市场供应的主流产品。

3. 产城融合下土地集约利用

产城融合就是产业用地（M类）与居住用地（R类）及商业用地（C类）等多种类型用地，根据城市规划诉求进行立体混合利用，形成配套完善、区域活动多样、有活力的城市发展新区。深圳通过构建产城融合新模式、打造产业空间新载体，包括高新技术园、文化创意园、软件基地等特色产业园区等，吸引人才与企业的集聚，构筑新的空间增长极。

功能布局问题：功能相对混乱，产城分离，没有形成生产、生活、生态相互配套、相互协调的发展格局，设施配套体系不完整，分布不均，社区级设施较为缺乏。

2. 中心经济是城市和土地价值的空间优化

土地也有空间的概念。

一是梳理城市功能区，构筑产业园区。基于一定空间内各类要素的高度聚集，规划同一类经济社会活动相同的土地利用方式，决定各类要素空间区位、基础设施等相似的发展环境，导致同一类经济活动在城市空间上的聚集，从而形成聚集效应明显的并能带来经济效益的城市功能区。如工业区、商务区、商业区、科技区等。同时这类活动相关的各种要素，如人才、资本、信息、研究成果等，也会在相应的功能区内聚集。最终针对有主导产业、有较强发展能力的、经济控制能力强和有较强聚集扩散能力的功能区，构筑为产业园区，通过然后产业集群园区化，增强现有功能区的辐射带动作用。

二是开发利用存量空间，重塑城市聚集力。引入"城市双修"建设理念，以提高土地利用效率和质量为目标，增加城市生活空间和生态空间。通过生态修复，改善城市环境，提升土地综合价值与城市吸引力。通过城市更新、开发区功能转型、三旧改造、工业用地二次开发等，盘活空闲和闲置用地，推进旧城区整治与复兴，疏解过重的人口和功能负担，淘汰低端功能，注入新的活力。通过城市更新，包括商业、办公、住宅、商业街等多种物业形态的更新利用，挖掘城市存量空间潜力，优化用地结构，支撑城市功能提升和产业转型，引导产业空间聚集和优化，重塑城市的活力与聚集力，保证城市可持续发展。

三是集约利用土地，打造空间新载体。新技术、新业态、新商业模式大量涌现，以二、三产业为主要划分的用地管理模式难以适应现阶段发展要求。新时代背景下需要创新土地利用管理模式，调整用地结构，以产城融合的土地集约利用模式，协调推进产业结构调整与用地结构的调整。产城融合就是产业用地（M类）与居住用地（R类）及商业用地（C类）等多种类型用地，根据城市规划诉求给予立体混合利用，形成配套完善、区域活动多样、有活力的城市发展新区。通过顺应新业态、新商业模式的复合特性要求，构建产城融合新模式、打造产业空间新载体，包括高新技术园、文化创意园、软件基地等特色产业园区等，吸引人才与企业的聚集，构筑新的空间增长极。

（二）官渡土地要素支撑的中心经济

1. 新型房地产

房地产业是官渡区现状产业基础中比重较大的产业之一，是官渡区服务业的主要支撑门类。在国家及地方房地产调控政策和房地产市场的逐渐萎靡背景下，靠房地产拉动经济增长的方式已然不再可行，未来官渡区房地产业要创新发展思路，深度结合官渡区未来产业发展导向，引导房地产业向养老养生、旅游度假、文化体育等新兴领域进军，构建多元化的地产产品体系，推动房地产业持续发展与健康发展。

1）合理确定房地产建设规模及结构

优化房地产业规模，着眼昆明市总体规划、官渡区总体规划及控制性详细规划等上位规划内容，结合未来官渡区的人口分布、产业布局和基础设施建设等情况，并侧重于重点开发区域，结合服务业发展和巫家坝城市新中心、滇池国际会展片区建设，通过方案编制、控规编制等手段鼓励城市用地混合开发利用，支持发展以商贸办公、科技服务、旅游休闲、娱乐餐饮等为特色和主题的商业地产，带动周边住宅开发与服务业集聚，合理确定建设规模，注重地产服务业载体功能作用发挥。进一步优化房地产业结构，构建以需求为导向、以住宅发展规划为指导的购租并举、市场配置和政府保障相结合的住房供应体系。为官渡区未来打造宜居生态城区和发展总部经济、新兴产业等集聚人才需求做好培育和规范住房租赁市场。发展住房租赁企业，支持利用已建成住房或新建住房开展租赁业务，同时有效地推进房地产去库存任务。支持和规范个人出租住房，落实鼓励个人出租住房的优惠政策，鼓励个人依法出租自有住房。规范个人出租住房行为，支持个人委托住房租赁企业和中介机构出租住房。加强宣传和引导，营造良好租房租赁环境。推进公租房货币化，政府对保障对象通过市场租房给予补贴。对于生活在官渡区的新就业大学生、青年专业技术人员等，凡符合条件的应纳入公租房保障范围。通过完善税收优惠政策，鼓励金融机构加大支持，增加租赁住房用地供应。同时强化政府监管，推行统一的租房合同示范文本，规范中介服务，稳定租赁关系，保护承租人合法权益。

2）引导创新房地产开发模式

在稳步发展住宅地产、商业地产的同时，结合产业发展和市场需求，鼓励和引导房地产企业涉足旅游度假、养老养生、健康医疗、文化体育、生态体验等新型地产领域，构筑多元化产品体系。合理确定房地产开发用地商住比，适当增加养老养生、康体休闲用地。对房地产企业加以引导与扶持，促进产业优化和转型升级。在环滇池三个半岛区域的重点片区内，重点结合旅游度假、养老养生和健康医疗等发展养老地产、度假地产等新型地产业态。以气候优势、生态环境、医疗服务为依托，面向老年市场，结合医疗保健、养老投资、托管托养、家政服务、老年用品、文化娱乐等为老龄人群服务的产业。利用良好生态环境的规划发展养老地产和健康医疗地产。利用四季如春、适宜避寒避暑的气候优势，根据老年化社会的需求，开发集健康服务、旅游休闲、文化娱乐为一体的老年公寓、老年社区、颐养中心等，吸引外地老年人来昆明进行候鸟式养老，在春城享受生活、颐养天年。依托官渡区丰富的文化旅游资源和滇池湖滨生态环境，建设具有度假别墅、酒店、会议中心、主题公园、娱乐设施等功能的旅游房地产，实现旅游业和房地产业的融合。巫家坝片区由市城投主导，采用"产业地产＋产业投资＋房地产"的综合开发模式。

3）协同金融业发展创新融资模式，在地产开发基础上附加增值服务

新型地产的一大特征是在地产开发基础上附加了大量服务内容，通过提供更多的服务获得更加广阔的盈利空间。服务费往往是新型地产的主要盈利方向之一。官渡区未来新型地产创新，应针对不同群体需求进行差异化产品开发，以增值服务拓展盈利空间。

新型地产的发展需要注意解决现有的以银行贷款为主的资金供应与持有经营需求长短错配的问题。新型地产的持有经营需要长期资金的支持，对以间接融资为主的传统融资方式提出了挑战。因此未来协同官渡区金融业的发展，创新融资模式尤其是考虑新型地产趋向于直接融资的内在需求，通过地产基金、结构化融资、并购金融、供应链金融、资产证券化等融资模式保障融资需求，特别是资产证券化等创新融资方式。

4）通过二次招商与合作开发等途径打造有品牌效益的开发主体

针对目前官渡区引进的开发主体包括中豪集团、金科地产、俊发集团等，缺乏国际化、品牌化开发或运营企业，导致官渡区服务业发展无法诞生较大的号召力与引领性的项目，重点片区发展形象与品牌识别度不高，二次招商、三次招商效应较弱的问题。通过积极引导现有开发项目二次招商与合作开发，组织本地项目企业对接万科、华润、中海等国内主流知名开发企业，支持房地产企业金融业务发展，推动存量房地产项目优化发展。针对官渡文化生态新城、三个半岛商务会展度假区等重点区域开发项目，加快政府土地、项目相关权证审批与办理，尽快促成项目开工建设与竣工交付。

通过与知名地产开发企业的合作捆绑，实现孵化出有较大知名度和引擎带动作用的重大项目，有力地推动重点片区的品牌和形象，进而更有利于官渡区发展总部经济、金融服务、会议会展等产业。另外由于历史原

因，巫家坝片区、会展片区等各个片区的遗留有与现代发展要求不符的老旧小区，针对此类城中村改造项目，要根据本片区的发展定位，合理确定地产功能，为产业发展提供空间。通过创新 PPP 合作模式，将老旧小区改造项目与新建房地产项目捆绑组合，引入社会资本共同参与老城改造，为老城改造工程提供资本保障。鉴于金马街道凉亭片区土地产权单位较多、权属关系较为复杂，整体改造较难推进的实际，要积极鼓励产权单位在城市总体规划的指导下，按照用地性质自主进行改造，扩大产业发展空间。

2. 官渡区空间规划策略

根据前面对于官渡区现状问题的总结，结合官渡区未来发展定位及产业发展方向，贯穿规划设计理念，提出"引轴聚心、显韵展脉、理络筑园、修城塑颜"四大空间策略，进一步完善官渡区空间发展格局。

1) 引轴聚心

引轴：依托广福路、飞虎大道等交通干线，打通与西山区、老城区的发展通道，辐射空港经济区、经开区等产业聚集区，完善昆明市中心城区空间格局。

聚心：基于现状重点设施项目，沿着发展轴线，促进功能集聚、复合发展，形成多个中心（图 15-17）。

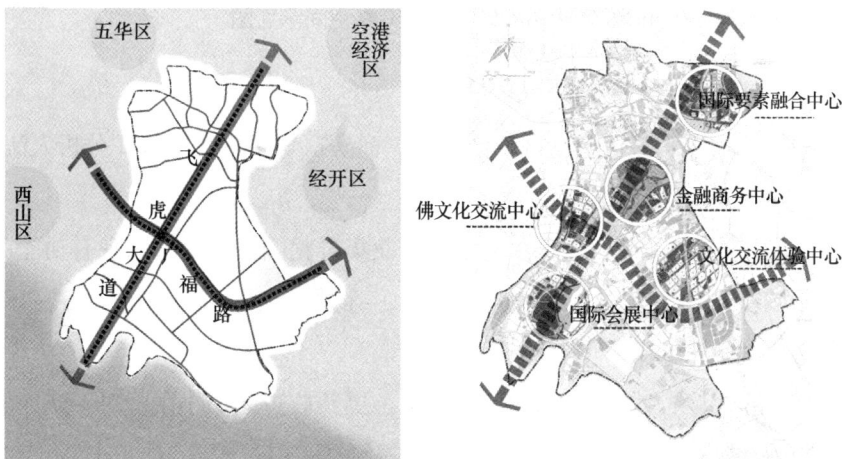

图 15-17　引轴聚心策略空间示意图

2）显韵展脉

显韵：挖掘地区资源禀赋，结合发展定位，彰显绿色之韵、文化之韵、民族之韵、国际之韵、现代之韵、健康之韵、创新之韵、包容之韵等八大韵味，铸造官渡区城市品牌。

展脉：通过系统治理 15 条入滇水系，以水为脉，融入生产、生活、生态等多种功能，绿脉营造、商脉打造、文脉弘扬，汇集人流，实现绿脉、商脉、文脉与城市交融发展（图 15-18）。

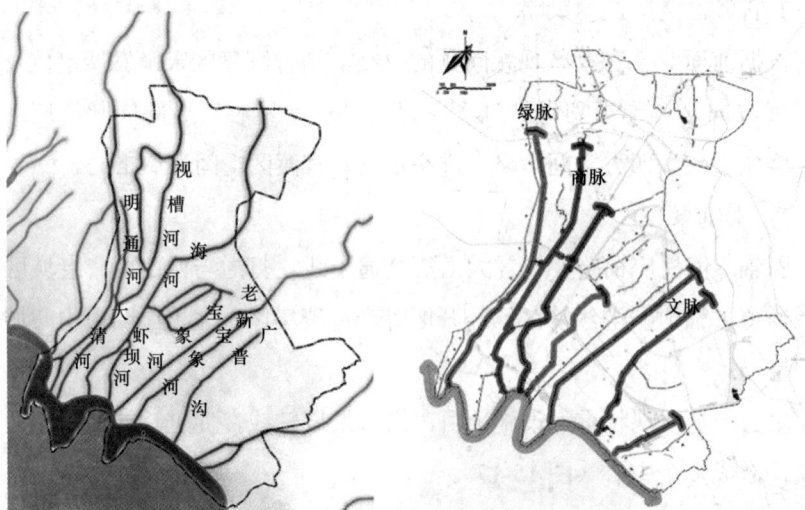

图 15-18　显韵展脉策略空间示意图

3）理络筑园

理络：梳理官渡区生活区、会展区、商贸区等集中功能区，分析人流、物流、信息流等流动线路。

筑园：构筑多个新兴产业园区，产业集群化园区化，增强现有功能区的辐射带动作用（图 15-19）。

4）修城塑颜

修城：引入"城市双修"建设理念，更新改造老旧小区，对新建区域注重开展城市设计。

塑颜：从滨水界面、街道立面、核心功能区、标志性节点等不同维度重新塑造城市样貌，展示国际化都市魅力（图 15-20）。

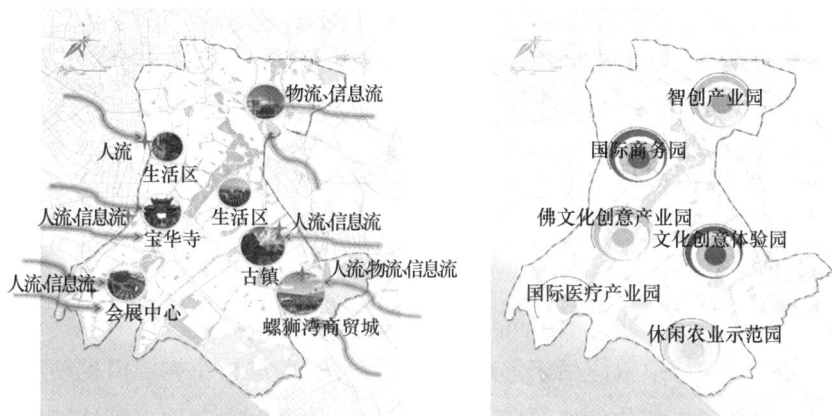

图 15-19　理络筑园策略空间示意图

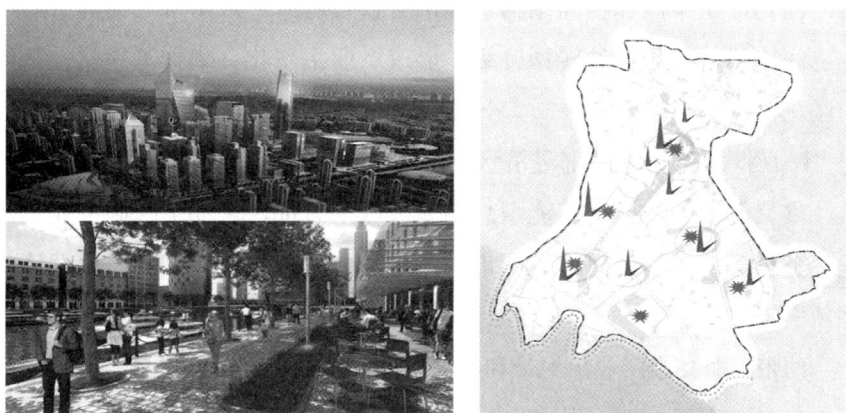

图 15-20　修城塑颜策略空间示意图

3. 官渡用地布局

1）用地布局

以"集约、高效"作为用地布局优化的基本原则，由于目前官渡区内部已按片区完成控制性详细规划的编制，因此本次规划对于空间用地布局方案仅做局部调整，主要工作内容有：首先将最新版的巫家坝 CBD 控规用地方案和会展片区用地方案更新到官渡区用地总图；其次根据本次规划策划出来的重点项目选址，对局部用地性质进行调整，主要有国际医疗产

业园、名优特产品国际交易中心、高原湖滨养生养老社区、智创产业园等项目需要对原控规用地进行调整空间拓展战略

战略目标是以提高城市效率和节约空间资源为前提，充分尊重城市发展的客观规律，在组团发展的构架下，形成官渡区各版块联动发展的格局，按生产力布局拓展空间，综合考虑存量优化和增量创新的取舍关系。

2）产业布局

目前官渡区产业布局散乱，面临严峻的"退二进三"发展任务，产业集聚效应和规模效应尚未形成，在空间上需要进行重构，以推动产业差异化布局和集群化发展，增强产业聚集力、辐射力和城市可持续发展能力，形成产、城、人共兴的城市形态。统筹交通、空间、生态三大要素，优化产业布局和空间结构，未来着重打造"一区两带三集群"的产业空间格局，引领产业转型升级，形成产业集聚化、集群基地化、基地园区化发展。

一区：即巫家坝总部经济区，以总部经济为动力、以楼宇经济为载体，集聚管理型总部、职能型总部和区域型总部，带动金融服务业及其他商务服务业发展，打造昆明市现代服务业发展高地，带动区域经济转型新引擎。

两带：即文旅产业集聚带和湖滨大健康产业发展带，沿广福路统筹利用宝华寺、官渡古镇、省博物馆、云南大剧院、新亚洲体育等设施项目，发展佛文化交流、禅修度假、古镇旅游、文艺演出等多元文化旅游体验；沿滇池湖滨岸线，基于生态优势资源，对接国际先进医疗技术和人才，发展国际健康体检、养老养生、休闲度假、康体娱乐等大健康产业，支撑昆明市大健康产业示范区建设。

三集群：即以滇池国际会展中心集聚关联业态形成的会展会议产业集群、改造利用金马片区老旧厂房打造民族文化艺术创意产业集群、提升螺蛳湾国际商贸城打造现代商贸产业集群。

九、"制度"要素

国家战略、先行先试、试验区、示范区等都是国家发展区域经济在国家层面的制度安排，体制、机制和政策都被认为是制度要素的主要表现方式。制度设计与变迁支配着所有社会的和个人的行为，规范着行为方式的选择，影响着利益分配、社会资源配置的效率和人力资源的发展。政府和城市才是中心经济的执行者、操作者和实现者，而企业是引领者（图 15-21）。

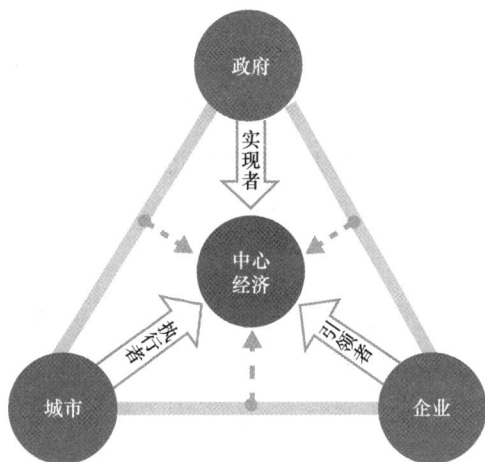

图 15-21　中心经济职能角色体系

（一）中心经济与制度安排

1.制度安排是城市和中心经济发展的护航保障

在城市发展过程中存在着各种各样的制度，最主要的还是土地制度和金融制度以及规划制度。全要素集聚形成的全景图不仅是产业的、空间的，还应该是制度的。目前"多规合一"解决的还是"平面的"

规划，没有将产业增长极、空间增长极与平台思维形成的金融制度体制机制创新结合起来。制度要素作为经济过程的内生因素而存在，不仅为生产、交换、分配、消费的客观过程提供了一个稳定的制度环境，而且为经济主体性力量的努力、选择、出发点差异、随机因素的作用发挥设置了一个规范性的调整机制，构筑了经济过程基本因素或行为模式的组合框架，决定着它们组合的方式、地位、功能等等的差异。由此制度构成了经济过程中的核心结构，并造就了在此框架中人们行为的动力、规范及其独立存在的形式。制度要素既然作为经济过程的内生因素而存在，就必然使经济运行过程在不同的制度模式下表现出不同的内容和存在形式。

2. 中心经济是城市和制度安排的政策接口

以体制机制创新为核心，运用新机制，注重统筹协调，用体制机制的改革提供源源不断的动力。一是城市发展层面加强顶层设计和规划的系统集成，形成政策合力和组织能力以及布局能力，在顶层设计和规划的操作层面明确定位和内生动力以及产业结构，并形成制度安排。二是在建设机制上，发挥市场、政府、规划在资源配置中变量配比关系，将智慧城市、海绵城市等城市建设标准制度化并按照制度执行，形成产业集群和空间增长极，打造赖以遵循的制度框架。三是在运行机制上，通过投资运营服务践行生态文明发展阶段的存量整合优化发展。由于中国的体制机制处于完善成熟的发展阶段，在管理体制、政府服务、投资管理、金融制度、协同创新体系、产城联动机制等方面的创新仍具有较大的空间。特别在规划制度、房地产制度、土地利用制度、投融资制度等方面更需要创新。

从中心经济的发展需求和新时代战略导向出发，需要围绕产业制度、户籍制度、土地制度、金融制度、城镇化制度、税收制度、医疗制度、生态制度、文化制度等维度不断优化制度环境，由供给侧发力加强"制度"要素创新供给。制度集聚是对公共政策的有效利用和对先行先试发展权的积极争取。中心经济更需要系统思维和战略思维形成平台投融资体系创新，形成各种金融工具在体制机制创新前提下的有效组合应用。

一是加强"制度"要素集成创新供给，不断优化制度环境。坚持以新时代社会发展、经济发展需求和战略目标为导向，进一步优化政策的系统集成和实质创新，系统梳理和评估前期政策，稳定有效政策、调整无效政策，围绕产业制度、户籍制度、土地制度、金融制度、城镇化制度、税收制度、医疗制度、生态制度、文化制度等涵盖"生命、生态、生活、生产"四生的关键领域，结合新时代需求和自身发展实际，由供给侧发力集成创新供给制度要素，不断深化改革，强化政策引导和要素配置，不断优化制度环境。

二是切实提升公共政策稳定性。深入推进"放管服"改革，让权力远离市场、公平普及万众。切实保持各项政策连续性，通过稳定政策来稳定市场预期，杜绝政策朝令夕改或"打白条"；提高对改革创新和新生事物的执法容忍度，一以贯之落实国家对企业产权保护各项规定，降低企业维权成本，切实维护各类企业在本地的合法权益。

三是积极争取先行先试的政策红利。积极争取自贸区等国家改革开放试验区的政策红利，加快建立以投资自由化为目标的市场准入制度，开展市场准入限制专项清理，完善行政审批事项目录清单、政府行政权力清单、行政事业性收费目录清单、政府部门专项资金管理清单、投资审批负面清单五张清单并向社会公开，依法放宽银行类金融机构、会计审计等领域外资准入限制，支持民营资本有序进入医疗、养老、教育等民生领域，提高市场准入的透明度和公平性。

四是持续提升政务服务便利性。加强要素市场和营商环境政策体系建设，全面推行"多证合一"，放宽新兴行业企业登记条件，实施企业登记审批全程电子化改革，优化审批事项办事流程，推动实现全市审批服务、居民政务服务事项网上办理；搭建面向全所有制、全规模、全生命周期的企业服务平台，集中受理企业诉求、解决企业问题，形成全覆盖、普惠制企业服务体系。定期发布产业发展白皮书，形成鲜明产业发展导向；侧重出台引导产业集群发展的激励政策，着力突出差异化发展，有效引导企业行为。

（二）官渡制度要素支撑的中心经济

官渡区发展保障制度体系如图 15-22 所示。

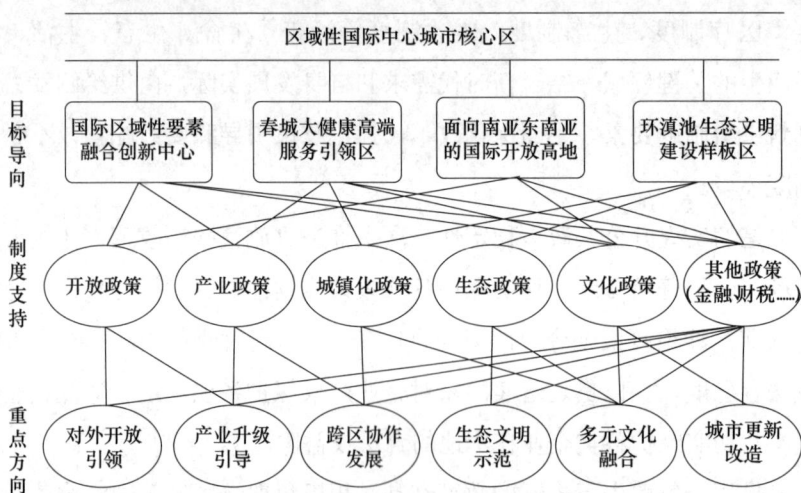

图 15-22　官渡区发展保障制度体系

1. 对外开放政策保障

对外开放政策方面，官渡区需要面向南亚东南亚地区培育自贸功能，加快开放型经济体制改革；争取云南滇中自贸区以及构建开放型经济新体制综合试点等试点示范项目落地。

一是以巫家坝 CBD 为核心载体，培育自贸功能。结合国别差异和贸易壁垒，在官渡区重点培育开放型外贸功能，发展现代高端服务业，联合经开区出口加工区、空港经济区、嵩明杨林经开区等周边重点功能片区一起申报国家自贸区试点，创新面向南亚东南亚地区的贸易便利化机制。

二是落实沿边金改试验区政策，建设离岸金融市场。降低外资金融机构准入和业务门槛，建设以人民币为核心货币的货币金融市场，搭建多边、多层次跨境人民币结算体系，建设区域性国际离岸金融中心。

三是联动沿边开放地区，大力发展开放型经济。通过创新贸易投资、金融结算等体制机制，与云南省沿边地区开展合作联动，积极参与澜沧

江 - 湄公河合作机制、孟中印缅经济走廊、中国 - 中南半岛经济走廊建设，增强对开放型经济的发展引导。

2. 生态文明政策保障

在生态文明方面，官渡区需要以平台和试点为抓手、以重点项目建设为契机，率先开展国际生态合作；争取国家碳交易试点、国家特色小镇试点、国家低碳社区试点、国家海绵城市试点等试点示范项目落地官渡。

一是围绕碳交易，构建区域性国际低碳交易中心。在官渡区建设云南省碳排放交易中心，建立符合新时期发展背景的碳排放交易制度；打造区域性国际低碳技术交易服务平台，结合绿色金融发展方向，设立低碳技术创新引导资金，对发展低碳技术的企业予以扶持。

二是引导重点生态治理项目落地官渡。通过创新制度，争取国际先进环境治理技术和项目在官渡区落地转化，尤其是对于水体的治理，在官渡区建立国际性水生态技术研究基地，成为在水领域开展国际合作的先导者。

三是鼓励城市内外民间企业开展生态保护合作。针对滇池环境保护问题及南亚东南亚国家的生态保护问题，出台相应的引导政策，鼓励民间相应企业积极开展合作，创新合作模式，共同为区域生态环境的治理贡献力量，给予一些领头企业相应的奖励机制。

3. 多元文化融合政策保障

在多元文化融合方面，官渡需要成立文化产业基金，促进多元民族文化融合，传承非遗文化；争取国家级民族民间文化生态保护区、文化消费试点、文化产业示范（试验）园区等试点示范项目。

一是立足全省文化资源要素，成立文化产业发展基金。立足官渡区历史文化底蕴，以整合全省乃至外部区域文化要素为目标，鼓励文化产业发展壮大，由政府出资发起，成立官渡区文化产业发展基金，保护民族文化遗产，传承非遗技艺。

二是盘活现状文化设施，打造国际多元文化交流平台。利用现状省博物馆、剧院、滇池国际会展中心等文化设施，政府引导，由专业文化传媒公司负责，策划大型节庆活动，作为国际性多元文化交流大舞台。

三是引进非遗传承人，形成民族非遗传播中心。彰显各民资文化特色，有序引进各类国家非遗传承人和大师，围绕官渡古镇注入各类功能业态，提供各种非遗新体验。

4.跨区协作政策保障

在跨区域协作方面，官渡需要构建"要素＋红利"发展模式，以"特别合作区"拓展发展空间，争取申报云南省跨区特别合作区试点。

一是以"官渡－磨憨特别合作区"为载体，探索跨区优势资源共享机制。探索官渡区整合要素能力和勐腊（磨憨）重点开发开放试验区政策红利的共享机制，有效拓展官渡区经济发展腹地，实现"飞地经济"的发展模式。

二是成立专门机构，建立合作互动机制。借鉴跨区域合作成功经验，建立联动招商机制、高层会晤机制、经济协调会议制度、对外联系制度等。

三是创新产业合作和利益分享机制。鼓励两地企业在巫家坝CBD设立区域性总部和研发生产、采购配送、商品交易中心等机构，在特别合作区设立进出口加工区，作为企业对外贸易的生产基地，制定税收分成机制。

5.产业升级政策保障

在产业升级方面，官渡需要以信息手段和空间用地保障产业转型升级，争取国家创新型产业集群试点。

一是优先供地制度。对符合官渡区发展的产业优先安排用地供应，对区域有重要影响的重大项目可以指标单列，不计入年度指标。

二是推出过渡政策。对传统商贸产业升级和创新产业发展提供过渡期优惠政策，落实国土资发〔2015〕5号文件要求。

三是加速存量产业升级。鼓励企业利用存量产房和土地开展与创新创业、"互联网＋"等相关项目。

四是灵活制定混合用地性质。支持土地混合使用，提出有助于新产业、新业态发展的兼容性地类和相关控制指标。

6.城市更新政策保障

在城市更新方面，官渡需要推动城市修补和生态修复，争取成为"城市双修"、城市设计试点。

一是老城区加快开展"城市双修"。借鉴三亚市"城市双修"建设经验，找出官渡区生态问题和城建问题，系统谋划全区"双修"方案，落实出可量化、可操作的项目列表，有序推进。

二是选取重点区域作为城市更新示范区。"城市双修"涉及大量工程项目，需要有大量资金作保障，因此可根据全区布局，选取一处典型区域，先行开展"双修"工作，作为昆明市乃至云南省的先行示范区。

三是分片区开展城市设计。根据不同片区建设基础和基地条件的不同，制定不同策略，开展分区城市设计，重点对门户区、标志性节点等开展设计工作，融入当地文化元素，塑造特色城市风貌区。

十、"品牌"要素

品牌是最大的无形资产，对产业来说是通过自主加工、自主设计创造自主品牌，对城市来说是通过历史、文化、产品、创意等要素融合形成城市品牌。城市塑造品牌的过程就是将城市表外资产表内化的过程（图15-23）。

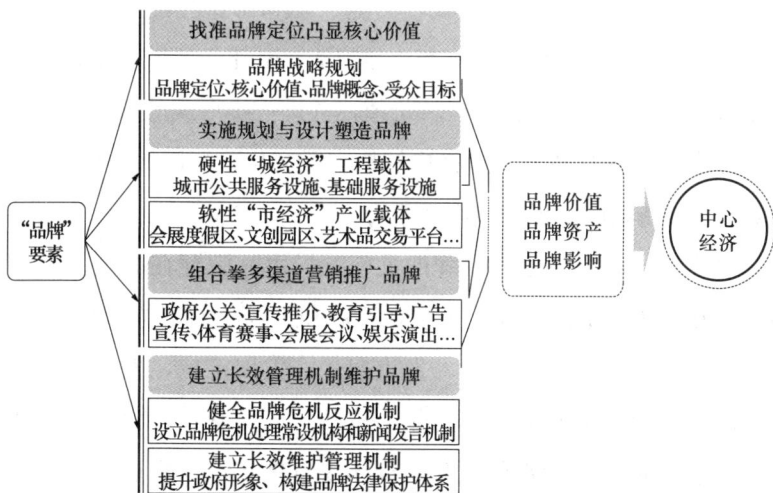

图15-23　集聚"品牌"要素支撑中心经济

（一）中心经济与品牌塑造

1. 品牌塑造是城市和中心经济发展的无形资产

竞争战略之父迈克尔·波特曾说过："基于文化的优势是最根本的、最难以替代和模仿的、最持久的和最核心的竞争优势。"中华文化崛起所呈现出的盛世基因，给我们提出了新的历史命题。在有限的空间将历史积淀下来的人文、商业文脉，以文脉为精神引领，以产业为物理支撑，提升、延续到新的历史时空，凸显中华文化的精彩与自信，实现中华文化的聚集、辐射与分享。品牌为城市写赋，为时代立言，城市品牌能够凸显城市特色，彰显城市文化，增强城市魅力。通过富有个性的城市理念传播、城市文化建设和城区形象塑造来提升区域价值并形成投资和人才吸引力，共同为城市经济发展提供强劲引擎动能。

IP作为一种新兴模式，已经成为文化的载体，可以将更多的文化形象融于产业链中并将文化展现出来。IP的开发首先要对城市文化元素等无形资产进行挖掘，以形象为载体进行衍生产品的开发，在产品的开发中巧妙地融入城市文化、旅游形象，以此全面刺激文化消费市场，打造文化的全产业链条，实现"城市商品""城市文化""城市形象"的高度统一。成功的城市品牌塑造更是一种无形资产，品牌资产赋能于区域企业和产品所产生的叠加效应又将进一步提升区域价值，并进一步形成品牌积累效应。城市品牌价值的构建及品牌传播将更好地支撑文化赋能区域新旧动能转换、壮大城市发展新动能、提升核心竞争力。

一个城市的定位是建立品牌的灵魂，城市品牌存在的价值是政策总揽和经济发展两个层面，决定了它在发展和市场上的定位和不可替代性。品牌定位是基于城市发展使命、发展愿景、发展定位、发展目标、事业目标形成的，形成共同的品牌定位，进而形成品牌核心价值。根据结构化定位体系，品牌定位要包含并充分体现发展定位、产业定位和功能定位，按照在高度上找第一、在角度上作唯一的排他性和权威性原则，充分挖掘调研城市的各类资源和外界评价，包括地理区位、自然资源、文化底蕴、特色建筑、优势产业、人居环境和政府能力等方面，注重和地域历史文化的精神气质相结合、功能与文化相融合，在此基础上梳理提炼出城市品牌的核心价值，继而根据不同的目标受众，明确传达对象，综合目标顾客定位、利益定位、情感定位、形象定位和文化定位等，进而确立城市品牌的定位。

2. 中心经济是城市和品牌塑造的核心价值

品牌决定了城市的认知度，品牌的缺失将影响城市的建设和运营观管理。只有形成品牌资产和具有引爆力的品牌并产生有效传递，品牌价值对城市招商引资及引发关注才能实现。品牌是城市的直观表达与认知，包括标准体系、国际商标、推介传播等方面。通过政策总览和经济层次两个层面结合形成品牌形象，进而导出品牌核心价值和消费体验。品牌识别体系通过理念、行为、视觉、形象推广四方面的识别体系形成地缘识别、人文识别、政策识别三个体系。

品牌建设首先要从起决定性作用的品牌定位入手，建立品牌战略规划，依照排他性和权威性原则，充分、系统地挖掘各类资源要素和外界评价，在科学客观的结论基础上得出品牌的核心价值，结合目标受众、传播影响力区域综合确立区域品牌定位。通过规划与设计实施塑造品牌，将前期确定的品牌定位、核心价值、品牌概念融入于一系列"城经济"和"市经济"的软硬性结合的产业和项目载体，支持品牌塑造。整合传播理念，多种传播途径并用，以政府公关、宣传推介、教育引导、广告渠道、城市宣传片、体育赛事、会展会议、娱乐演出等"组合拳"多渠道营销推广品牌。同时要注重品牌的管理与维护，建立品牌危机反应机制和长效的管理机制保护品牌资产与品牌形象，维护品牌持续健康发展。最终共同汇力形成品牌价值、品牌资产和品牌影响力，支撑中心经济发展。

品牌体系要通过产品品牌向产业品牌转变、产业品牌向城市品牌转变，形成城市品牌背书。城市品牌的核心价值在于政策总揽下的中心经济，采用中心经济"主品牌（即背书品牌）＋关联产业'副品牌'（所有城市企业、出产产品等）"的品牌模式，将代表主品牌的形象标识贯穿于形象宣传推广各环节及所有城市出产的产品中，与背书企业建立互为获利关系，一方面大力宣传主品牌形成品牌传播的多重渠道，另一方面最大程度地利用主品牌的成功形象资源，利用消费者对主品牌的信赖和忠诚度推动副品牌的发展。需要与副品牌企业达成共识，必要时应作为合作与准入条件提出，同时对副品牌进行统一标准的严格认定，防止品牌核心价值透支与稀释。城市品牌核心价值形成城市内所有个体共同的价值背书，是城市品牌形成与发展的成功途径。

（二）官渡品牌要素支撑的中心经济

随着城市现代化程度的提高，官渡在构建中心经济的过程中，需要形成品牌形象内涵体系，包括整合自然环境、地域文化、民族风情和人文精神，形成具有产业生态文化和民族历史特征的城市品牌内涵，提升整体城市形象。官渡的品牌形象集中体现在"区域性国际中心城市"上，包括生态地区的产业发展实践、产业生态文化的独特魅力和滇中地区发展的话语权。要突出官渡是滇中中心城市的重要发展区域，凸显集聚、辐射、服务功能在品牌传播中的重要地位，形成集产业创新发展模式和生态文明引领实验于一体的综合城市品牌。建设新的地标性建筑和城市标志，与城市名片形成传统与现代的呼应。

城市的核心价值是品牌传播的主线与思想灵魂，是品牌的精髓、机会点与传播点，它代表了品牌最中心且不具时间性的要素。品牌独一无二且最有价值的部分通常会表现在核心价值上，对品牌核心价值的有效提炼是品牌进行成功传递的基础。城市品牌核心价值不仅反映城市在商业竞争社会存在的理由，而且更重要的是，它代表了城市能够为全体社会成员带来的最大利益，对目标受众而言包含了自身利益的最大化，对投资者则意味着投资的最大回报。

1. 官渡品牌定位及策略

官渡的品牌定位为"昆明城市新中心"，政策总揽层面包括了官渡的四个发展定位，产业发展层面包括了 144 产业体系。其品牌价值主要体现在，支撑区域性国际中心城市国家战略承载，现代服务业要素融合的平台承载，大健康服务产业的集群承载，生态文明建设的示范承载。品牌的作用是形成城市影响力，进而带动在招商引资、城市消费、人才吸引等方面的关注度和吸引力。

官渡的品牌传播需要重新审视和评估自身品牌战略并制定新的具备竞争力的品牌管理价值法则。官渡品牌管理所选择的价值法则是，全新产业链整合下的"最优化特色产品组合"，基本定位与核心价值提炼，主要体现是"区域性国际开放高地及要素融合中心"形象传播，以及对昆明区域性国际中心城市和大健康产业示范区承载的体验。

官渡品牌的独特性体现在三个方面：一是价值链，是现代服务业聚集品牌对客户的承诺，并体现在产业集群的独特性、选择性、规模性等多方面。二是以价值链为基础的运营模式，即中心经济的新经济业态模式决定了品牌的实现承诺，包括系统能力、组织能力的形成对品牌实现的支撑。三是价值法则，官渡的现代服务业集聚和中心经济模式融合叠加，把价值链和运营模式完美结合在一起。

品牌传播策略一：主题品牌传播策略（主题推广、概念作局）。一是由虚到实、以主题概念创造品牌形象，用品牌提升竞争力，创造高附加值无形资产价值；二是实现无形资产与有形资产的关联协调与转化，引导核心企业在品牌统一管理下，将无形资产转化为优质的主题品牌产品和服务，推进旅游产业发展和城市形象建设；三是由政府直接进行主题品牌的统一管理，统一指导完成产品研发、推广，形成步调一致的客户关系管理和区域品牌整合下的关联管理，通过品牌效益带来高附加值的人流、物流与金流。

品牌传播策略二：联合品牌策略（小品牌整合）。官渡所有机构、公司在传播和推广自己品牌同时，必须将自身品牌与"官渡城市品牌"放在一起进行推广。企业品牌、活动品牌、机构品牌以城市品牌为其背书品牌，形成品牌势能促进品牌推广。强调品牌兴则产业兴的概念，重点是通过城市品牌标识嫁接完成品牌的联合传播。

品牌传播策略三：借势作局、组合传播策略。目前普遍采用的传播方式包括广告传播（电视广告、交通工具广告、专有网络、手机短信、报刊广告等）；直效传播（演出、电视片、会员制、定位活动、直邮等）；渠道与终端传播（渠道形象建立、城市文化建立、终端形象建立、促销活动等）；公关事件（事件策划、新闻发布会、专题报道、制造话题等）

2. 官渡品牌体系

1）巫家坝 CBD 塑造高端商圈品牌

巫家坝作为未来若干年内昆明主城区仅存的具有一定规模可连片开发的重点功能区，通过打造 CBD 承载发展总部经济，形成昆明市新的经济增长极和官渡区实现跨越式发展的重要引擎，在基于省内外企业设立总部需求研究基础上，充分考虑资源禀赋、产业及政策导向、内培外引等不同维度，发挥沿边开放优势，规划布局西南企业总部商务园区作为产业载体，依托目前中铁建西南总部、景成大厦、中交集团等龙头企业的进驻，立足云南省乃至区域内更大范围，面向南亚东南亚地区，加快引进一批世界 500 强、国内 500 强管理型总部，行业龙头的研发、销售等职能型总部，大型企业区域型总部以及二、三线城市企业总部，进一步放大总部企业和楼宇的集聚效应，不断提升官渡区总部经济品牌和知名度。

结合总部经济的打造，于巫家坝 CBD 引入高密度商业建筑，形成集商业购物、商务办公等功能的商业集群，打造城市高端商圈品牌。针对昆明中高端消费市场以轻奢商品零售为主，缺乏真正高端品牌集聚的市场空缺，引入高端消费品牌旗舰店集群，形成立足 CBD 辐射全市甚至全省的高端消费购物中心。引入王府井、新世界等百货公司品牌，打造中央商务区的专业高端进口日用品、化妆品品牌商品，与购物中心协同覆盖全市甚至西南地区的高端消费需求。建设地标式的超高层商务综合体项目，可引入昆明世贸中心项目作为项目承接载体。引入万达、绿地等商务综合体开发商项目建设，结合商务服务业与商贸业，打造同时服务于企业和城市的商务综合体项目。

2）高端健康服务功能打造大健康品牌

《昆明大健康规划（2016—2025）》中提出建设"健康春城"，要将昆明打造为包括高端医疗服务中心、民族健康文化中心、适度高原健体运动中心、候鸟式养生养老中心、健康产品制造中心和生命科学创新中心在内的六大中心。作为官渡打造"健康官渡"可以承接发展高端医疗服务、高原健体运动、候鸟养生养老，同时借助泛华美丽产业资源的导入发展美丽产业。

以把官渡区整体建设成为国际健康城为发展蓝图，把官渡区打造成为集国内外高端医疗资源、云南特色中医药资源和其他各类健康要素的健康产业集聚区。结合区域内优秀的高原湖滨生态环境、宜居的城市空间，导入高端医疗资源和美丽产业资源，跨界融合"健康＋"，将官渡打造成为大健康融合业态增长极，争取创建成为国内具有较强影响力的旅游健康医疗示范区、高端健康养生示范区，叫响"大健康官渡"品牌。

聚焦高端医疗服务，依托云南省优势医疗资源和南亚东南亚特色医疗资源，面向南亚东南亚高端国际市场，突破发展养老养生、高端医疗、康复疗养等健康服务。引入美丽产业资源及技术，整合升级区域关联业态，培育发展美丽产业。结合养老地产、度假养生地产、康复护理地产、绿色地产等养生养老地产项目，推进智慧社区、适老社区建设。围绕环滇池岸线和新亚洲体育城，策划设计环滇池马拉松、自行车赛、室内体育竞技项目等高原特色户外赛事，及全民健身、体质监测中心等项目。

3）文化休闲旅游品牌

昆明是国内重要的旅游城市，官渡区境内拥有官渡古镇、宝华寺、金马寺等历史人文景观，而且随着巫家坝 CBD 的建设、滇池东岸沿线自然景观带改造提升，五甲塘湿地公园、宝丰湿地公园、福保文化城等系列旅游景点逐步打造完成。未来官渡区都市休闲旅游将有较大的发展机会。以大旅游产业链作为盘活区域现状资源的重要链条，整合大旅游产业链，形成以文化旅游为主导引领城市旅游、健康旅游、生态旅游的大旅游产业体系。依托官渡古镇和宝华寺两大片区，以云南历史文化、佛教文化为内涵发展文化旅游业。结合中心城市建设和滇池沿岸生态环境，打造集城市旅游、健康旅游、生态旅游三位一体的旅游核心片区。城市旅游是现代化的城市建设和服务也是旅游业的吸引点之一。

4）文化创意品牌

实施文化引领战略，结合区域文化艺术、影视传媒、广告设计等优势行业，推进"文化＋"商贸、商务、旅游、教育行动计划，构建官渡区文化创意产业体系，把官渡区打造成为多元文化交流基地，承接国际多元文化交流基地发展内涵。

以文化创意产业业态导入激活金马片区发展整体推进片区旧城改造、片区开发，推动区域历史文化遗迹和传统街区风貌的传承与复兴，促进人才、技术等核心要素集聚融合，形成省内外、南亚东南亚的文化要素汇聚、交流和文化产品创作中心，推动区域创意设计、文化艺术中介服务、艺术工作室、艺术孵化器、创意工场、展览培训、文化艺术品交易业态发展。把区域打造成昆明市区域性国际中心城市重要的旅游功能板块的文化要素集聚区、创新创意要素集聚交易区。依托巫家坝 CBD 未来昆明市中心城区的打造，集聚文化创意产业总部集群。打造广告服务企业总部集群，推动"大文创"产业、会展业发展；打造影视传媒企业总部集群，推动"大文创"产业、会展业发展。

（1）文化艺术

运用现代信息技术和商业推广模式，盘活云南丰富的文化艺术基础资源。加快整合、深度挖掘并利用好古滇国文化艺术、南诏国文化艺术、大理国文化艺术、沐英和吴三桂等历史故事演绎的历史文化艺术。进一步开发好雀之灵、印象云南、澜沧江·湄公河之夜、梦幻香格里拉等著名民族歌舞曲目为代表的民族歌舞；阿诗玛、花腰新娘、金马碧鸡等传说逸事等民族传说故事的民族传说故事；彝族刺绣及火把节、傣族歌舞及泼水节文化、民间文化艺术类非遗项目民间艺术。

促进官渡民族文化艺术繁荣发展。以宝华寺等具有区域性辐射作用的佛教文化交流中心为代表的佛教文化艺术，适当加强与国外文化艺术交流；云南少数民族众多，各自拥有不同形式的信仰崇拜文化，充分挖掘云南少数民族宗教崇拜艺术。结合印度文化艺术资源、缅甸文化艺术资源、泰国文化艺术资源等南亚东南亚的文化艺术资源，形成官渡区具有辐射国际区域文化艺术资源。谋求官渡区文化演艺事业发展路径，鼓励精品和原创作品制作。重点扶持能够代表云南特色文化的演绎曲目；同时鼓励著名导演、编剧等人才在官渡成立工作室，形成文化艺术人才集聚。

支持多元化综合发展以及国际化合作，将云南大剧院营造成为集演艺演出、影视制作、场馆经营、体育赛事、休闲旅游为一体的文化艺术经营综合体。集合南亚、东南亚等国丰富的文化艺术资源，形成国际合作，丰富文化艺术演出形态。有效统筹文化设施资源，盘活现有文化艺术设施利用，以云南大剧院和滇池会展中心分别作为舞台演出和实景演出的双核驱动项目，推动形成云南文化艺术中心建设。通过鼓励特色优秀曲目的生产，吸引更大范围内的游客参与到文化艺术行业的消费，开拓文化演艺消费市场。通过邀请全国或世界知名演艺团体前来演出以及申请如"春晚分会场"等重要的文化艺术演出盛会拓展演艺市场知名度。

调动社会力量支持文化建设，鼓励社会各界、企业和个人资金发起设立剧院发展基金（TDF），形成票房收入、政府补贴、基金会支持、社会捐赠、企业赞助合力支撑文化演出市场的良好格局，推动剧院持续良性发展，不断改善文艺演出环境。

（2）影视媒体

依托云南历史文化艺术、民族文化艺术、宗教文化艺术等云南文化艺术，借助云南省独特的人文和产业经济发展环境，谋求官渡区影视行业发展路径。云南发展影视行业的人文环境良好，歌舞曲艺及影视作品人文素材资源丰富，取材范围极其庞博，且云南人民普遍具备相对较高的影视欣赏水平和艺术修为，文化传播市场相当广阔。

官渡区作为省会城市文化中心，拥有会展中心、云南大剧院、云南文苑等众多硬件设施，且自身文化底蕴浓厚，拥有集聚影视传媒产业核心要素集聚的优质土壤。南亚、东南亚影视行业发达，拥有"宝莱坞"等优秀的影视品牌，未来官渡区可以加强与印度影视业、泰国影视业、马来西亚影视业合作及其他南亚、东盟国家影视业合作。推进影视核心资源集聚发展，在智创空间的文化创意园内引入影视传媒企业实体机构，以及内容策划、拍摄制作和发行销售等行业高端企业，形成专业化的企业总部组团。同时制定引入企业和人才的便利条件和优惠政策。提高影视品牌活力和影响力，积极吸引和承办影视行业内最具影响力的节展、颁奖活动，组织承办国际性电影节、电视节，争取昆明国际电影节的品牌申请和承办资质，提升昆明在影视行业发展中的影响力。将影视活动与会展业结合，开展国际影视行业交流会和国际影视作品展览会，通过集合区域性和国际性资源提升品牌影响力。鼓励媒体行业的市场化创新，在坚持播出权特许经营前提下，允许制作和播出分开。鼓励专业节目策划制作机构发展壮大。重点发展数家大型传媒集团，塑造有全球影响力的知名品牌。推动媒体传播模式向数字化转型，全面推进三网融合，扩大高清电视用户群体的覆盖范围，鼓励交互式网络电视、视频点播、手机电视创新型业务应用，面向多平台、多通路，加快依据媒体形态定制节目内容的创作生产，加强内容集成播控平台建设。积极推动智慧社区、智慧家庭建设，同时积极推动无线终端媒体的快速发展。

（3）广告设计

吸引广告设计核心要素集聚，同时鼓励广告设计行业的创新发展。在发展电视广告、报刊广告、户外广告等传统广告领域的基础上，提高广告策划科技含量，不断推进广告业与新媒体融合，推动网络广告、移动媒体广告和社交媒体广告等新型广告形式健康有序发展，努力提升广告设计、创意策划、媒介投放、效果评估、产品展示等产业链关键环节的发展水平，支持跨媒体综合运营。整合广告经营资源，鼓励实力强的广告企业通过兼并、重组、合作等方式，组建一批具有国际竞争力的大型广告集团。鼓励传统广告企业跨界运营，充分利用网络广告、嵌入式广告、互动广告、二维码广告等新颖广告形式，创新商业模式与营销模式，不断开拓业务领域。

制定并落实各项优惠政策，加快广告业核心要素在官渡区聚集，促进广告创意、设计制作、在线实时分析与大数据处理技术等产业链关键环节的规模化、品牌化、专业化发展，吸引行业高端要素汇聚。建立、完善广告专业人才培养引进机制，加快建设本市广告人才评价中心和广告人才库，吸引高端专业人才来昆明发展。建立以高等院校广告专业、设计艺术专业、传媒专业和研究机构为依托的广告人才培养基地，通过定向培养、实训实习、在职研修等方式，不断提升广告人才专业化素质和业务水平。

（4）文化创意＋

"文化创意＋商贸"。推进文化创意＋商贸融合发展，加快文化创意产品的设计、制作、定制和交易。丰富文化创意产品的展示和销售渠道。吸引国内外艺术创作机构和个人来官渡建立工作室、创作室、新媒体艺术中心和视觉实验室，不断开拓艺术创作领域，鼓励创作具有云南特色的传统工艺美术精品，丰富艺术品种类和展现形式；除传统的设计、制作、批发零售外，可结合互联网设置私人订制、DIY 设计等销售服务，拓展文化创意产品的服务链；扶持壮大一级市场，鼓励民营和外资机构成立各种类型的艺术品经营机构，支持画廊、艺术品专营店、文化艺术中心等艺术品市场主体的发展，建立起畅通的原创艺术作品展示与价值实现通路。

规范文化创意产品交易市场。建立健全集文化创意产品评估、鉴定、拍卖、展示、保险等服务于一体的文化创意产品交易全产业链；加快培育文化创意产品中介服务机构，统一服务标准，规范服务流程。加强行业自律，在艺术品咨询、防伪、登记、鉴定、评估等重点环节提高行业准入门槛，规范文化创意产品中介市场服务行为；重点扶持云南省前列的知名艺术品拍卖企业的发展，扶持特色化发展、聚焦细分艺术品领域的专业拍卖公司成长壮大。加强文化创意产品市场管理，规范文化创意产品交易各方参与者的市场活动。推动文化创意产品跨境化、电商化和金融化。建立艺术品交易信息的标准化登记和认证制度，推进交易和拍卖环节电子商务建设，打造文化创意产品的电商平台和信息化产权交易中心。

以云秀路为纽带，连接官渡古镇、公共文化设施集中区（包括云南大剧院、云南文苑、云南省博物馆、云南省图书馆等公共文化设施）、昆明市规划馆，形成文化创意体验的旅游轴线。结合古滇国、南诏国、明清时期等主题的历史文化创意元素景观，和民族地域文化创意元素景观，将云秀路打造成为展示云南文化的旅游体验长廊，形成云南文化长廊主题项目。将文化创意产品交易与旅游结合，结合旅游的带动作用进而拓展文化创意产品的交易渠道，借助旅游业和旅游商贸的不断发展，拓展文化创意产品的销售渠道，从而反哺文化创意产品研发设计和制造；在旅游文化创意商品的研发设计中，应从官渡和云南特有的历史文化、民族文化入手，融入现代人审美和喜好的创意元素，形成特色文化创意产品产业链。将文化体验与展示融入旅游发展，以文化体验模式丰富旅游业的参与性和互动性，使游客在旅行游玩的过程中自然而然体验到特色文化和文化创意元素；在旅游项目中融入 VR、全息投影等科技手段，利用先进尖端的体验功能为游客带来更好的文化体验。

"文化创意＋教育"。借助中国日益提高的国际影响力和文化认同度，以孔子学院作为载体传播中国文化，实施"文化创意＋教育"融合发展文化创意产业。与云南大学、昆明理工大学、云南中医学院等高校合作，在印度、缅甸、泰国等地设立孔子学院外部教育机构，实行中国教育制度，传播中国文化，扩大对外文化交流。同时通过外部教育机构的教育，培育出能够进入云南的各大高校学习。发展孔子学院的中介服务，同时在官渡区发展孔子学院毕业生的就业岗位。在云南各大高校设立的孔子学院学习机构，结合外部教育机构对国外生源的定向培养，由教育机构直接分配或入学中介分配至各大孔子学院。结合昆明自贸区的建设，吸纳孔子学院内熟悉中国文化、在中国无生活障碍并具备专业素养的毕业生，并以岗位需求指导孔子学院的专业院系设立。

3.官渡品牌项目

1）官渡古镇

结合官渡古镇目前旅游业态发展的实际情况，有针对性地加强官渡古镇旅游业发展水平。官渡古镇商业虽然充实但业态较为杂乱，且客群层次单一；街区环境活力不足，导致景观吸引力有限；街区空间节点不明确，人流动线设计亟待改进；古镇文化主题体现缺乏体系支撑，散点式的文化体现形式缺少灵魂。因此，官渡古镇需要进一步突出以文化为主线，提炼文化灵魂；融入复合业态，激发商业活力；丰富空间层次，提升街区环境。激活官渡古镇历史文化旅游片区，激发片区商业活力，融入面向各个层次游客的特色旅游业态。打造云南特色美食街、高端精品餐厅，美味的特色餐饮是吸引人流最直接有效的业态，集中昆明及云南省的最受欢迎的小吃、美食于一处街区，形成对本地和外地游客都具有强大磁性和黏性的旅游吸引点，也可引入高端精品餐厅以及南亚、东南亚地区的特色精品餐厅。借助官渡历史文化和云南特色文化，在官渡古镇营造符合云南历史文化且建筑风格与古镇风格融为一体的民宿客栈业态，为游客提供具有当地文化特色的精品酒店服务。结合文化创意产业，从现代人的审美和偏好出发，开发能够体现特色文化的实用性旅游商品，使对外销售的旅游商品拥有文化创意属性和可用性，增强商品销路和吸引力。依托官渡古镇营造的文化氛围和商业环境，承接巫家坝 CBD 高端商务客群需求，在古镇私密区域开发私人酒窖、茶座、会所等项目，为商务人士提供专属的交流场所；同时针对白领及高消费客群引入品牌 CLUB 的聚会娱乐休闲场所，进一步增加吸引力。

结合昆明种类丰富的花卉种植条件和植被适应性气候，增加街区内种植的植株种类，形成色彩丰富且具有视觉层次感的街区生态环境。在古色古香的沿街建筑外立面加入现代的文化创意元素，增加沿街建筑的设计性和丰富性，避免千篇一律的街景设计的同时，提升街区环境的生动活泼且耐人寻味。官渡古镇主街路面宽阔，但细节设计较为单调。结合官渡古镇的历史文脉，在主街中央或动线节点处设计如"渡船、商贾、耕牛"等体现官渡历史文脉的创意雕塑和小品，进一步增加街区的趣味性。恢复官渡八景，并作为古镇的动线集散节点。在现状仍保留官渡八景原有建筑和山体的基础上，运用全息投影、裸眼 3D、表演等现代手段真实重现传说中的景致；同时利用官渡八景的标志性景观作用，形成古镇街区的动线节点，从而引领整个街区的人流动线有序流畅。实行"娱乐服务"和"文化体验"双主题的业态提升模式。根据对旅游客群的分析，结合当前官渡区商务接待、休闲娱乐、文化体验等方面的需求，重点导入私人会所、私人酒窖、官渡商务会馆、官渡酒吧街、夜店潮牌、Club、KTV、休闲养生、茶馆、文化创意商街、云南特色文化体验、云南非遗文化博物馆、云南珍馐坊、官渡八景景观节点、官渡特色客栈民宿业态，突出官渡古镇娱乐服务和文化体验的核心旅游功能。

官渡古镇重点业态：一是商务接待业态，依托会展及其带动产业的吸引力，形成购物、游玩、住宿功能为主的配套商业服务设施。包括私人会所、私人酒窖、官渡商务会馆；二是休闲娱乐业态，以休闲娱乐作为古镇引爆点，吸引城市娱乐需求客群和游客客群，利用娱乐品牌效应带动古镇旅游业发展。包括潮牌夜店、官渡酒吧街、官渡茶馆；三是文化体验业态，依托会展及其带动产业的吸引力，形成购物、游玩、住宿功能为主的配套商业服务设施。包括文化创意商街、云南珍馐坊、云南特色文化体验项目、云南非遗文化博物馆。

2）宝华寺禅修度假区

宗教不出寺——宗教的宗旨是劝人向善、修身养性，寺庙即是这类修行的专用场所，出了寺庙宗教本身的属性便转化为世俗形态，但宗教对于人心的影响和适用于世俗的优良思想则不会泯灭。在宝华寺片区的业态打造中，一切与宗教相关的业态都集中在宝华寺这个清净之地，在寺庙中只作为佛教信徒往来参拜的目的地。

业态绕周边——以宝华寺为中心，以佛教修身参禅、冥想静心、素食养生等有益于现代人身心健康的佛学主题元素融入项目开发中，结合寺庙的宗教原点，围绕宝华寺打造禅修度假主题的地产项目，以主题地产的形式作为出口完成周边城中村的拆迁和项目的开发。

打造成熟的佛学禅修度假业态，需要在宝华寺营造佛文化禅修中心，结合禅修度假业态，宝华寺所吸引的核心客群一定是具有一定消费能力且对于佛教拥有深刻理解和信仰的客群。结合佛学理念，在宝华寺中策划佛学论坛讲座、俗家弟子皈依、修禅养心功课等具有资质筛选属性的项目。

佛学论坛讲座：依托将昆明打造成为面向南亚东南亚佛教文化交流中心的战略愿景，在宝华寺内定期邀请高僧举行开放性质的佛学论坛讲座，并为参与宾客制定预约考核机制，选择具有参会资质和社会影响力的宾客参与讲座。

俗家弟子皈依：对有皈依成为俗家弟子意愿的客户制定定额筛选机制，限制俗家弟子人数并择取更加虔诚的信众，同时注重俗家弟子的培养潜质和社会影响力，在传播佛教思想的同时保证慈善事业的良性发展。

参禅修心：针对俗家弟子，以及选择具有一定经济能力和修行资质的，有参禅悟道和养心修行需求的信众和游客开设相关课程，传播佛教心得。

养心度假：结合参禅修心课程，在宝华寺周边开发领域打造度假地产项目，为俗家弟子和参禅修心人士提供固定住所、周期度假居所和生活服务。

结合佛教思想理论和现代人对于精神层面更高的追求，开发参禅修心的课程，并在寺院周边开发供修行者使用的度假地产项目。

养心度假住宅区——针对宝华寺佛教的特定游客人群，即参禅修心者和俗家皈依弟子，提供可租住和出售的度假住宅项目，以供客群长驻修行。

参禅养心功能——参禅养心是度假区的主要特色功能，营造静谧的居住环境，让游客经历宝华寺经典洗礼后有一方私密空间静心养心。

禅修文化设施——提供配套的图书馆、修心交流中心等文化设施，辅助游客度假。

第十六章 "中心经济"发展路径

一、全要素融合创新

上一章聚焦新时代背景下发展中心经济的十大核心要素,分别从产业、金融、科技、人才、信息、交通、土地、生态、制度、品牌十个要素的维度深入分析其集聚方法途径,以及对于中心经济支撑的作用机理。需要注意的是,在构筑中心经济及其实际发展过程中,更多表现为要素之间互动产生协同效应,融合全要素进而创新全要素,来实现支撑中心经济发展。如"产业"要素与"土地"要素的科学衔接才能规划出兼具合理性和前瞻性的产业空间高位布局,"科技"要素、"信息"要素和"产业"要素互动配合才形成孵化新经济、新模式、新业态的新旧动能转换,"产业"与"金融"有效互动才能够形成产融结合,推动产业金融向实体经济倾斜并带动供应链金融和消费金融发展,"土地"要素与"生态"要素紧密衔接,才能够实现绿色发展、可持续发展,"制度"要素和"人才"要素的结合供给才能保障其他各类要素的集聚与创新。

因此,发展中心经济,首要关键在于全要素融合创新。以融合、创新、互动为核心特征,从顶层设计入手,自上而下积极对接国家及区域宏观战略政策,自下而上结合地区的资源特征、现状基础和未来发展趋势导向,以全要素思维和系统思维集聚产业、金融、科技、人才、交通、信息、土地、生态、品牌、制度十大中心经济构成要素，并将各要素进行有机的、因地制宜的融合，使得要素之间出现相互作用的协同效应机制，进一步创新要素本身及其组合形态，形成要素集聚平台、要素交易中心、要素创新体系、综合服务枢纽等要素中心载体，以战略集聚力、产业集聚力、空间集聚力、文化集聚力和制度集聚力进一步引领，在金融与科技的放大作用下，构筑中心经济发展模式（图 16-1）。

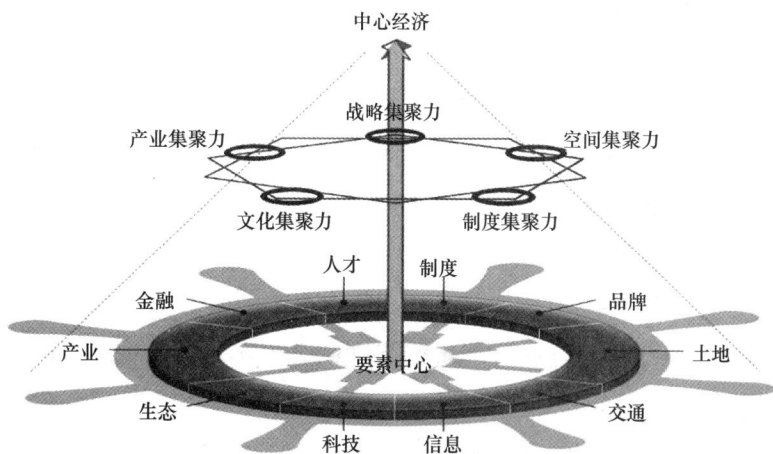

图 16-1 "中心经济"十大要素融合创新舵盘图

官渡区立足自身基础，挖掘特色资源禀赋发展价值，向上对接国家"全面开放、深化改革、经济转型、民族团结"等宏观战略，根据云南省成为面向南亚东南亚辐射中心的战略谋划，承载昆明市建设"区域性国际中心城市和大健康产业示范区"的发展使命，以"中心经济"支撑官渡区建设成为"区域性国际中心城市核心区"的战略目标，提出"国际区域性要素融合创新中心"的战略定位。在该战略定位指引下，官渡区大力推进多元要素融合创新，转变经济发展方式，实施创新驱动发展战略，打造"交易中心""会展中心""金融中心"等要素集聚平台，整合区域优质资源。加速传统商贸物流业转型升级，重点引入现代新兴产业要素，提升现代高端服务业发展水平，与周边空港经济区、昆明经开区联动发展，打造成为昆明市高端服务业集聚新中心，辐射南亚东南亚地区，支撑昆明市建设区域性国际中心城市，构建滇中地区经济新增长极。

强化官渡区作为省会城市主城区的要素整合能力，通过打造各种要素交易平台、要素集聚平台和综合服务枢纽，增强官渡区集聚辐射能力，整合国内外优质资源要素，汇集区域内外人流、物流、信息流，逐步将官渡区打造为区域经济中心区。

（一）做强特色要素交易平台

加快对凉亭粮食交易批发市场搬迁改造，保留地区传统商脉，基于结算经济引入现代金融服务业态，近期转型升级为面向地区优势资源的高原特色农产品交易中心，未来以"名优特产品国际交易中心"为目标进行打造，进而整合南亚东南亚特色资源要素。

加快巫家坝 CBD 建设，围绕绿色金融发展内涵，在巫家坝片区重点打造区域性国际碳金融交易中心和文创产品产权交易中心，用于碳排放权、低碳技术、低碳产品、文创产品、知识产权等多种产品的交易，形成高端服务业集群并辐射全国和国际市场。

充分盘活现有会展设施，一方面争取国际级或区域级大型会展会议在滇池国际会展中心举办，另一方面，主动对接行业协会、大型企业等主体对象，开展各类主题的交易博览会。通过各类交易平台打造，在官渡集聚各类优质资源要素。

（二）打造创新创意要素集聚平台

率先出台符合创新驱动要求的体制机制，打造集制度创新、科技创新、业态创新、文化创新于一体的综合创新格局。集聚各类创新创业要素资源，强化创新、创业、创投、创客"四创联动"，促进众创、众包、众扶、众筹"四众发展"，全面激发大众创业、万众创新的活力，培育创新引擎与创新型经济增长点。

全面提升北理工（官渡）孵化器、电商创业园等现有各类载体的规模、功能和服务水平。通过政府引导，出台优惠政策，打造双创平台，对官渡区内老旧厂房进行设计改造，基于地区佛文化、古滇文化、古镇文化、工业文化等文化要素，围绕影视传媒、广告服务、服务外包等领域，引入创新创业人才和技术，打造智创空间产业区。

（三）建设昆明综合交通国际客运枢纽

发挥官渡区处于主城与呈贡新城、主城与滇中新区连接带的区位优势，同时也是昆明市轨道交通覆盖率最高的城区，力争打造成为昆明客流可达性最高的区域，近期重点在官渡区南北两侧打造菊花村综合交通枢纽和地铁宝丰枢纽站，对接昆明长水国际机场和高铁南站，吸引更多的人流、物流、资金流在此汇集，依托立体交通，建立换乘方式多样化、城市道路层级化、停车空间立体化、绿色出行便捷化等的复合交通体系。加强道路交通的管理，改善道路微循环体系，改善城市交通环境，减少交通拥堵点，打造昆明市综合交通国际客运枢纽。

（四）强化人才等创新要素支撑

以昆明建设区域性国际中心城市为契机，依托昆明市人才引进平台，基于地区高等院校人才资源，建立面向南亚东南亚的国际人才市场网络，重点引进总部经济创新型人才、高技能人才和紧缺型人才，鼓励科研机构、企业与高校联合建设博士后工作站。加强政府引导，开展科技金融和跨境金融试点，发展壮大各类产业发展基金、创业投资基金、跨境投资基金等基金，支撑各类国际性交易中心建设。建设官渡智慧服务中心、数字中心，开展面向南亚东南亚的数据托管和服务外包业务，推动昆明市建设全市大数据共享网络，实现资源共建共享。

二、新经济叠加手段

中心经济的发展实质上是产业、金融、科技、信息、人才、生态、交通、土地、品牌、制度十大要素资源整合、重构后发生协同效应，并且围绕中心经济进一步再创新和再配置的过程，综合来看是城市全要素智慧发展理念的凝练。要将智慧发展、智慧建设和智慧运营三个系统进行有机的融合，关键在于以"产业＋资本＋空间＋新技术工具"有机叠加的新经济手段，发现新需求同时创造新需求、提供新供给，构筑城市与经济创新发展的新引擎、新动能，实现智慧城市发展新旧动能转换和中心经济内涵式、创新式、集约型可持续的发展。

有机叠加的新经济手段，突出的是"新经济"和"有机叠加"。"新经济"首先基于信息基础设施的系统建设，归纳起来即所谓的"云、网、端"："云"是以云计算和大数据为主的云端技术设施；"网"就是包括互联网和物联网等网络基础设施；"端"则是指包括硬件在内的各类智能终端，亦包括 APP 应用在内的软件产品。

依托不断完善更新的"新的信息基础设施"，从新旧动能转换的角度出发，叠加于经过互联网等信息技术改造升级之后的传统一产、二产的存量基础设施，从量的角度增加数据投入与采集，从质的角度深挖数据富矿获得新知识模式，使得技术持续进步和生产率提升都获得了新空间。通过"互联网＋"触及各个终端消费者的大网络，结合大数据对传统产业进行生态重构，不断推动传统产业向线上迁移和传统产业与互联网等新工具、新技术的融合，打破固有格局，改变游戏规则，实现"去中心化""去中介化""去金字塔化"和优化产业链、整合供应链、重构价值链，改造提升传统动能。比如利用互联网和移动支付大幅度降低实体经济的交易成本，模块化应用和互联网平台降低产业环节之间沟通和设计成本，以大数据创建全新的经营与管理模式对企业内部进行调整优化从而稳定其市场定位与价值，传统制造业利用信息技术实时联网后推进其和客户关系及商业模式变化，等等。

"产业＋资本＋空间＋新技术工具"有机叠加的新经济手段，内涵在于随着"数据"等新生产要素及"金融、品牌"等高端要素的持续投入与融合创新，由产业作为支点、空间为平台、资本为翅膀构成基础框架，在"互联网＋"、大数据、云计算、人工智能、区块链技术等新技术工具的有机叠加赋能下，产业跨界愈发频繁，以新的产业生态、新的生产结构构建新的经济增长点，从而引出以创新增量为主的数字经济、共享经济、智能经济、绿色经济、创意经济、流量经济等新经济业态代表，以有机叠加的新经济手段不断提高经济的潜在增长率。从新时代发展趋势和国际经济格局来看，中国的创新驱动尤其是科技创新出现跟跑、并跑和领跑"三跑"并存的状态，新经济在整个国民经济中的所占比重日渐增长，这是中国的阶段特色和未来发展诉求。因此更加亟须利用技术变革、工具创新带来的要素融合创新、结构优化和制度变革，通过"产业＋资本＋空间＋新技术工具"有机叠加的新经济手段实现中心经济的发展路径（图 16-2）。

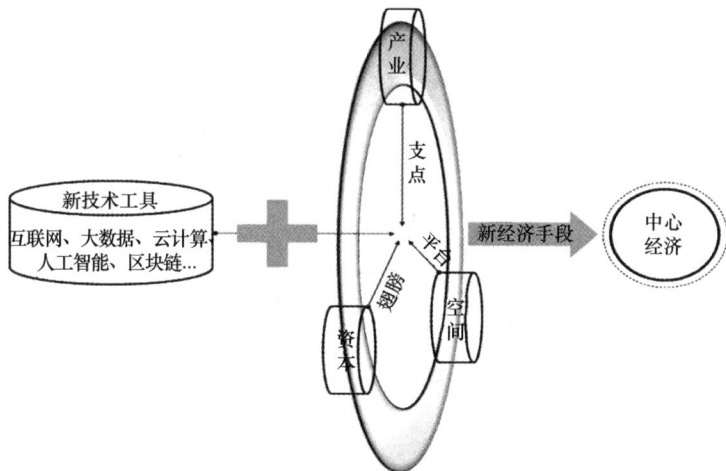

图 16-2　"中心经济"新经济手段叠加发展途径

官渡在推进跨越式发展和新经济特征需要将政府职能、产业体系和社会体系、空间承载、资本支撑统一加以考虑。要在原有基础上以新型产业形态带动官渡区形成全新的产业链和价值链，形成资源整合优先开发序列、产业优势和市场优势。重点以信息手段和空间用地保障产业转型升级，利用新经济新业态，充分拓展应用互联网、大数据、云计算等高新技术工具，赋能传统产业加速其转型升级。统筹政府各部门产业发展专项资金，围绕供给侧结构性改革方向，对符合现代战略性新兴产业的转型升级项目，给予大力支持，强化财政政策支持；系统梳理官渡区现状产业基础及存在问题，根据产业联动及内在互补性，明确官渡区未来重点招商引资方向，引入电子商务、现代金融等新经济业态，加速推进传统产业转型升级；出台产业升级改造名录，根据相关规划及研究报告，制定未来官渡产业转移外迁、重点引入及保留升级的企业名录和重点产业方向，指导官渡区产业发展。围绕价值链构建产业关联，形成不同产业的价值板块和优势区域，构建产业新生态（图 16-3）。

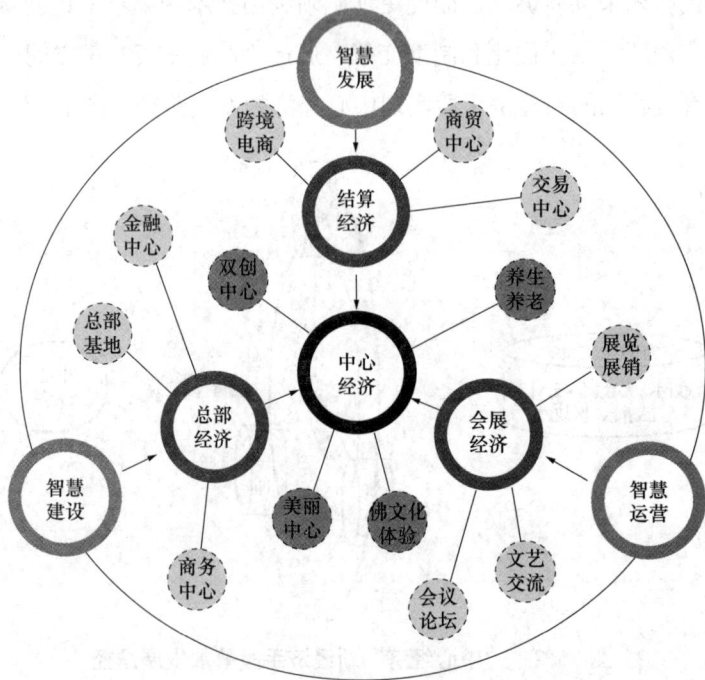

图 16-3　新经济手段叠加构筑"中心经济"

重点瞄准"智慧提升"，从供给侧改革入手，围绕中心经济发展，创新打造线上和线下互动的产品市场、要素市场、服务市场，实现智慧产业化和产业智慧化，形成官渡区中心经济智慧化发展路径。具体是以"智慧城市全要素集聚创新模型"为指导，打通"智慧发展、智慧建设、智慧运营"一盘棋，提升总部经济、会展经济、结算经济、特色经济四大产业集群发展效益，构建中心经济智慧化发展模式。

三、多层次空间体系

城市体系和城市布局是区域经济发展的重要依托和实现载体。从构筑中心经济的角度来看，城市是区域经济发展的先导力量和重要阵地，不同等级、不同规模和不同功能的城市构成了经济区域内的空间体系，并呈现一定的布局状态。

中心经济对区域、城市能够发挥出巨大的辐射带动作用，站在不同的空间范围和地理区位，中心经济作用下将产生不同的"中心"层级。在发展模式上，由中心经济带动下形成的都市圈、城市群、区域中心，通过要素流动和产业转移推动，形成大都市圈的"点－轴"发展模式，最终向着区域一体化、网络化结构推进，并形成多层次、多方面的关联的等级层次清晰的空间网络体系。

因此，中心经济模式的发展应用有助于引导国土相对均衡开发，引领城市群发展、发育和成熟；有助于发挥区域辐射带动作用，促进城市空间的扩展；有助于形成多层次的空间体系，带动区域经济一体化发展。

（一）中心引领构筑城市中心

中心引领构筑城市中心指在中心经济模式作用下的经济活动在地理空间上集聚首先形成的点状分布状态，即在区域内资源禀赋、区位条件优越、经济活动地点的集聚，然后在集聚产生的集聚引力作用下逐步形成的有明显极化效应的各个中心。由于经济活动在地理空间上的集聚规模有大小之分，区域大小不一样，相应的，区域空间结构中的各个中心也有规模等级之分，规模不等的中心相互连接在一起就形成了中心的等级体系。中心经济的引领下，在特定地区和城市打造中心经济增长极，形成中心经济的辐射能力，对周围地区进行扩散，形成较大的辐射作用，并带动周边地区发展的中心，不同层级的各个中心共同构成空间结构的主体。

选择一些区位条件比较优越的地点，融合各类要素，构筑中心经济，通过产业集聚形成经济活动集中的区域，并成为带动周围地区经济发展的中心，承担起聚集区域要素资源、带动区域社会经济全面发展的核心（图 16-4）。

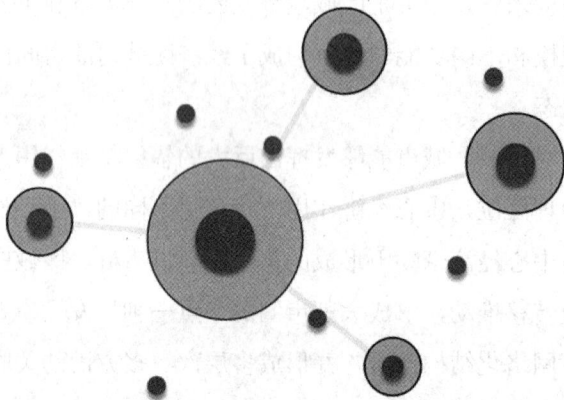

图 16-4　中心引领构筑城市中心示意图

（二）圈层辐射演变城市群

经过中心经济引领下形成不同层级的各个中心的集聚后，随后便形成以中心城市为依托带动周边城市集聚为圈层结构城市布局即城市群。中心经济与城市群形成密切的相互关系，中心经济是区域城市群、区域内核心城市的发展动力，也是区域内的社会经济发展引擎，城市群的形成是推动区域经济一体化的核心载体和基本模式。

圈层辐射下的城市群是指以龙头城市为中心，逐步向外发展，形成以大中城市为主导，大中小城市协调发展，小城市依托大中城市，大城市带动中小城市，逐步形成层级辐射带动的城市圈层。大致结构是以大城市为主导的核心圈层，次级中心城市为主的第一圈层，以中小城市带动的第二圈层，县镇带动的第三圈层。核心层承担对外窗口的功能，具备依靠便捷的交通枢纽、优良的社会环境、高级人才的聚集、与国际接轨的大平台建设等核心优势；第一圈层作为次级辐射中心，一方面向核心城市提供原材料和市场，同时调整自己整个城市群内的产业，依靠人才、信息、技术、成本优势，完成产品的加工，并向低一等级的区域转移产业；第二圈层集中发展优势产业，依靠廉价的人力资源，对原材料进行低附加值的粗加工，以集群优势、低成本、低利润取胜；第三圈层作为原材料基地，以廉价的人力、物力、丰富的自然资源为核心竞争力（图16-5）。

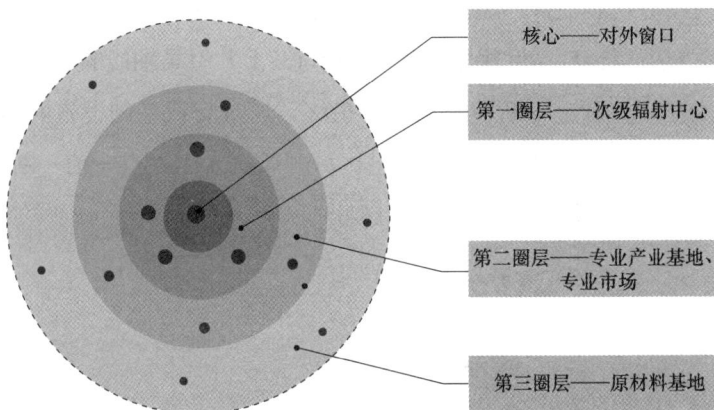

核心——对外窗口

第一圈层——次级辐射中心

第二圈层——专业产业基地、专业市场

第三圈层——原材料基地

图16-5　圈层辐射城市群示意图

（三）轴线发展推进空间一体化

对于城市群来说，进一步巩固、提高发挥自身的区位优势，需要加快交通运输、基础设施的建设，提高区域通达性，增强区域竞争力和承接产业转移的吸引力。随着交通线的形成以及交通网络的不断演进，强化了城市群与补充区域的功能联系，各层级中心的可达性都在大幅度提高，要素在各个中心和交通线聚集，并呈现出沿交通线向外逐渐扩散，区域发展进入动态增长时期，促进资源要素在整个区域内全方位流动，少数大中心失去原有主导地位，空间一体化体系形成。

因此，轴线推进是空间一体化过程中前期的必然要求。综上所述，轴线发展推进空间一体化的发展模式可以概述为，是以高效率的综合运输通道为发展主轴，以轴线区域及城市群为依托，由产业、人口、资源、信息、城镇等集聚形成的带状空间地域综合体，即发展成为一种区域空间组织的理想状态，实现了区域内布局效率高、增长潜力大、与重要的区域差异最小化的空间组织目标。

交通与通信等基础设施的完善构成了城市发展的联动轴，拉近了经济区内各城市的时间距离，促进经济区内部一体化程度提高，形成沿基础设施走廊的经济发展轴带。随着经济实力的进一步增强，在一些节点又逐渐形成一系列人口经济高度集聚的"发展中心"，并引导轴线的延伸与转移，以此形成空间体系上不断蔓延拓展。最终，通过交通基础设施网络联系，构建起经济区一体化发展框架，促进区域开始进入由"点—轴—网"构成的全面有组织的均衡发展阶段（图 16-6）。

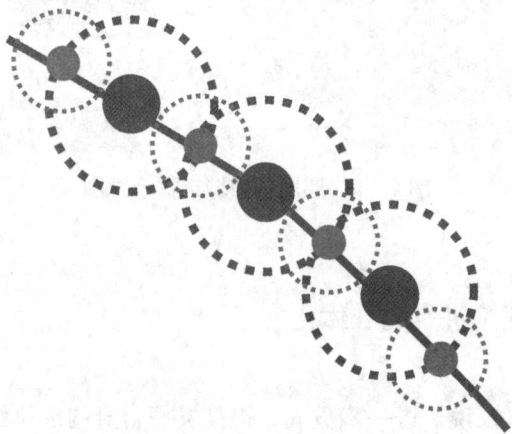

图 16-6　轴线推进空间一体化示意图

（四）网络化结构实现区域均衡发展

中心经济并非意味着一心独大，最终旨在实现区域经济的协调平衡发展，和城市与城市群的平衡。经过前期点轴模式的演化，在区域点轴体系完善后，随着点轴与腹地之间综合网的建设开发，区域空间结构进一步向高级化方向演进，发展较成熟的区域空间结构开始由以"点状"的网络化集聚为主向以"面域"的网络化集聚为主转变，形成了点扩散与面集聚相结合的网络化发展形态，即面域集聚为主，多中心、网络化的发展阶段。

网络化空间结构是区域发展进入高级阶段，其特征是网络取代点轴空间结构占主导，演化过程以扩散效应为主，各类要素从核心区域向边缘区域流动加强，整个区域功能上相互依赖，进而互相关联平衡发展的状态。在发展模式上，城市发展空间上逐步向外围推进，通过大都市圈内的综合交通网、信息网、产业组织结构和人才流动机制的作用下，城市要素和现代化内容向各大城市群内的各级城市传递和渗透，促进城市之间的协调发展。

网络化结构是区域经济发展走向成熟阶段的标志，在网络模式结构下，点轴体系向外伸展，生产要素利用更加充分，产业结构将更趋合理。区域发展开始朝着多元化、多节点转变，城市与区域内城市、与区域外城市发生多种经济、社会和交通的关系（图16-7）。

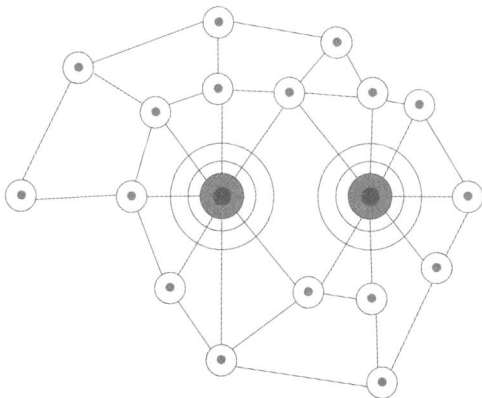

图 16-7　网络化空间结构示意图

第五篇
践行"中心经济"

　　通过金融思维和项目思维来全面践行"中心经济"，以投融资模式创新为支撑，构建相对独立的城市综合运营平台；以重大项目为抓手，重点孵化符合城市发展方向的引擎项目；以特色招商模式为手段，针对性设计城市招商引资模式和路径。作为促进新时代区域协调发展，推动城市新旧动能转换的"中心经济"发展模式，将以金融为保障、项目为抓手、招商为手段，引导"中心经济"发展模式进入操作层面。

第十七章 "投、引"结合创新投融资模式

在当前金融背景下，城市发展需要创新投融资模式，尤其是以"中心经济"主导城市发展，需要创新金融制度，引入社会资本共同参与城市发展。

金融支持是城市快速健康发展的重要支撑，尤其是以"中心经济"主导城市发展，更需要创新金融制度，引入社会资本共同参与城市发展，具体通过构建投融资平台、设计投融资方案，最终实现城市金融生态圈的打造，为新时代城市新旧动能转换提供坚实的金融保障。在当前国家大的投融资背景下，从 2010 年的《国务院关于加强地方政府融资平台公司管理有关问题的通知》（19 号文）、2012 年的《关于制止地方政府违法违规融资行为的通知》（463 号文）、2014 年的《国务院关于加强地方政府性债务管理的意见》（43 号文）、2016 年的《国务院办公厅关于印发地方政府性债务风险应急处置预案的通知》（88 号文）、2017 年的《关于坚决制止地方以政府购买服务名义违法违规融资的通知》（87 号文）到 2018 年的《关于规范金融企业对地方政府和国有企业投融资行为有关问题的通知》（23 号文）等等一系列政策，都在严格限制地方政府无序举债，不断界定地方融资平台和政府的关系，旨在控制地方政府债务危机，为新时代城市投融资模式创新指明方向。

地方政府在发展过程中，无论在什么样的时代背景下，都需要地方性投融资平台做支撑。未来的地方投融资平台不再是为政府进行融资建设的附属机构，而是全面为城市建设管理提供系统服务且具有多元化业

务的综合性运营平台，本质是一个具有独立法人资格的国有企业，与地方政府关系相对隔离，不再是从属关系。通过地方投融资平台独立运作，引导地方城市投融资体系构建，结合地方城市不同的资源特色来开展业务，基本原则是主导地方资源资产化、资产资本化、资本证券化，同时盘活地方国有资产，将当前沉寂的国有资产和原始资源，通过市场化运作，转变成为当前能够用于城市发展的金融资本，因此，未来地方投融资平台应为新时代城市转型发展保驾护航，是主导地区建设管理的核心主体。

一、创新城市投融资发展理念

深入分析新时代中国城市发展特征，结合当前城市投融资面临的问题和调整，明确未来城市投融资工作地发展理念和指导思想。

（一）城市投融资面临的问题和挑战

1. 城市投融资规划需要解决的问题

深入研究现阶段城市投融资发展现状，不难发现结构性的投融资规划是撬动城市战略发展的杠杆和创新驱动的助推器，当今城市（尤其是中小城市）的投融资规划重点需要解决以下问题：

（1）战略协同：构建与地方城市战略发展相适应的结构性投融资体系，确保投融资规划与城市的未来发展战略，特别是中心经济的构建、重点产业的创新发展、重点区域的战略提升和重大项目的引导形成策略方案的衔接和资源整合的协同，确保投融资方案与其他规划同唱一首歌。

（2）要素集聚：通过创新的投融资方案实现地方城市未来发展的要素整合和聚集，特别是通过资本引导平台和结构化基金的搭建实现产业要素、金融要素、人才要素、科技要素、大数据要素的聚集。

（3）结构优化：通过合理的投融资方案，有效改变地方城市投资结构和融资模式，特别是要实现"城经济"和"市经济"的协调发展，确保平台性投资和产业化投资保持合理投资增长，同时在融资方式上减少对工程模式的 PPP 依赖和政府关联举债份额。

（4）创新驱动：基于地方城市现有的资源要素禀赋，创新投融资路径，围绕城市新的发展战略实现地区资源变资产、资产变资本、资本投产业、产业股权化、股权证券化，强化地方城市创新发展的战略性、目标的切实性、路径的必达性、操控的主动性、效益的多元性。

（5）持续发展：通过科学的投融资模式和投融资结构创新，确保地方政府有新的内生动力和造血机能，尤其是在土地资源相当短缺的未来和房地产金融逐步收紧的趋势下，既保证地方政府投融资自身能良性循环和有持续放大的基础，又保障城市凭借自身的产业动力和金融杠杆实现社会、经济、文化、生态能协调持续或跨越发展。

2. 城市投融资工作面临的挑战

在国家政策不断收紧的背景下，结合地方政府发展过程中遇到的瓶颈，新时代城市投融资工作要实现服务和引领地方"战略协同、要素聚集、结构优化、创新驱动、持续发展"的目标，主要面临以下挑战：

（1）战略被动：以官渡区为例，它作为省会城市的中心城区之一，一方面由于行政级别的关系在战略发展方面出于对省市两级战略从属、贯彻和承载地位，另一方面由于自身战略没有清晰确立、有效对接、主动营销，导致官渡区在重大发展方面有战略被动的局面，这就需要多方面长远谋划自身的投融资体系构建。

（2）资源失控：国内大多数城市在现阶段规划、国土和财政方面的运行机制，特别是重大空间增长极开发和重大项目投资方面，与上一级平台或政府形成的弱势博弈地位，以及长期以来规划管控和土地收储方式形成的城中村格局，城市林业、矿产资源等地区资源大量落入个人手里，都是地方政府投融资面临的资源失控挑战。

（3）平台缺位：大多数城市目前在重大基础设施、重大公共服务和重大产业发展方面存在较严重的投融资主体单一和平台缺位的情况，面对新的发展方式、金融形势和投融资模式变化，地方政府需要积极构建与之匹配的更加多元化的平台，依托战略平台落实投融资主体。

（4）信用单一：全国大部分地区基本都一样，在城市发展、城市建设和城市运营方面存在路径依赖，投资方式和融资方式比较单一，自然形成投融资的信用基础、信用平台、信用结构单一的局面，新的投融资规划要系统考虑城市的信用体系构建。

（5）杠杆不足：地方城市在产业平台构建、现金流整合、基金组建和担保平台组建、产城融合规划方面底子薄，自然没有形成丰富投融资的杠杆手段和乐观投融资的回报预期，这需要新的投融资体系优化，结构性放大城市的投融资能力和投融资规模。

（二）新时代投融资发展新理念

基于地方政府投融资工作放眼"战略协同、要素聚集、结构优化、创新驱动、持续发展"的目标，以及当前城市投融资面临的"战略被动、资源失控、平台缺位、信用单一、杠杆不足"的挑战，新时代城市需要在以下投融资理念方面进行创新，以确保未来投融资工作贯穿城市发展、城市建设和城市运营的全局战略性、目标的切实性、路径的必达性、操控的主动性、效益的多元性（图17-1）。

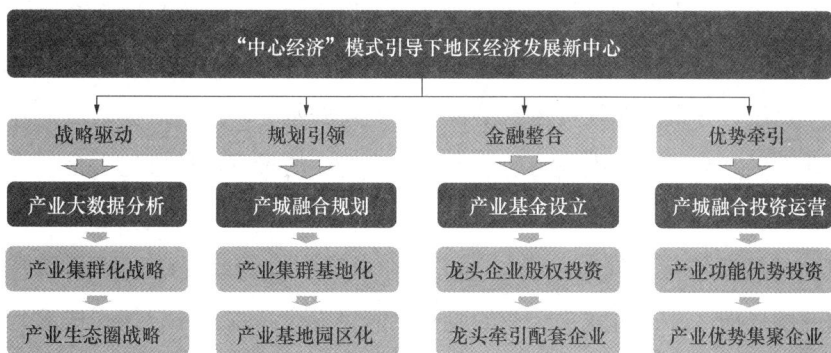

图 17-1　新时代投融资发展新理念

（1）战略驱动：地方政府投融资工作要围绕地区城市发展战略展开，特别是基于城市发展中心经济的战略体系，把投融资的重点放到中心经济的空间增长极和产业增长极的打造上，通过投融资体系构建促进地区资源要素的聚集和战略产业生态圈的重构，系统推进新时代城市落实"产业集群化、集群基地化、基地园区化、园区社区化、社区带动新型城镇化"。通过战略驱动把该城市变成区域投资热点和产业价值高地，从而增强各类资本的投资预期，形成聚焦效应、规模效应、乘数效应和累计循环效益。

（2）规划引领：首先需要通过规划引领要素集聚，加快实现城市发展的规划蓝图是地方政府投融资工作的出发点，推进投融资工作要围绕规划目标展开；另外，未来城市的投融资工作要充分依托城市已编制完成的规划，通过规划树立城市各空间功能板块、重点产业和重大项目的投资价值和投资预期。对于官渡区来说，它的投融资工作要充分发挥官渡区各项规划成果的投资分析报告书和商业计划书作用，特别是要发挥《官渡区战略驱动和创新发展顶层设计与系统规划报告》的系统价值，打破项目思维和工程思维的局限，以产城融合开发理念为指导，策划和包装有杠杆撬动作用和投入产出平衡的区域性开发项目，使工程建设、房地产开发、产业发展互为收益出口。

（3）金融整合：中国大部分城市已经进入城镇化发展的中后期，随着区内基础设施建设的日趋完善、战略载体投资的优势凸显，以及城市发展空间的日趋饱和，许多城市即将由大建设和大开发的投融资时代转向大发展和大运营的投融资时代。在这个阶段，投融资工作应该积极探索通过投融资创新引导新兴产业培育与存量资产运营的有效联动，通过存量资产的资本化组建一批产业投资运营平台和产业发展基金，通过产业运营平台和产业发展基金围绕几大战略产业参与龙头企业的投资，通过龙头企业的投资获得资本回报，缓解对土地财政的过度依赖，以及降低大建设对经济拉动的刺激依赖。同时，通过龙头企业的股权投资改变政策招商和偶然招商的局面，并通过龙头企业的股权投资完成对高端人才、核心技术、优势品牌等产业发展要素的有效整合，并形成龙头企业牵引配套企业聚集的局面，赢得发展的主导地位和主动局面。走一条金融整合投资龙头企业和潜力成长企业，以龙头企业和新兴独角兽企业的产业集群化发展战略，带动区域产业园区化发展战略的产业发展和园区开发新模式，形成"产城融合、战略捆绑、龙头牵引、定向规划、订单开发、联合运营、共享价值"的区域开发投融资新格局。

（4）优势牵引：坚持"依托存量发展增量，增量改善结构，带动存量盘活"的理念，要围绕中心经济的发展，分析构建中心经济相关方面存在的产业要素需求、平台依托需求、政策引导需求、交通基础需求、生态环境需求、文化氛围需求，找到行业发展的短板和痛点，并将投融资优势资源集中到解决行业的短板和痛点等领域，把行业发展的短板和痛点领域打造成区域拥有的长板和优势，通过区域的长板和优势弥补行业发展的短板和痛点，通过占领行业制高点的优势来集聚行业资源落地在该城市并深耕发展。未来城市的投融资工作要围绕打破战略产业发展瓶颈，在打造战略产业发展的孵化中心、科研中心、设计中心、双创中心、运营中心、交易中心、结算中心、品牌中心、认证中心、检测中心方面，发挥政府和国有资本的主导作用，按照产城融合开发模式，投资一批有要素融合作业的平台和载体，并通过这些平台和载体沉淀资源、资产和资本，并有效剥离特许权、所有权、管理权、经营权，通过这些权益的资本化入股相关的行业平台和企业机构，以投资、改组、兼并的方式布局增量投资机会、带动存量资产增值、整合潜力企业发展、撬动优势机构联合。

二、搭建多元化投融资平台

基于"中心经济"的发展内涵，逐步落实战略定位、产业体系和空间结构，在金融上制订科学的支撑方案，根据不同城市不同阶段发展特征和建设需求，深化创新地方城市投融资模式，搭建具有多元化发展业务，兼具城投和产投属性的现代化投融资平台。

（一）探索新时代城市投融资模式

新时代城市的投融资工作要坚持"战略驱动、规划引领、金融整合、优势牵引"的创新理念，"战略为势、产业为本、规划为纲、文化为源、创新为魂、金融为器"的指导思想，深化投融资模式创新，引导城市发展"中心经济"，培育形成地区经济发展新中心。

以官渡区为例，未来的投融资工作要以打造国际区域要素融合创新中心为战略目标，以全要素智慧城市引领中心经济发展为统领，以"144产业体系"发展为根本，以"1T多组团和一廊四中心"建设为纲要，以三大门类重大项目为抓手，构建"1＋1＋3"投资组合平台，组建"1＋1＋N"系列发展基金，做大一个担保平台，打包系列产城融合PPP项目池，从而打通项目投资建设运营的结构性投融资组合，形成政策性资本、开发性资本、金融资本、产业资本、建设资本、供应链金融、消费金融环环贯通、相互促进、整体联动的投融资体系（图17-2）。

图17-2　官渡区投融资模式创新框架示意图

官渡区"1＋1＋3"投融资平台是指：官渡国投集团＋官渡国控集团＋官渡健康产业集团、官渡文旅集团、官渡商贸会展集团。

官渡"1＋1＋N"系列发展基金是指：官渡区发展母基金＋官渡区发展基金＋N个PPP基金、N个产业基金。

官渡区的担保平台是指：根据国务院2017年10月起执行的《融资担保平台监督管理条例》，以官渡国有资本组建官渡融资担保公司。

（二）"城投＋产投"的现代投融资平台

未来城市投融资工作要树立战略驱动、科学布局、防范风险、规范操作、可持续发展的意识，同时淡化财政资金和政府信用在投融资过程中的作用，充分发挥企业投融资的主体地位，特别是要逐步构建有造血机能的专业投融资平台，分层打造一批发展战略明确、主营业务清晰、投融资方向聚焦、投融资重点突出、综合成长性强的投融资平台（表17-1）。

表17-1

新时代城市"1＋1＋X"投融资平台打造			
平台名称	平台性质	投融资方向	投融资重点
一大综合性平台（国投集团）	土地资源整合棚改统一运作平台 PPP合作平台	土地资源和特许权的初步整合	• 以市场化手段将特定片区、将经营性用地与非经营性用地先行收购，通过片区规划调整、产业升级，实现腾笼换鸟（产业）工作的整体平衡化推进； • 整体运作棚改项目，对接政策性银行贷款； • 作为社会资本参与基础设施打包PPP项目； • 作为政府出资代表，引导社会资本参与城市公共服务设施PPP项目、片区综合开发类项目等
		参与PPP项目、棚改项目	
		基础设施的融资及建设者	
一大国资公司（国控集团）	新型投资银行	金融产品设计	• 在处置不良资产过程中掌控部分金融资产，初步构建了地方金融控股的框架，并向国企参股、提供注册资本金、参与企业IPO等方面的职能，形成新型投资银行的雏形； • 作为地方城市若干产业发展基金的联合GP，发起和设立产业基金； • 投资设立地方城市融资担保公司 • 推动现代化交易结算中心设立； • 推动特色产业交易小镇投资运营
		国有资产的整合	
		城市发展基金的管理	

新时代城市"1＋1＋X"投融资平台打造			
平台名称	平台性质	投融资方向	投融资重点
若干个行业性平台公司	产业发展集团	整合产业资源,把资源和固定资产变为产业资本、产业股权、产业平台	• 围绕打破战略产业发展瓶颈,在打造战略产业发展的孵化中心、科研中心、设计中心、双创中心、运营中心、交易中心、结算中心、品牌中心、认证中心、检测中心方面,发挥政府和国有资本的主导作用,按照产城融合开发模式,投资一批有要素融合作业的平台和载体; • 并通过这些平台和载体沉淀资源、资产和资本,并有效剥离特许权、所有权、管理权、经营权,通过这些权的资本化入股相关的行业平台和企业机构,以投资、改组、兼并的方式布局增量投资机会、带动存量资产增值、整合潜力企业发展、撬动优势机构联合发展
		围绕核心产业投资具有要素整合和产业引擎作用的平台载体	
		围绕主营业务展开资本招商和兼并重组做专做强	

结合官渡区实际情况和未来发展战略,我们建议官渡区着力打造以下五大平台:官渡国投集团、官渡国控集团、官渡健康产业集团、官渡文旅集团、官渡商贸会展集团。各平台的平台属性、投资方向和投融资重点如下:

官渡国投集团:它将定位为土地资源整合、棚改项目运作和基础设施类 PPP 项目实施主体。未来重点围绕五甲塘、太和、吴井片区的综合开发与城市双修工程,以及地下管廊、海绵城市相关项目展开投融资活动。通过自身综合能力的提升,发挥项目创新孵化和投融资牵引作用,引入多元结构的区域性开发战略投资主体,推动官渡区区域性开发项目和重大工程项目形成"产城融合、战略捆绑、龙头牵引、定向规划、订单开发、联合运营、共享价值"的发展格局(图17-3)。

官渡国控集团:定位为具有国有投行功能的金融平台运作、国有资产整合、城市发展基金管理的复合性平台。重点围绕金马片区、开发区近邻片区的产城融合发展战略,开展智慧城市、教育、医疗、自来水等公共服务投资建设的相关投融资工作和资产管理工作,巫家坝片区总部基地与金融创新的关联产业培育，以及发起设立和联合管理官渡产业发展基金、发起设立官渡融资担保公司、云南碳交易中心，并推动云南特色产业交易小镇的投资运营。

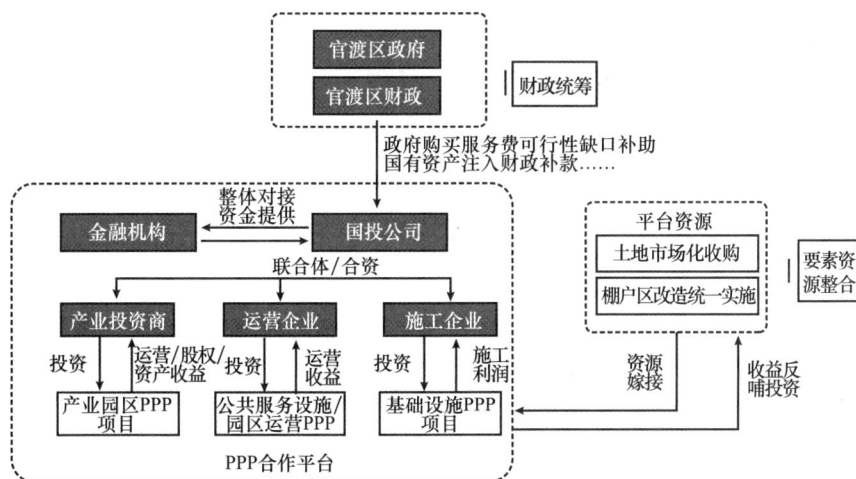

图 17-3　官渡国投平台打造示意图

官渡健康产业集团：定位为承载和牵引官渡健康产业集群化布局、基地化引导、园区化发展的专业产业平台。重点围绕滇池三个半岛周边发展带推动产城融合开发，积极孵化和培育国际美丽中心投资运营、南亚国际康复中心、昆明国际疗养中心、昆明养老产业园等项目，积极发起和参与云南省民族养生文化博览园、云南中医药博览中心、中医药交易中心等重大项目投融资和产业运营工作。

官渡文旅集团：定位为引领官渡大文化、大旅游产业的集群化布局、基地化建设和园区化发展，以及关联产业生态圈培育和聚集。重点围绕官渡古镇及周边文博板块、宝华寺佛文化产业园板块、金马影视休闲板块、矣六生态旅游与田园综合体组团、东南片区的郊野游憩组团的综合打造和投资运营，探索发展云南省旅游产业交易中心、云南省旅游产业总部基地、云南省智慧旅游运营中心、云南省民族文化博览中心、云南省非物质文化创意中心、东南亚文化博览会等相关对云南省民族文化、特色体验、创新创意、旅游业态升级具有要素整合作用或对官渡区具有交易结算带动和消费服务集聚作用的相关项目的战略布局和投融资工作（图 17-4）。

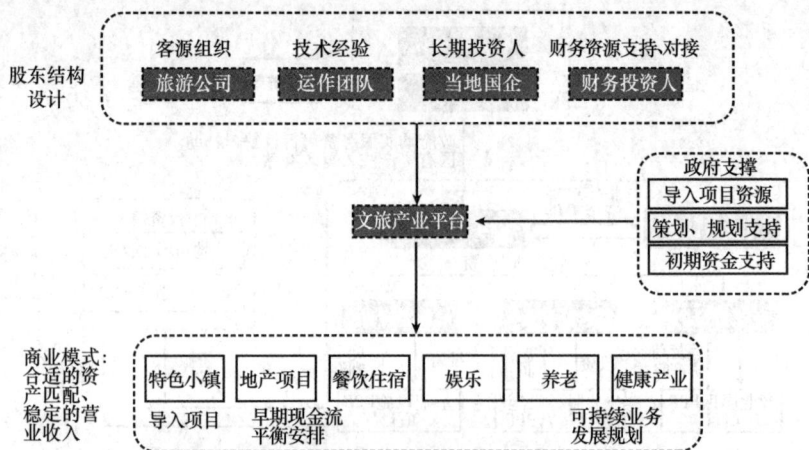

图 17-4　官渡区文旅集团打造及跨界融合发展示意图

官渡商贸会展集团：定位为引领官渡区商贸与会展板块创新发展，并通过商贸和会展板块带动官渡特色产业整合国内外产品市场、服务市场和要素市场重构的战略抓手。重点围绕国际会展中心、螺狮湾片区的平台优势、产业基础，引导功能商贸和会展平台与官渡区大健康、大旅游、大文创、大数据的融合发展，以龙头企业和独角兽企业股权投资和并购重组的方式，推动产业要素聚集、延伸产业链，践行官渡区"战略招商、规划招商、集群招商、资本招商、平台招商、以商招商"的创新模式，打造"会展＋"和"商贸＋"复合经济集群。

（三）产业扶持与融资担保平台

未来地方政府应重视融资担保公司在投融资体系中的稳定器和放大器作用，以及在产业招商和育商过程中的助推器和加速器作用。按照国务院最新颁布，2017 年 10 月 1 日起施行的《融资担保公司监督管理条例》，地方政府以国有资本为主导，按照至少一亿元注册资本金的规模，设立地方融资担保公司或做大现有国资控股的融资担保公司。建立政府性融资担保体系，通过政府支持的融资担保公司，建立政府、银行业金融机构、融资担保公司合作机制，扩大为小微企业和农业、农村、农民提供融资担保业务的规模并保持较低的费率水平，有效提升区内小微企业参与重大项目建设的能力，从而打破市场瓶颈，快速做大做强。

地方政府可以通过地方融资担保公司对接国家融资担保基金、省级再担保机构，承载辖内融资担保机构的龙头作用，带动区内各融资担保机构有效分担融资担保机构风险，并发挥再担保"稳定器"作用。按照《国务院关于创新重点领域投融资机制鼓励社会投资的指导意见》（国发〔2014〕60 号）的有关精神，灵活运用排污权、收费权、特许经营权、购买服务协议预期收益、集体林权以及试点地区的承包土地经营权等作为抵质押，不断创新反担保方式。探索利用工程供水、供热、发电、污水垃圾处理等预期收益质押作为反担保，允许利用相关收益作为还款来源。以此带动各类重大项目投资建设的投融资体系完善，特别是有效形成信用体系和预期还款来源与风险化解的闭环，从而创新打通不同城市资源变资产、资产变资本的关键环节。

对于官渡区来说，官渡融资担保公司可以积极为小微企业参与重大工程建设提供非融资担保服务（如提供投标保函、履约保函等）、提供融资担保服务、提供发债担保服务。尤其要通过担保服务支持官渡区企业和小微企业抢占机遇，参与"一带一路""走出去"、西部大开发等国家重大战略的项目，特别是铁路、公路、城市轨道交通、机场、水利、电力、通信和物流等重大基础设施建设，国际产能和装备制造合作重大项目，医疗卫生、教育文化、旅游等社会事业，节能减排和生态建设工程，现代农业，航空航天工程，信息工程等。一方面有利于官渡区内企业做大做强，另一方面也有利于官渡区重大项目投资建设主体培育，吸引更多企业注册官渡、投资官渡、建设官渡和回报官渡，促进官渡区相关项目的投融资快速落地和地方财政能力的良性循环。

三、建立结构化城市发展基金

构建结构性的城市发展基金对新时代城市完善投融资体系、优化投融资资源配置、增强投融资能力、丰富投融资工具具有十分重要的作用。未来城市需要以建立政府发展引导基金为突破口，增强融资功能，切实发挥财政资金的引导、带动和放大作用，促进区域资本市场加快发展，更好地发挥资本市场优化资源配置的功能，吸引区内外社会资本进入该城市地区开发、产业投资和重大平台建设，构建财政资金与金融资源、社会资本之间的系统联动机制，为城市经济持续健康发展注入新的活力和动力。

对标官渡区未来发展战略，按照"资源集中的管理原则、杠杆放大的运作原则、开放兼容的发展原则、产城兼顾的投资原则"，我们建议官渡区按照"1＋1＋N"的结构新设、优化和梳理官渡区的基金体系，即统筹财政和政府资金设立一支官渡政府引导基金（母基金）、母基金下设立一支官渡区产城融合基金（子基金）、子基金下设N个子专项发展基金。初期设PPP基金和产业投资基金；未来随着产业战略和基金管理运行机制的完善，可以进一步与专业的产业投资管理机构合作，逐步分设官渡大健康产业发展基金、官渡文旅产业发展基金和官渡商贸会展产业发展基金，以及其他针对官渡区战略产业和战略发展平台投资具有资源整合和投资引导作用的专项基金；最终形成引导官渡区投融资创新发展的资源集中、不断放大、开发兼容、产城兼顾的"1＋1＋N"的系列基金组合（图17-5）。

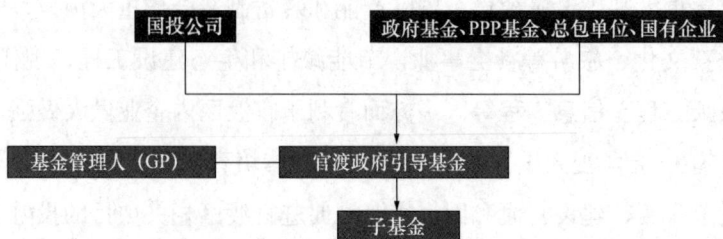

图17-5　官渡区政府引导基金（母基金）设立方案示意

官渡政府引导基金（母基金）：由区政府财政筹集首期资金，由国控集团代表出资，并作为联合 GP（一般投资人、管理人），通过与省市政府基金对接，联合拟在官渡或已在官渡区有重大项目和重大利益关切的省市区国有企业、大型 PPP 基金、投资建设商，按照 1 ：4 的规模放大，并通过统筹区政府各类小而散的财政专项补贴资金分年度注入，做大基金规模。母基金的作用是整合资源、汇集资金，放大官渡区现有的资金规模。官渡区政府要积极探索财政投入、国资收益、基金增值和社会资本投资及捐助（捐赠）等多渠道并举的滚动投入机制，逐步做大母基金规模。

官渡产城融合发展基金（子基金）：通过官渡政府引导基金作为劣后，引入融资能力强的基金管理人（GP），并以各类建设投资商作为次级，金融机构为优先级，按照 1 ：5 放大资金规模设立。产城融合发展基金存续期可以拉长，可以根据重大项目推进情况分期出资。产城融合发展基金主要用于官渡区内重大项目直接投资，也可以投入资金设立 PPP 基金和产业发展基金，进行三次放大。产城融合发展基金主要采用市场或项目优先权换建设资本和金融资本放大官渡区投融资能力，同时通过基金整合优秀的管理伙伴、导入战略性资源，通过金融投资影响产业资本，推动官渡区战略产业发展。

官渡 PPP 基金和官渡产业投资基金：两支专项基金分别侧重城市开发和产业投资，形成城市开发和产业发展双轮驱动、融合发展的格局，实际项目投资和运作的过程中，让官渡区产城融合发展基金的有限合伙机构可以穿透官渡产城融合发展基金优先参与 PPP 项目和产业项目的投资，有效解决资金池和项目池的匹配问题。

官渡区"1 ＋ 1 ＋ N"系列基金与"1 ＋ 1 ＋ 3"投融资平台，有紧密的战略互动和业务联动关系，在官渡区的投融资工作中要打好组合拳，结合项目的投融资特点，做好投融资主体和投融资工具的合理匹配，必要时与官渡区融资担保平台形成业务联动，完善投融资条件（图 17-6）。

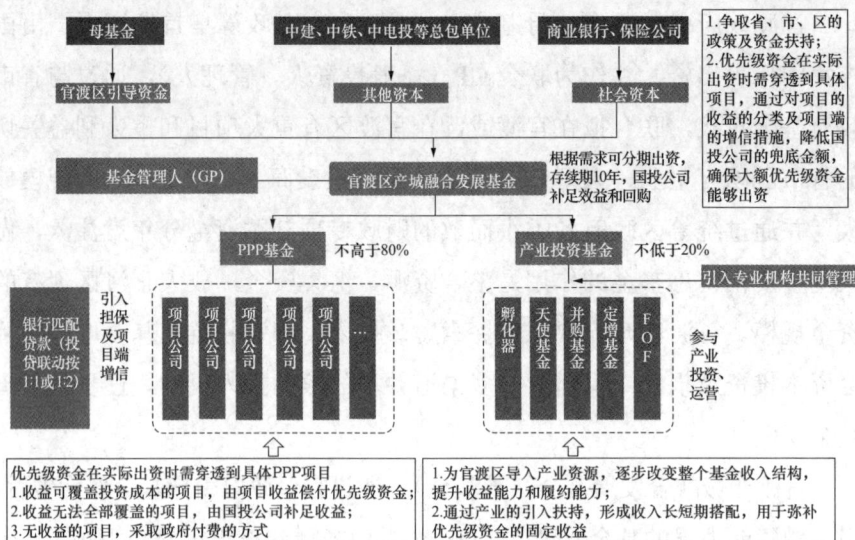

图 17-6　官渡区产城融合发展子基金与专项基金设立方案示意

四、设计产城融合的 PPP 模式

从当前综合情况反映来看，近年来各地城市在重大项目投融资方面，单体项目的 PPP 模式发挥了重要作用，随着大量 PPP 传统项目的推进和实施，许多城市已经出现财政能力评估无法满足 PPP 项目未来还款要求的局面，急需优化城市 PPP 项目包装，创新 PPP 合作模式。

（一）现阶段三种 PPP 主要投融资模式

PPP 为核心的投融资模式主要有三种基本组合：与投资建设商合作的工程投资建设 PPP 模式、与金融机构合作设立基金的城市一级开发 PPP 模式、与城市运营商合作区域综合开发 PPP 模式。显然三种模式在政府财政能力要求、项目全生命周期综合成本、项目自身造血机能、项目实施后的综合效益差距很大（表 17-2）。

主要片区开发模式	财政投资＋政府购买服务＋PPP	基金＋PPP	片区综合开发 PPP
模式说明	•政府、国企、社会资本分别参与片区综合开发中的征地拆迁、棚户区改造和基础设施建设	•金融机构、央企施工企业、地方国企等组建城市基础设施开发基金，以"基金＋PPP"模式打包参与区域基础设施建设	•以社会资本、地方国资公司为主体，联合施工、运营、产业企业合作，参与片区综合开发 PPP 模式 •通过整体规划、子项 PPP 项目包装、PPP 投资、建设于运营实现区域"土地熟化＋产业落地＋城市运营"一体化，快速打造产业新城、特色小镇
典型案例	•各地众多的基础设施 PPP 项目案例	•中信城开 •历城模式	•华夏幸福产业新城 PPP 模式 •北京建工参与北京通州文旅区委托开发项目 •各地国资平台转换历史与政府的委托开发、授权开发模式
对比	•地方政府缺乏统筹，委办局、国企分头报项目，分头实施 •PPP 项目运作周期长、项目启动慢 •对片区综合开发成熟和时序考虑不足	•社会资本更关注基础设施项目，对征地拆迁意愿不大 •打包模式，工程造价很难下浮，成本高 •需要地方国企提供信用支持 •一次性占用地方财政可承受空间	•实现了从规划到建设的统筹 •地方国资主导通过先招投资人再招工程方，可实现工程成本的节约 •地方国资企业为真正具有运营能力、产业服务能力的机构搭建落地平台，规避因规模、资金能力不足无法参与 PPP 竞争的劣势

（二）近阶段城市 PPP 投融资模式的组合优化建议

　　基于目前地方政府的 PPP 项目入库与实施情况，结合城市当前的财政能力、投融资需求，建议未来城市发展尽量少孵化和少实施以工程逻辑和单一项目逻辑的 PPP 项目，即减少模式一项目的包装和推进；适度包装一批规模适中的城市一级开发 PPP 合作项目，即引入战略金融机构采用模式二按整体规划推动一批小规模城中村整体开发，加大力度推进土地收储，以增加政府对土地资源的控制力，并在一定阶段增加土地供应，保持适度的房地产业规模，保障官渡区现阶段的综合财政承担能力；特别加大力度包装和推进一批产城融合 PPP 项目，即引入擅长现代服务业投资运营的城市运营商，围绕大健康产业、大文创产业、大旅游产业、大商贸产业的产业集群化、集群基地化和基地园区化，推进几个重点片区的综合开发，把城市双修与城市增长极打造结合起来，把空间开发与战略产业发展贯通起来，把民生改善与财政能力提升统筹起来（图 17-7）。

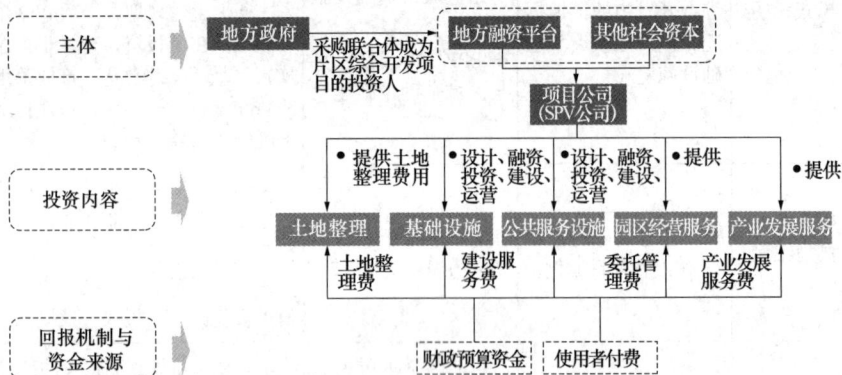

图 17-7　与城市运营商合作区域开发的 PPP 模式

（三）未来城市 PPP 投融资模式创新设计

结合未来不同城市的发展战略和模式创新，围绕城市"中心经济"的构建，战略产业集群培育与重大片区发展规划，随着新时代城市"1＋1＋X"投融资平台和"1＋1＋N"系列基金的组建到位，城市的投融资模式将具有广阔的创新空间，特别是充分发挥地方城市国投集团和系列产业发展集团的优势，通过自有城市投资平台和产业投资平台的优势组合，引入城市投资运营商和金融机构嫁接产业投资基金，围绕区域开发和产业发展战略，通过行业长板建设形成园区优势、平台优势和优势资产，通过平台牵引、资本驱动聚集龙头企业、小微企业和配套企业集群化落户和生态圈联动，并在提升土地价值和城市资产增值保值的同时，获得丰厚的产业收税和产业股权投资收益，形成地区城市重大项目投融资带动"城经济"与"市经济"共同繁荣、开发经济与运营经济相得益彰、财政收入和投资收益两全其美的良性循环和精明增长格局。

五、打造新时代城市融资体系

受到国内宏观金融政策的不断收紧制约，新时代城市融资难度加大，而城市建设和产业升级的资金诉求却不断增加，如何打造城市融资体系是新时代城市发展面临的一大难题。新时代城市融资新模式如图 17-8 所示。

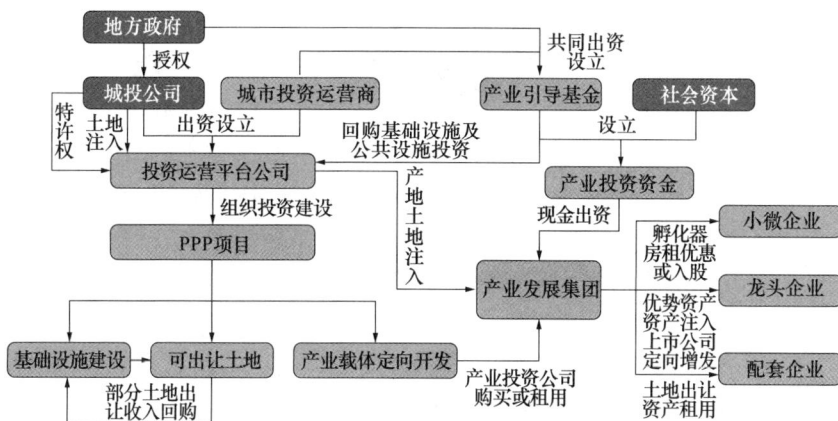

图 17-8　未来新模式：城投＋产投联动整合城市运营商、建设投资商、金融机构

（一）"一体多面"的融资体系

目前债券市场利率较高，叠加地方债流动性较差，非银行机构配置倾向较低。各类专项债券是未来城市融资的主要趋势之一，目前国家优先选择土地储备、政府收费公路两个领域进行试点，丰富了投资者的投资选择，有利于吸引社会资本投资专项债券，未来对重大基础设施和公共服务项目精准引入稳定的地方政府专项债券资金，对地方稳增长、促改革、调结构、惠民生、防风险起到较强的支持作用。地方政府处于融资体系过渡期，各种债券和 PPP 融资尚未构建成熟体系，难以满足城市大量的投资需

求，因此近期还是要依靠平台公司融资。中远期随着地方政府债、专项债券与PPP羽翼渐丰，城投公司在地方政府融资体系中重要性将显著降低，"去平台"化趋势明显。未来中国地方政府将逐步形成"一体多面"的融资新格局，即"地方政府债＋平台类债务＋PPP融资＋多种专项债券"的新时代地方政府融资体系（图17-9）。

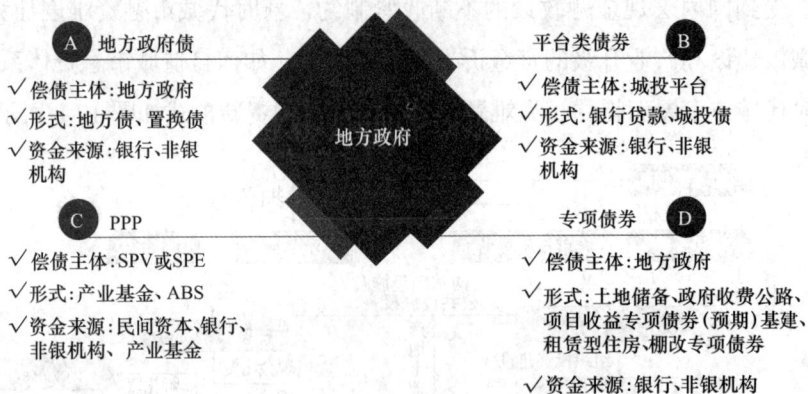

A 地方政府债
✓ 偿债主体：地方政府
✓ 形式：地方债、置换债
✓ 资金来源：银行、非银机构

B 平台类债券
✓ 偿债主体：城投平台
✓ 形式：银行贷款、城投债
✓ 资金来源：银行、非银机构

地方政府

C PPP
✓ 偿债主体：SPV或SPE
✓ 形式：产业基金、ABS
✓ 资金来源：民间资本、银行、非银机构、产业基金

D 专项债券
✓ 偿债主体：地方政府
✓ 形式：土地储备、政府收费公路、项目收益专项债券（预期）基建、租赁型住房、棚改专项债券
✓ 资金来源：银行、非银机构

图17-9 地方政府"一体多面"的融资体系

（二）项目投资的结构性金融组合

新时代城市基于投融资模式整体创新体系，特别是通过"1＋1＋X"投融资平台与"1＋1＋N"发展基金与地区融资担保平台组合推动，以及产城融合PPP模式设计，整合城市运营商、建设投资商、金融机构、产业运营商和龙头企业后，将大大提升地区政府的投融资项目包装能力和整体把控能力、落地能力，最合理包装项目性质、最佳配置投融资主体、最灵活应用投融资方式、最优配置投融资结构，结合地方城市自身发展战略和最大综合效益目标，在不同政策导向和金融环境下组合最有利的投资结构、资产配置结构、增信条件、回报机制。针对不同的项目性质、投资领域及投融资主体，地方政府需明确采取不同的融资主体，采用多种投融资工具，创新投融资机制，以建立多方式、多层次、多渠道的投融资体系，

服务城市发展（表 17-3）。

不同城市开发环节结构性金融组合　　　　　　　　　　　表 17-3

项目类型	具体运作模式	资金来源	回报机制
土地征收（购）	财政直投为主、平台市场化收购手段为辅	财政资金、土地储备专项债券、平台部分自有资金	平台市场化收购部分、国土局按照评估价返还投入
房屋拆迁、安置房建设	包装成棚改项目，由平台统一运作，把握机遇期，争取政策性银行资金	政策性银行棚改贷款、平台项目本金出资（来源于财政资金）	服务购买主体（政府方）向承接主体（平台）支付购买服务费
基础设施	采用打包 PPP 模式推进，平台以社会资本身份参与部分打包基础设施 PPP 项目	PPP 项目贷款、平台和其他社会资本的现金出资	可用性付费（政府付费）
公共服务设施	引入社会资本参与公共服务设施 PPP 项目	PPP 项目贷款、社会资本的现金出资	使用者付费＋可行性缺口补助（政府付费）
产业载体	引入社会资本参与或平台参与	项目贷款、社会资本的现金出资	使用者付费＋可行性缺口补助（政府付费）；捆绑资源

第十八章　孵化推动重大项目落地

以项目作为抓手，加快推进"中心经济"落地实施，本章以官渡区系统规划研究成果为主，进行提炼总结，强化围绕"中心经济"，孵化重大项目，以项目为抓手，加速官渡区新旧动能转换。

一、围绕"中心经济"孵化重点引擎项目

"中心经济"得以成功的关键在于整合全社会的资源，在统一的目标下整体运营，依据集聚力模型提高集成效应，通过资源集聚带来的巨大推力，以重大项目的落地实施作为重要抓手，撬动区域投资开发，形成区域投资热点，实现城市高速、跨越、可持续发展。

"中心经济"发展模式作为未来城市实现成功转型的重要路径之一，最终着眼点在于具体项目上，以具体项目的开发建设来逐步构筑城市"中心经济"发展模式，打造成为地区经济发展新中心，而项目的孵化主要从"现状发展瓶颈、核心战略导向、产业体系支撑和重点空间载体"等方面，纵向上分层落实，横向上关联共生（图18-1）。

（1）现状发展瓶颈：根据不同城市现阶段发展中心经济遇到的瓶颈，开展针对性补短板，基于城市发展遇到的主要问题，运用"中心经济"的构建思路，逐步突破城市现状发展瓶颈，在现状发展基础上构建起"中心经济"发展模式。以官渡区为例，当前城市发展面临金马片区传统产业升

级改造、矣六片区社会民生问题、新亚洲体育场等设施盘活、螺蛳湾商贸城业态升级、巫家坝及会展片区新业态融入等难题，需要通过构建官渡区"中心经济"发展路径，有针对性解决这些难题。

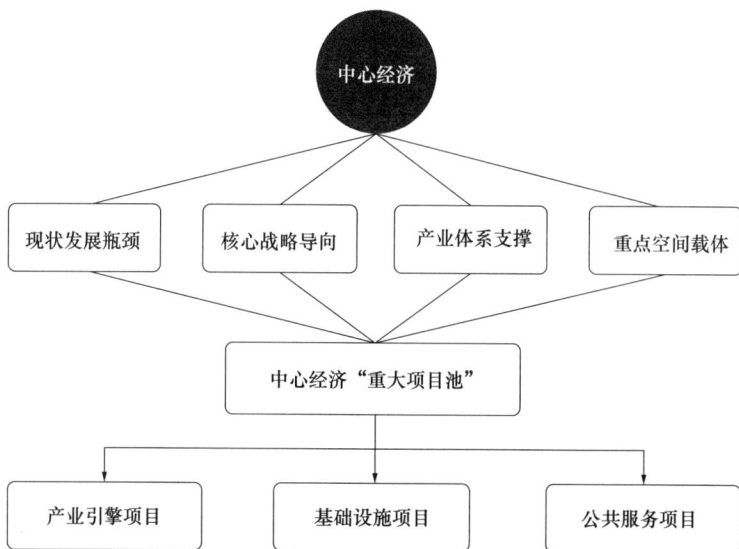

图 18-1　"中心经济"重大项目池孵化示意图

（2）核心战略导向：依据城市发展"中心经济"战略导向，在相应的战略定位、战略路径、体制机制等上位要求下，需要找准落实核心战略的关键环节，孵化包装形成重大战略性项目，向上承接国家政策红利，探索先行先试的体制机制，这类项目既可以是产业类重大平台项目，也可以是重大基础设施或公共事业类项目，具体根据项目的本质特征来定。通过城市核心战略设计出来的重大项目，对城市发展"中心经济"起到核心牵引作用，实施起来难度较大，周期相对较长，需要有合适的战略机遇。

（3）产业体系支撑：重点围绕构建"中心经济"的产业要素，为实现城市新旧动能转换，基于城市产业发展基础和资源禀赋条件，以打造现代化产业体系为目标，从单个产业链条上下游关系和横向产业关联性综合分析，针对产业发展核心节点或产业发展平台等方面，孵化重点引擎项目，打造地区具有较强集聚辐射能力的产业增长极。在官渡区，依据"144"

产业体系发展要点和"一区两带三集群"的产业格局,综合包装设计出一系列引擎项目。

(4)重点空间载体:统筹城市全域土地空间开发潜力和发展时序,结合"中心经济"产业和功能发展诉求,对接国家当前先进的开发建设理念,如海绵城市、地下综合管廊、城市双修等先进技术理念,系统优化区域空间发展格局,明确用于承载"中心经济"发展内涵的重点空间区域,打造空间增长极,形成基于空间载体的重大引擎项目。

二、以"产业项目"构筑要素融合创新中心

新时代城市发展需要强化城市对于先进要素的整合能力,通过打造各种要素交易平台、要素集聚平台和双创科技服务平台,增强城市整体集聚辐射能力,整合国内外优质资源要素,汇集区域内外人流、物流、信息流,在各类产业发展平台和载体上融合创新,逐步形成区域经济发展新中心,以点带面,带动区域经济协调发展。

通过聚焦特色要素交易平台、创新创意集聚平台、新型空间发展载体等因素,围绕"中心经济"发展的十大要素,孵化重点产业类引擎项目,具体分为单体类重点产业项目和平台型产业项目,其中单体类产业项目是根据产业链条和产业关联性,找出发展中心经济产业体系的核心环节,孵化出重点引擎项目来撬动整体产业链条的打造,带动上下游关联企业集聚,形成规模化产业集群,在官渡区,根据产业体系和产业发展重点,孵化出官渡总部经济促进中心、云南碳金融交易中心、名特优产品国际交易中心等重点引擎项目。另外平台型项目是一个城市发展"中心经济"的重要抓手,以某一产业链或产业集群为对象,通过产业集群化、集群基地化、基地园区化,最终包装设计形成的重大项目,在官渡区,基于空间发展格局,重点发展国际医疗产业园、云南民族文化创意基地、官渡古镇风情街、矣六万亩田园综合体等平台型重大项目,承载战略性新兴产业发

展。下面将以官渡区重点项目为案例，详细阐述如何以项目为抓手，来逐步践行"中心经济"。

（一）云南碳金融交易中心

1. 项目孵化思路

云南是 2010 年批准的首批 5 个低碳试点省区之一，国家发改委要求加快形成以低碳排放为特征的产业体系和消费模式，在应对气候变化方面发挥示范作用。随着绿色发展作为五大发展理念之一成为国家发展战略，绿色金融也被提上金融创新和供给侧结构性改革的重要议题。从中共中央国务院于 2017 年发布的《生态文明体制改革总体方案》可以看出，围绕着"一带一路"、生态文明展开的绿色金融的发展已逐步受到关注。

绿色金融作为能源及环境市场与金融市场相互渗透与融合的产物，本质上是基于发展新能源和保护环境目的的创新性金融形态。发展绿色金融是实现绿色发展的重要推动力量，党中央、国务院高度重视绿色金融发展。国家"十三五"规划纲要中明确提出了"构建绿色金融体系"的宏伟目标。李克强总理在 2016 年和 2017 两年的《政府工作报告》中都要求"大力发展绿色金融"。2016 年 8 月，经国务院同意，中国人民银行等七部委共同发布了《关于构建绿色金融体系的指导意见》，中国成为全球首个由政府推动并发布政策明确支持"绿色金融体系"建设的国家。全国目前已有北京、广东、湖北、上海、深圳、天津和重庆 7 个省市进行了碳交易市场试点。国家发展改革委 2017 年初要求，确保 2017 年启动全国碳排放权交易，实施碳排放权交易制度。世界银行曾预测全球碳交易总额将在 2020 年达到 3.5 万亿美元规模，有望超过石油成为第一大能源交易市场。

云南发展绿色金融有着得天独厚的政策、区位优势和资源禀赋。绿色金融是昆明打造面向南亚东南亚区域金融中心未来的发展方向。围绕碳金融，发展以碳排放权交易和低碳技术交易服务平台，一方面，倡导利用清洁能源，对于云南省低碳发展、绿色发展具有重要意义；另一方面，云南拥有众多碳减排量项目：太阳能、风能、水电、生物质发电、沼气发电等低碳项目和清洁能源企业，为发展碳排放权交易为主的绿色金融提供了丰富的市场空间和交易资源。在官渡区建设云南省区域性碳金融交易中心，建立符合新时期发展背景的碳排放交易制度，是推进云南绿色金融、绿色经济、生态经济发展的有效途径。

2. 项目选址建议

建议选址于巫家坝 CBD 金融机构集聚区内，由独栋楼宇作为碳金融交易中心载体。

3. 项目效益分析

通过设立云南碳金融交易中心，搭建起区域性碳排放权交易平台，建立起符合新时期发展背景的碳排放交易制度，不仅能够为云南省风电、水电等清洁能源项目及领域企业带来可观的经济效益，成为推动绿色新经济发展的重要引擎（根据目前国家现有碳排放权交易所交易情况估算，云南碳排放配额交易总量于 2020 年达到 1200 万 t/ 年，按照平均成交参考价格 40 元 /t 计算，则一年可带来 4.8 亿元的绿色收益）；而且通过打造区域性国际低碳技术交易服务平台，结合绿色金融发展方向，设立低碳技术创新引导资金，能够对发展低碳技术的企业予以大力支持。

社会效益方面，碳金融交易中心的成立也有利于提高控排企业的履约意识，促进企业通过技术改造与转型升级达到节能和提高能效的目的，进一步保障了云南省的绿水青山生态资源，也进一步推动实现绿色发展和可持续发展的目标。

4. 经营范围及交易品种

主要为碳配额交易、碳减排量交易和低碳技术交易及服务平台两大主要功能。具体包括：碳排放配额交易、CCER 项目交易、CCER 项目服务、排污权交易、节能量交易、碳资产管理、碳金融服务、低碳技术转型服务、VER 交易、培训与服务等内容。

5. 碳金融交易中心建设技术路径

目标是建设以昆明市为基地，以官渡区为核心区，以云南省乃至大西南和南亚东南亚等国际区域为辐射面的碳金融交易区。在功能维度上，以拓展 CDM 相关项目交易为先导，逐步探索云南省区域地方碳排放权分配和交易为基础的碳金融交易实践方式。

（二）国际医疗产业园

1. 项目孵化思路

优质的生态资源基底：昆明风光旖旎、四季如春，具有独特的气候资源优势和高原湖滨生态优势，是世界知名的"春城""花都"，更是休闲、旅游、度假、居住、养生、养老的理想之地；良好的气候生态为昆明大健康发展创造了独特的条件，云南拥有丰富多样的生物资源（中草药资源、茶资源），并且具备一定优势的医药产业基础，可以有力地支撑推动医养结合、养生保健、疾病预防、健康美丽、健康旅游等大健康体系的融合发展。

广阔的市场空间腹地：云南地处中国－东盟自由贸易区、大湄公河次区域、泛珠三角经济圈"三圈"交会点，是中国面向南亚东南亚开放的前沿和重要门户、开放门户，其独一无二的优势区位为昆明大健康发展拓展了广阔的发展空间；南亚东南亚各国对医疗卫生的需求日益增长，面向南亚、东南亚 20 亿人口的大市场，同时背靠中国 13 亿人口的大市场，为官渡区发展大健康服务产业提供了巨大的客群市场。依托云南省丰富的大健康资源和官渡区未来的发展机遇，可以通过汇聚国际高端的健康资源、医疗技术进而统筹利用国际国内两个市场。

良好的生态环境、丰富的生物资源、多样的民族资源和面向南亚东南亚开放的门户优势，为昆明发展大健康产业奠定了先天的基础优势和条件，打造"健康春城"也是与"健康中国"战略的高度契合。而官渡区准确、差异化地承接昆明市发展大健康产业任务，通过提供高端健康管理服务和健康美丽服务是官渡区提升大健康发展能级实现跨越式发展的必然选择，也是对昆明市建设国家大健康产业示范区的强有力支撑。

2. 建设规模及选址

建设规模：规划用地 40hm²。

项目选址：建议选址于官渡区环滇池三个半岛的福保半岛区域，结合规划商业用地建设国际医疗产业园。

3. 项目效益分析

通过建设国际医疗产业园，集聚国际顶端健康服务资源和技术等要素，从生命健康管理和健康美丽两个大健康领域维度，承载昆明市建设国家大健康产业示范区的任务，丰富健康春城的内涵。以国际医疗产业园为主要载体，培育成型个性化健康检测、咨询为主体的健康管理产业和健康美丽服务为主的美丽产业。

国际医疗产业园项目具有良好的盈利前景，通过该项目对官渡健康服务的有力支撑，实现到 2020 年官渡健康服务业总规模达到昆明全市总量的 10% 左右。

4. 项目投资建设主体

投资建设主体：重点吸引掌握高端健康服务资源及技术的生命健康管理领域和从事健康美丽领域的知名企业作为投资建设主体。

投资规模：30 亿元。

意向代表性企业：瑞士洛伊克巴德集团（生命健康管理领域世界知名企业）、澳信集团（中国生命健康领域创新企业）、百莲凯集团（中国美容行业领军企业）、美莱医疗美容（连锁）医院集团、日本 PL 东京健康管理中心、百誉健康管理（北京）有限公司等。

5. 项目建设内容

分健康管理服务、健康美丽服务和养生度假三大核心内容。

健康管理服务：以国际先进的医疗技术和人才为支撑，发挥生态资源优势，引入权威医疗机构认证的健康管理中心项目。生命健康管理中心是官渡健康服务的第一站，通过健康管理中心这个前置中枢带动官渡区健康美丽服务和养生养老服务两个大健康产业领域的发展。通过健康管理服务来放大健康美丽品牌和养老品牌，涵盖亚健康理疗、抗衰老服务、慢性病治疗等方面的内容。具体包括健康档案管理服务、健康体检服务、健康评估服务、健康咨询服务、健康通信服务、健康短信及短信提醒服务、慢性病管理服务、绿色通道服务、家庭医生服务、健康讲座服务、基本健康医疗服务等功能方向。

健康美丽服务：在在美丽整形产业如火如荼的行业趋势下，结合会展中心片区服务业升级改造，策划打造中韩美丽产业园。围绕美丽主题丰富项目功能，与健康形成复合竞争优势，带动区域人气，共同打造官渡大健康核心项目名片。吸引美丽产业有关生命工程、生物技术、产品研发、设备制造、先进工艺相关创新研发机构、检测中心、专业实验室、应急处理中心，以及美丽产业门户网站、媒体传播、线上营销、电子商务、远程诊疗、数据服务等科技型企业入住，提升美丽产业示范区的创新动力和内生成长力。

养生度假服务：通过与健康养生企业合作，引入针对高端商务客群和高消费度假游客的健康养生服务业态，通过 SPA、中医保健、泰式按摩、养生食疗、民族特色养生等多种保健养生服务，以及针灸、西医理疗、未病先治等为亚健康人群量身打造的健康疗养服务。结合健康养生服务和高端地产项目集群，依托三个半岛优良的区位交通和生态环境资源，发挥大健康产业的带动和辐射作用，用健康养生和健康度假作为吸引力，吸引中高端消费者和游客前来居住或度假。

（三）高原湖滨安老养生社区

1. 项目名称
高原湖滨安老养生社区。

2. 项目孵化思路
伴随中国老龄化程度的不断加深，老龄人口日益庞大，尤其是一线城市"银发浪潮"的来袭，养老产业展现出巨大的市场需求和发展前景。

官渡区坐拥优质的高端商务核心要素和优越的生态环境资源，独特的气候资源优势和高原湖滨生态优势使得官渡尤其是会展片区（三个半岛环滇池区域）成为养老养生的理想之地；与此同时云南所拥有丰富多样的生物资源（中草药资源、茶资源），以及优势的医药产业基础，能够有力地支撑推动医养结合、养生保健等养老养生领域发展。

对于官渡区而言，在旺盛的市场需求和政策的大力支持指引下，通过建设养生养老项目能够有效地承接昆明市大健康发展规划所确定的六大战略中心——候鸟式养生养老中心的任务内涵，完善大健康产业链。

3. 建设规模及选址

建设规模：规划用地 46hm^2。

项目选址：建议选址于官渡区环滇池三个半岛的宝丰半岛区域，结合规划商业用地建设高原湖滨安老养生社区（图 18-2）。

图 18-2 高原湖滨安老养生社区意向选址

4. 项目效益分析

通过高原湖滨安老养生社区项目，打造国际化的大健康产业示范样本，成为中国最具代表性的国际养老养生健康社区，既有效承载昆明市建设国家大健康产业示范区的任务内容，又丰富了健康春城的内涵。以高原湖滨安老养生社区为主要载体，培育医养结合为主的养老养生健康服务产业，提升"健康官渡"的品牌和知名度，成为推动官渡区发展健康服务新兴产业的重要引擎，也为昆明大健康产业发展增添新的强劲动力。

高原湖滨安老养生社区项目具有良好的盈利前景，通过该项目对官渡健康服务产业的支撑，实现到2020年官渡健康服务业总规模达到昆明全市总量的10%左右。

5.项目建设投资主体

投资建设主体：面向国际、重点针对具有世界领先养老养生、医养结合理念的养老机构企业作为投资建设主体。

投资规模：20亿元。

意向代表性企业：泰国帕塔拉国际集团。

6.项目建设内容

高原湖滨安老养生项目主要由健康管理、医疗服务、养生服务、老年俱乐部和康复护理五大功能平台支撑，引入国际先进的养老社区管理体系，针对独立生活老年人、需要协助护理老年人、需要专业护理老年人和患有记忆衰退的特殊老年人提供相应的服务，满足不同类别老年人养老需求。

1）健康管理

考虑与国际医疗产业园的健康管理中心协同合作发展，为每一位老年人顾客制订"私人定制"健康管理方案：为每一位客户建立电子健康档案，根据不同身体状况建立私人定制的健康管理，提供详尽的健康养护建议方案（包括日常饮食建议、疾病预防、生活习惯干预措施等），针对个人情况作健康及疾病风险评估报告。

电子健康档案：根据客户提供的个人基本资料、体检数据、家族病史、生活方式、个人病史、就医记录等信息，建立和更新电子化的档案数据库，便于客户随时查阅了解自身健康状况，并为客户接受健康全管理服务提供分析数据。

按照住户的实际情况对老年人进行日常活动能力的评估，并将评估结果记入健康档案。每年会由全科医生和护士为住户提供每年一次的基础体检，体检结果也将记入住户的健康档案。健康档案由专人保管，保护住户个人隐私。

2）医疗服务

设置配备 7×24 小时救护车。积极借助、引入昆明市所集中的省市优质医疗资源，云南省第一人民医院、昆明市延安医院以及昆明市中医院、官渡人民医院等几大医院建立"绿色就医通道"。聘请老年病专家每周轮流来社区为老年人提供讲座、诊疗和咨询服务。

3）养生服务

提供中医膳食和中医理疗服务，包括艾灸、中医 SPA、养生茶、养生斋菜等特色服务。社会知名老中医，国家注册营养师定期举办养老养生长寿培训班，引入知名中医保健推拿师定期进行医疗保健护理，同时配合有水疗、足疗、中医推拿、针灸等中西医养生养护方案。紧邻中心旁的矣六生态农庄，通过趣味耕种、采摘、认养维护活动达到颐养老年人身心的作用。

4）老年俱乐部

打造具有健康活力的社区。配备功能齐全的健身运动中心和夕阳学堂。包括棋牌室、健身房、台球室、瑜伽馆等等，并配有专业教练指导老年人进行康复运动。夕阳学堂与昆明市老年大学等相关机构战略合作，开设书法、戏曲、茶艺、插花、泥塑等，并有几十家社团组织和义工进驻，每天都有各种丰富多彩的活动和课程，使老年人充分享受"活到老、学到老、乐到老"的人生状态。

5）康复护理

引入持有国家卫生部颁发康复资格证的护理人才组建专业康复团队，招聘昆明医科大学、云南中医药大学等院校临床康复专业毕业生充实康复护理队伍。为老年人提供更加专业特有的病后术后康复解决方案。让老年人在"生活中康复，康复中生活"，设置康复作业和治疗区，配套康复训练工具。为入住的老年人制订的康复护理计划并进行康复训练。

三、以"基础设施项目"打造区域交通枢纽

发展"中心经济"需要相应的基础设施作为支撑，以重大基础设施项目的建设作为主要抓手，在新时期基础设施项目主要从两个方面进行包装设计，即为产业发展做配套和为构建中心经济要素自身需求来进行建设。通过推动"基础设施项目"落地实施，有望将城市打造成为国内外先进科技示范基地、大数据智慧运营中心和区域性综合交通枢纽。

（一）先进科技示范基地

新时代随着新的发展理念不断更新，科学技术日新月异，以中心经济模式为手段将有助于推动先进科学技术落地实施。尤其是近年来国家积极推广"海绵城市"建设理念，提出了未来城市能够像海绵一样，在适应环境变化和应对自然灾害等方面具有良好的"弹性"，下雨时吸水、蓄水、渗水、净水，需要时将蓄存的水"释放"并加以利用。因此通过包装设计海绵城市先进技术示范基地或海绵公园等基础设施项目，引进、孵化、应用最前沿的治水理念、科研成果和技术产品，以不同城市景观展示多种不同的海绵技术。

在官渡区构建"中心经济"基础设施项目中，重点提出了建设巫家坝海绵公园项目，它位于官渡区巫家坝片区，在巫家坝CBD中央商务区的核心地带，是官渡区未来经济、文化、生态交织的活力区域。通过巫家坝海绵公园建设，首先高度契合了巫家坝CBD建设一个生态、产业、宜居的功能复合城和一座现代城市生态格局的智慧城市新标杆的战略目标，丰富了中央绿地公园的内涵，有效地解决昆明市现状存在的内涝问题，推动官渡区入滇河流的水环境治理和水生态打造，同时为市民提供了优质的生态休闲场所，并且作为示范项目，对于未来昆明市申报下一批国家海绵城

市建设试点提供有力支撑。

巫家坝片区中央绿地公园位于官渡区的中心，坐落在繁华的中央商务区中间，建成后将是官渡区最具活力的城市公园。为解决和避免官渡区城市内涝问题，建议该公园的建设结合海绵城市理念，作为一个海绵公园示范项目，建设为具有雨水调蓄与净化等功能的多功能调蓄公园，与城市雨水管渠系统、超标径流排放系统良好衔接，突出其自然调蓄功能（图 18-3）。

图 18-3 巫家坝"海绵公园"设计示意图

城市水系：加强城市排水管网与河网的有效衔接，根据城市水系的分布，加固河岸堤防、拓宽河道。加强河道系统整治，因势利导实施河道生态修复，塑造健康自然的河岸曲线，恢复自然深潭浅滩和泛洪漫滩。

道路广场：城市新建道路两旁合理布置排水边沟和下凹式植草沟、雨水花园、生态树池；推进已建成道路排水系统升级改造，采取改造路缘石、增设植草沟、加设溢流口等方式，结合道路周边地块设置雨水湿地、雨水塘等雨水调节措施；推进广场、停车场、小区的硬质铺装采用透水铺装。

城市绿地：预留城市绿地空间，实施街头绿地、游园和道路等绿地的改造提升，增加植被丰富度，丰富植被配置；推广海绵型公园和绿地的建设，雨水花园、下沉式绿地、人工湿地等，使城市绿地能够消纳自身雨水，同时为蓄滞周边区域雨水提供空间。

建筑：新建建筑和小区推广使用绿色屋顶，建造雨水回用与径流控制系统；有条件地进行绿色屋顶改造；机关、学校、医院等建筑率先践行海绵城市建设要求。

（二）大数据智慧服务中心

在"互联网＋"与产业不断融合创新的背景下，随着云计算、大数据、移动互联网等技术的不断发展，新经济新业态蓬勃发展，许多城市开启了"智慧城市"建设的大门。通过建设涵盖智慧民生、智慧交通、智慧管线、智慧旅游、智慧医疗等方面的大数据基础设施项目，有助于城市打造成为区域性智慧运营中心，能够集聚与现代信息服务相关的先进生产要素，助力城市发展"中心经济"。鉴于新时期产业分布式发展模式，昆明经开区电子信息产业园重点将发展大数据设备制造、智慧硬件研发制作等基础性支撑环节，在呈贡信息产业园以数据存储中心、云计算中心、智慧服务中心和技术研发中心等作为其主要功能，而在官渡区通过与周边园区差异化联动发展，重点培育数据交易服务、大数据分析服务、智慧平台方案设计和物联网应用服务等功能，打造区域性智慧运营中心，将信息化基础设施建设同官渡区重点产业业态配套发展，推进产业智慧化，未来争取在智慧商务、智慧金融、智慧会展、智慧医疗、智慧旅游等方面实现突破，成为区域性大数据智慧服务新中心。

（三）区域综合交通枢纽

"交通"要素是构建"中心经济"的重要部分，建设四通八达的现代立体交通体系，能够增强城市的集聚辐射力，吸引人流、物流等在此流通，形成区域性商贸流通中心。官渡区发挥其处于主城与呈贡新城、主城与滇中新区连接带的区位优势，同时也是昆明市轨道交通覆盖率最高的城区，力争打造成为昆明客流可达性最高的区域，近期重点在官渡区南北两侧打造菊花村综合交通枢纽和地铁宝丰枢纽站，对接昆明长水国际机场和高铁南站，吸引更多的人流、物流、资金流在此汇集，依托立体交通，建立换乘方式多样化、城市道路层级化、停车空间立体化、绿色出行便捷化等的复合交通体系。加强道路交通的管理，改善道路微循环体系，改善城市交通环境，减少交通拥堵点，打造昆明市综合交通国际客运枢纽。

四、以"公共服务项目"建设人文交流中心

"中心经济"有助于快速营造城市品牌，具体路径就是以"公共服务项目"为抓手，建设成为本土特色文化展示平台和多元文化交流平台。通过挖掘地区深厚的文化底蕴，加强创新创意，融入现代都市建设过程中，打造都市型文化活力区，集聚文化创意人才，带动城市旅游业发展，充分对外彰显城市文化魅力。

（一）创新文化创意产业

文化是基础，创意是引擎，以"公共服务平台"来引导文化创意产业的发展壮大，将带动城市文化产业发展，形成区域性文化创意输出中心。基于国际化都市的城市功能，以创意人才的创造力为核心，凸显创意性、文化性、娱乐性特征的创意产业集群，涵盖文化艺术、影视传媒、广告设计等文化创意产业，创作设计特征鲜明的工艺美术业，创意性日益增强的印刷包装业，以及在产业融合发展中涌现的具有创意性的新型产业。运用现代信息技术和商业推广模式，盘活云南丰富的文化艺术基础资源，发展文化艺术创意产业；通过国际合作和技术创新引领影视媒体行业核心要素的集聚，发展影视传媒创意产业；吸引广告设计核心要素集聚，同时鼓励

广告设计行业的创新发展，最终做大做强官渡区文化创意产业，核心支撑都市型文化活力区建设。

未来可以在官渡区金马片区，选择老旧厂房较为集中的片区打造云南民族文化创意基地，通过打造云南民族文化创意基地，推动文化创意融合发展，文化创意与旅游、大健康等相关产业，与金融、科技等相关要素实现深度融合，带动产业转型升级。形成云南民族文化的窗口、传承和发展民族文化的示范基地、文化创意产业发展的"航母"和"孵化器"，打造集民族文化、都市文化和中外文化为一体的"文化谷"，对外展示、交流、交易、共享的规模化、专业化的平台，作为新兴产业重要引擎推动官渡区文化创意产业发展。

云南省文化创意产品集中展示区、交易中心，以特色农产品、民族文化创意为突破口的文化创意业态集聚区，云南省内具有高度可识别性的高端创意商务办公区，具有鲜明主题特色的都市休闲旅游、工业旅游新地标，云南省以及南亚东南亚文化面向世界集中展示的窗口，云南省文化创意产业的高地，昆明区域性国际中心城市重要承载区。以文化创意产业业态导入金马片区，激活片区发展，整体推进片区旧城改造、片区开发，推动区域历史文化遗迹和传统街区风貌的传承与复兴，促进人才、技术等核心要素集聚融合，形成省内外、南亚东南亚的文化要素汇聚、交流和文化产品创作中心，推动区域创意设计、文化艺术中介服务、艺术工作室、艺术孵化器、创意工场、展览培训、文化艺术品交易业态发展。把区域打造成昆明市区域性国际中心城市重要的文化要素集聚区、创新创意要素集聚交易区。

（二）强化"文化＋旅游"的复合型文化产品

由文化创意产业引擎带动，推进"文化＋旅游"的复合型文化产品，落实出为城市服务的"文化设施服务项目"，支撑城市品牌推广。在官渡区，应充分挖掘古滇历史文化、民族文化、佛文化、古镇文化、工业文化等文化资源，加大云子围棋、乌铜走银等"非遗"产业化保护传承力度，打造精品旅游休闲路线和复合型文化产品。以云秀路为纽带，连接官渡古镇、公共文化设施集中区（包括云南大剧院、云南文苑、云南省博物馆、云南省图书馆等公共文化设施）、昆明市规划馆，形成文化创意体验的旅游轴线；结合旅游的带动作用进而拓展文化创意产品的交易渠道，借助旅游业和旅游商贸的不断发展，拓展文化创意产品的销售渠道，从而反哺文化创意产品研发设计和制造；以文化体验模式丰富旅游业的参与性和互动性，使游客在旅行游玩的过程中自然地体验特色文化和文化创意元素。

（三）提升公共文化服务水平

公共服务水平的提升有助于城市发展"中心经济"，增强城市的综合竞争力。因地制宜推进社区综合性文化服务中心和文化广场建设，增加基层公共文化产品和服务供给。探索公共文化服务数字化、智能化发展路径，搭建公共文化服务综合平台，实现官渡区文化体育场馆（新亚洲体育场等）的高效利用。举办网络弹唱、网络展览、网络讲座、微电影、微小说等网络文化活动，实现元素多样化、参与便利化，打造现代公共文化服务体系的官渡样本。运用大数据技术分析群众文化需求，提高公共文化购买与资助力度，建立文化采购与文化资源、文化服务与文化需求的"双向选择平台"。

近年来，昆明教育国际化呈现加速趋势，昆明教育对外交流已由过去主要向国外学习和借鉴经验的单向需求，逐步转向双向需求，初步形成了一个全方位、多层次、有重点、分步骤的官民并举、双边多边互动的开放格局。目前，昆明有 2 所国际学校，开展国际教育合作办学的学校达 11 所，包括云南师范大学附属中学美华国际高中、云南外国语学校、昆明先策国际学校、昆明世青国际学校、呈贡青苗国际双语学校等。其中呈贡区于 2016 年促成昆明市外国语学校与北京世青国际学校合作，成功引入了昆明世青国际学校，因此仅呈贡区就拥有 2 座具备规模和质量的国际学校，呈现出良好的发展态势，对于官渡区而言则处于相对滞后的地位，近年来教育国际化发展较慢，优质国际学校缺口较大，教育资源供给不足，文化教育公共资源的紧缺不利于未来吸引人才集聚和人气提升。

地方政策也大力支持发展国际教育，《昆明市加快推进教育国际化发展的指导意见》表示，要突出"国际学校建设、国际人才培养、资源优化整合、对外交流合作"四项重点，为把昆明建设成为我国面向全国、辐射南亚东南亚的区域性国际中心城市提供智力支持和人才保障。因此随着巫家坝机场的改造搬迁，结合定位昆明新中心的巫家坝 CBD 的打造，建设国际学校来提升官渡区发展能级势在必行。

通过官渡国际学校，作为优质教育资源吸引商务人士、高端人才前来官渡区工作，同时满足本土居民人们对于高端基础教育的需求。缓解官渡区优质教育资源紧缺的问题，为集聚人才、提升人气提供基础教育阶段的普惠民生保障。而且国际学校的设立一定程度上可以带动相关教育培训行业的发展，也有利于官渡区承接国际多元文化交流中心的战略目标。加强完善优质基础教育设施建设，重点引入一所设施一流、现代化、外语特色鲜明的"十二年制"的国际学校，作为拥有国内外优质教育理念、国际化的教育专家团队和名校优质教育资源的教育平台，来满足整个地区对高端基础教育的需求。

（四）完善国际文化交流机制

通过"一带一路"倡议的不断推进，国家将与沿线城市建立更加深层次的国际文化交流机制，促进国际文化交流平台的建设，对于国内许多城市来说，都面临着发展人文交流中心，引进国内外文化元素的战略机遇。人文交流在对外交流中具有基础性、先导性、广泛性的作用。人文交流所呈现的多样性、多元性和复杂程度，与文化样态一样丰富。官渡区在完善国际人文交流机制方面，重点是面向南亚东南亚地区，借助现有会展设施、文化设施等设施，每年定期举办国际文化交流主题活动，促进区域内各国专业文化艺术领域的交流与合作，对接国际文化资源，引进国际文化体育赛事，完善城市间文化品牌延伸交流机制。建立与南亚东南亚地区国家对口文化机构管理人员的互访机制，逐步培养熟悉国际惯例的文化行政管理干部和业务骨干。开展艺术家和文体机构的国际合作，鼓励艺术家跨国跨境开展学术访问和创作交流，提供辖区内艺术家与国外艺术家合作的机会，邀请国外艺术团体参加区内品牌节庆活动等。

第十九章　探索符合时代背景的招商模式

在明确地方城市未来发展定位及产业体系之后，重点根据不同城市发展"中心经济"所需的具体产业业态和功能，结合城市建设用地储备情况和重点项目规划结论，进一步落实未来城市招商方向，创新设计招商模式，推动规划成果落地。

一、设计现代招商模式

在新时代背景下，传统依靠政府力量和优惠政策的招商引资方式无法继续，未来城市发展需要创新招商模式，在建设社会主义现代化进程中抢占先机。从我国一线发达城市的经验表明，以企业为招商主体的专业招商形式，针对性强、重点突出、机动灵活，可以降低招商成本，成效更好。在这种招商模式中，政府通过搭建招商平台、营造环境、政策引导、宣传推介等方式为企业招商提供服务，形成"政府搭台，企业唱戏"的格局，使企业走上前台唱主角，发挥招商主体作用。

基于不同城市本地实际情况，结合现状优势产业及功能，建议未来官渡区采用以政府为主导，专业运营商和开发建设企业深度参与，第三方服务机构广泛协助的综合招商模式，即"政府主导、专业开发运营商负责、第三方协助"的现代招商模式。

1. 政府主导

政府主要负责指导官渡区整体招商工作、建立完善的招商政策体系等职能，有限参与市场化运作。

2. 专业开发运营商负责（或城投平台公司负责）

充分发挥市场配置资源的决定性作用，引进和设立专业运营商、专业项目企业、专业开发投资公司等多种市场主体，开展招商引资工作，推动项目落地实施。

3. 第三方协助

在招商的过程中，引进多个第三方机构和个人参与招商，整合外部资源，提供智慧支持，搭建政府、企业和其他机构沟通桥梁。

二、明确招商引资重点

（一）注重投融资体系的打造

投融资体系的打造对未来城市招商至关重要，针对不同的项目性质、投资领域及投融资主体，地区政府需明确采取不同的融资主体，采用多种投融资工具，创新投融资机制，以建立多方式、多层次、多渠道的投融资体系，服务城市发展"中心经济"的诉求。

（二）创新政府招商职能

1. 政府需升级优惠政策

改变以往搞价格竞争，降低企业成本，比如廉价土地、大幅税收返还等方式，未来着重在人才、环境、产业配套集聚、物流支撑等方面给予优惠；在操作层面，采取"一事一议、特事特办"等方法，在竞争中争取主动。

2. 政府可成立产业引导资金

实行资本招商，就是通过建立或者引进产业基金，把优秀企业吸引过来；整合原有"小、散、弱"的基金，聚焦特色产业；探索"官办民营、混合所有、民办官助"等方式，建立招商合伙人，实现以商招商。

3. 政府应成立专业人才队伍

用专业的人做专业的事，吸引外围专业团队、行业协会等组织团体，以各种灵活的方式加入官渡招商引资队伍；为专业人才搭建舞台，鼓励企业创业。

4. 政府应打造透明的政务环境

在创造良好生态环境、人文环境基础上，还有透明的政务环境、法制环境；政务环境要不断推动简政放权、实现"务实高效"；法制环境要以透明实现"公正公平"；人文环境要"重商亲商"，生态环境要"宜居宜业"。

5. 政府招商时还应与周边城市统筹考虑

与珠三角、长三角经济区的国家战略相结合，考虑产业转移方向；与上级城市产业转移升级相结合，考虑新兴产业项目；多部门联动招商，政企联合招商，动用一切资源，为城市建设贡献力量。

（三）内部联动增强招商竞争力

优势项目、优势企业、优势产业、优势功能区四个要素密不可分，相互促进。项目是抓手，企业是主体，产业是支撑，功能区是载体。在招商引资过程，需注重"四优"联动发展，增强内生动力。

深入推进重点企业培育工程，鼓励企业加强自主创新和改造升级，支持企业强强联合、兼并重组，集中力量支持一批重点企业做大做强做优，打造具有强大竞争力、带动力和影响力的企业群。促进优势企业融入产业集群，通过集群网络迅速扩大影响力。深入实施"小巨人"培育计划、成长型中小企业培育计划、中小企业成长工程、小微企业创业行动，着力培育一批龙头骨干企业，形成合理的企业发展梯队。

夯实规划、建设和引进好项目的工作，强力支撑城市产业和经济发展。一是策划优秀项目，围绕国家宏观政策导向，抢抓国家和区域战略发展机遇，积极对接国家、省投资重点领域，策划一批重大新兴产业项目，推动产业结构优化发展。二是强力推进项目建设和引进，注重整合资源，做好项目建设引进要素保障问题，切实解决项目推进中的"中梗阻"问题，促进项目早日开工，加快建设或入驻。

以产业为重点，通过开放合作引实体。坚持充分开放合作首要路径，瞄准优势产业，积极推进政策、要素招商向定向、专业招商转变，拓展多元化的招商路径，做好重大产业项目引进，提高招商引资工作的针对性和可行性，力争招商引资工作取得新突破，推动城市加快建设。

（四）力促产业链条和体系的形成

产业集群对区域经济发展具有重要意义，产业链关系是产业集群的主导关系，产业集群是产业链中的集聚，是产业链的空间分布的有效载体。产业链纵向延伸促进产业集群范围经济，产业链横向拓宽促进产业集群规模经济。招商引资需要重视产业链和产业体系的建设和形成，以加速地方城市产业集群规模经济实现。

针对目前缺失较大的子产业链，需要按照龙头带动、系统配套、链条延展，价值提升的发展思路，围绕重大项目，以关键环节为重点，吸引核心配套企业来官渡区发展，加快产业集聚，形成集群发展态势，提升产业整体发展能力。

针对现有产业链空白环节、弱势环节和关键环节，需要积极引进相关企业和项目，使产业链更加完善。进一步延伸和完善现有产业链条，能够快速发挥产业集群的极核和辐射作用。

强化产业链优势环节，增强产业凝聚力和竞争力。以官渡区来说，重点是发展中心经济，培育特色农副产品交易中心，打造出名牌产品，扩大特色农副产品交易中心的市场影响力，带动整个农产品加工行业的发展。

着力引进培育大健康企业和特色配套企业集群，培育一批专、精、特、新、深的现代服务业企业，带动昆明市现代服务业集群迅速壮大规模，提升商务服务业的集群竞争力。

三、探索多元招商路径

根据不同城市构建"中心经济"的发展要点，以及地区宏观政策条件，未来需要探索多元化产业招商新路径，形成集战略招商、规划招商、集群招商、资本招商、平台招商、以商招商、顾问招商、全民招商等多种招商方式相联动的城市招商新格局。

（1）战略招商。通过研究新时期城市发展战略，对接国家和区域宏观政策，承接更多政策红利来增强地区综合招商势能，吸引龙头企业和开放型企业入驻城市，助力城市快速培育经济发展新动能，因此战略招商能够从根本上改变城市发展水平。

（2）规划招商。基于地方城市的资源禀赋和发展基础，编制科学合理的各类城市发展规划，包括总体规划、产业规划、概念性规划等，以规划结论为依据，面向未来重点发展方向开展招商，通过招商进一步落实规划。

（3）集群招商。需要改变以往以单一项目或单一产业环节的招商行为，而是基于城市的优势产业和优势资源，沿产业链上下游和周边关联产业开展集群招商，能够实现产业联动和设施共享，有助于在当地城市构建具有较强竞争力的产业集群。

（4）资本招商。一些政府通过成立产业引导基金，并借用创业投资基金的名称进行招商引资，利用资本的催化和杠杆作用，探索出了一种产融结合的园区基金招商新模式：以股权投资和其他优惠政策，吸引其他地区的优质企业转移至当地，并带动区域经济发展与产业结构升级。

（5）平台招商。以单一功能性平台（如特色农产品交易中心）或综合性运营平台（如地方城投公司）为主体，通过平台专业化服务能力和综合性整合能力，吸引关联产业和社会上大型企业入驻城市。

（6）以商引商。对已签约投资的企业兑现基础设施供应和服务承诺，做好服务工作，协助其获得发展成功，有助于引入企业带动其上游产品的供应商公司和下游产品的客户公司过来投资。

（7）顾问招商。聘请部分退休或离职的原中外经贸人员，跨国公司的中、高级管理人员以及专家和社会知名人士，加入片区开发建设公司作为招商顾问，充分发挥顾问的人脉资源网络影响力。

（8）全民招商。通过网页，移动互联网 APP，发布官渡区项目推荐和建言系统，向广大学生团体、职场人士推广网页和 APP。对于系统作出招商引资贡献的个人，给予一定的物质奖励。对于有较大贡献的个人，聘任为城市顾问，给予专家或高级人才待遇。不断提高官渡区在广大群众中的影响力，形成全民招商引资的热烈氛围。

四、确定重点招商项目

在对城市经济发展开展深入研究的基础上，深度结合未来产业发展需要，进行科学合理的项目分类及项目选择，孵化出了一批重大项目，将会对城市未来社会经济的发展起到引擎带动作用。在下一步的项目实施进程中，需要结合项目本身性质类别、地区城市实际和市场情况综合考量，有针对性地进行招商引资工作。

如官渡区总部经济的招商，应以官渡区总部经济促进中心为主体，通过制定切合官渡区实际的总部企业认定及鼓励政策措施，紧紧围绕规划发展定位，聚焦意向设置西南区域总部和将总部（职能总部）转移至西南区域的大型央企、世界五百强、国内五百强，以及云南本土企业培优壮大后的总部迁入，并为开展总部经济招商工作建立客户信息库。同时应考虑巫家坝土地一级开发权属于昆明市城投和中交建中铁建等多家央企的联合体手中，配合进行总部企业招商引资。

云南碳金融交易中心和名特优产品国际交易中心都属于交易所的范畴，但又有所不同。参照目前国内碳排放权交易所的实体多为多家股东单位构成的股份制公司，因此云南碳金融交易中心意向的招商对象包括云南省能源投资集团有限公司、凯迪生态环境科技股份有限公司、南方电网云南国际公司等清洁能源龙头企业和兴业银行昆明分行、西南联合产权交易所、昆明环境能源交易所等绿色金融服务机构，共同构成股东主体。而名特优产品国际交易中心则设计为三大投资组成，即由省粮食公司、市粮食交易中心、区粮食公司，区城投赋予产业功能转型成立的区产业投资公司，以及各类特色产品投资运营公司这三大类共同组建投资主体。

对于两个大健康领域产业项目，国际医疗产业园需要重点吸引掌握高端健康服务资源及技术的生命健康管理领域和从事健康美丽领域的知名企业作为投资建设主体，意向性的招商对象包括瑞士洛伊克巴德集团、澳信集团百莲凯集团、美莱医疗美容（连锁）医院集团、日本 PL 东京健康管理中心等；对于高原湖滨安老养生社区项目，要认真落实国家、云南省相关政策和《昆明市人民政府关于鼓励社会力量举办养老服务机构的实施意见》（昆政发〔2014〕53 号）精神，通过特许经营、公建民营、民办公助、PPP 合作等多种模式，鼓励支持社会资本力量兴办大型养老机构设施，形成规模化、品牌化、连锁化和网络化发展，意向的招商对象为泰国帕塔拉国际集团。

对于官渡古镇风情街、宝华寺禅修度假区，鉴于两个项目性质类似，均属于文化旅游度假领域，因此建议通过独资、合资、合作或产权转让等方式，要聚焦具有文化旅游、度假地产等丰富经验及实力的旅游投资开发运营企业。云南民族文化创意基地则适合以合资、合作的方式，以云南文化产业投资控股集团、云南广电传媒集团等为龙头主体，搭建文化创意发展平台，并进一步招商集聚文创类企业。

针对北京路城市交通改善工程、官渡区城市地下综合管廊工程、官渡区环滇池慢行系统等基础设施类重大项目，要积极拓宽建设投资渠道，纳

337

第五篇 践行『中心经济』

入规范、透明的城市投融资体制，由官渡区政府和社会资本合作（PPP）模式项目推进领导小组主持，通过和项目单位精心策划包装，在《官渡区推广运用政府和社会资本合作模式实施方案》等国家、省市和区级相关政策文件的规范指导下，以 PPP 模式来操作实施建设项目。从而有效地破解项目资金瓶颈，降低政府财政压力，并且为今后推动官渡区与社会资本合作带来重大示范带动效应。

后记

在近年来的城市发展战略研究和城市顶层设计及系统规划过程中，有一种强烈的感受一直挥之不去，那就是使命。每一个处于新时代发展过程中的城市使命和我们为每一个城市提供战略咨询所承担的使命。作为城市，使命是其得以存在的高于一切的理由。作为城市发展研究机构，为城市发展提供顶层设计和战略咨询服务所要承担的使命，也就成了城市规划和顶层设计高于一切的理由。

那么，我们为城市提供战略咨询的使命是什么？带着这样的思考，我们在做每一个城市的顶层设计和系统规划时，都在考虑两个问题，一个是如何为城市提供发现需求、创造价值的系统解决方案和创新路径，另一个是规划成果能否形成具有借鉴意义和示范价值的方法论，以便在做同类城市或区域规划时得到有效的应用。

官渡作为承载昆明面向南亚东南亚区域性国际中心城市发展的重要载体，既面临着发展的时代机遇，同时面临着巨大的现实挑战。如何准确地判断现有发展格局及其变化趋势，如何在存量优化的基础上创新增量，如何支撑昆明面向南亚东南亚区域性国际中心城市的打造，这些都是在研究官渡发展时总的出发点。基于这个出发点，官渡区政府与泛华集团合作，共同制定了《官渡区战略驱动及创新发展系统规划》。在这个规划中我们认为，要素的融合创新是解决发展问题的关键，同时提出"中心经济"概念及其模式。提出"中心经济"并不是在有意创造理论，而是在"城经济"和"市经济"发展失衡的情况下，在供给侧结构性改革和新旧动能转换的大背景下，在国家战略布局和经济运行模式不断优化升级的趋势下，需要找到符合中国国情并能够解决阶段性发展问题的有效实用模式和路径。在官渡城市规划成果完成后，我们再来反思这个项目，发现"中心经济"不仅仅符合打造中心城市的需要，而且对地级市和县域经济领域同样具有创新模式的普遍实用价值，是泛华提出的中国城市发展创新模式和聚集力理论在城市及新型城镇化发展方面的创新应用。

值得一提的是，本规划项目在结题后，中国发生了两件大事，一是党的十九大胜利召开，另一个是国务院机构改革方案出台。值得庆幸的是，我们在官渡规划项目的观点、方法论与新时代党和国家的政策导向趋于高度一致。

在本书的撰写过程中，我们确定的逻辑主线主要关注了两个方面。一是准确把握我国已经进入新时代的大背景。供给侧结构性改革和新旧动能转换成为主要的政策取向，发展动力开始由投资、消费、出口"三驾马车"向改革、转型、创新"三大发动机"转变。新经济迭代发展以及"一带一路"全球布局都给中国城市发展带来新的机遇，无论是经济社会发展还是城市发展的"多规合一"都要放到新时代的大背景下进行考察。二是注重"中心经济"的理论性和实证性的结合。从"中心经济"的破译、构架到践行，我们将聚集力理论和中国城市发展创新模式与项目成果紧密结合，运用系统思维、全要素思维、全景图思维、战略思维、全域思维、生态圈思维、平台思维、金融思维、项目思维、全生命周期思维这十大思维层层推进，使城市形态、产业形态、制度安排、体制机制创新得到有效结合，再具体到产业、金融、科技、人才、信息、生态、交通、土地、制度、品牌这十大要素的融合支撑，形成了 360 度立体规划体系。这种逻辑使"中心经济"不仅在对接国家政策红利方面能够锚定方向，而且在具体项目操作层面又能找到转化接口和实施抓手。

本书是泛华集团和官渡区委、区政府共同智慧的结晶，在编撰过程中，得到官渡区委书记和丽川的大力支持，泛华集团董事长杨天举、副总裁杨年春对本项目规划研究和书稿撰写给予多次指导，在本书稿即将付梓出版之际，对在系统规划和书稿撰写过程中官渡区领导和泛华集团领导的支持、官渡区发改局的协调和课题组、编撰组成员的辛苦付出一并表示感谢！由于时间仓促和认识能力所限，本书中难免会有疏漏之处和值得商榷的问题，欢迎各位读者批评指正，并提出宝贵的意见。

徐刚毅

2018 年 7 月 1 日

341

后记